나폴레옹에게서 배우는
권력의 리더십

나폴레옹에게서 배우는
권력의 리더십

스테파니 존스, 조나단 고슬링 **지음** | 박수성 **옮김**

시그마북스
Sigma Books

나폴레옹에게서 배우는 권력의 리더십

발행일 2015년 11월 2일 초판 1쇄 발행
지은이 스테파니 존스, 조나단 고슬링
옮긴이 박수성
발행인 강학경
발행처 시그마북스
마케팅 정제용
에디터 권경자, 장민정, 양정희, 최윤정
디자인 한지혜, 최원영

등록번호 제10-965호
주소 서울특별시 영등포구 양평로 22길 21 선유도코오롱디지털타워 A404호
전자우편 sigma@spress.co.kr
홈페이지 http://www.sigmabooks.co.kr
전화 (02) 2062-5288~9
팩시밀리 (02) 323-4197
ISBN 978-89-8445-741-6(03320)

NAPOLEONIC LEADERSHIP

English language edition published by SAGE Publications of London,
Thousand Oaks, New Delhi and Singapore,
© Stephanie Jones and Jonathan Gosling 2015.

Korean edition © 2015 Sigma Books

Sigma books is a division of Sigma Press, Inc.

이 도서의 국립중앙도서관 출판예정도서목록(CIP)은 서지정보유통지원시스템 홈페이지(http://seoji.nl.go.kr)와
국가자료공동목록시스템(http://www.nl.go.kr/kolisnet)에서 이용하실 수 있습니다.
(CIP제어번호: CIP2015027698)

* 시그마북스는 (주)시그마프레스의 자매회사로 일반 단행본 전문 출판사입니다.

숙고한 시간을 가져라. 그러나 행동할 때가 오면
생각을 멈추고 뛰어들어라.

– 나폴레옹 –

차 례

이 책에 대하여

워털루 전투에서 패전한 이후 약 200여 년 동안 나폴레옹에 관해 실시된 연구는 수백 가지가 넘지만, 나폴레옹은 여전히 우리에게 이해하기 어렵고 복잡하며 모순적인 인물이다. 장군으로서 뛰어난 능력을 발휘하여 전투를 벌일 때면 그는 단지 자신의 존재만으로도 승리를 보장하곤 했었다. 그러나 결국 그의 호전적인 성격으로 도발한 전투에서 패배하고 만다. 또한 그는 카리스마, 정력, 실용주의 정신으로 많은 지지자들을 모아 군사적 야망과 정치적 야망을 달성할 수 있었다. 그러나 상황이 나빠졌을 때 끝까지 그의 곁을 지킨 사람은 거의 없었다. 그의 대중적인 인기는 국민투표를 통해 종신 통령에 선출되고 그다음 다시 황제로 선출되면서 영광스럽게 확인되었다. 그러나 끊임없이 강요되는 희생 요구에 대중들은 지쳐갔다.

나폴레옹은 혁명 후 등장한 실력주의라는 이상적인 생각을 기반으로 자신만의 후견 제도와 보상 제도를 만들었지만, 그 제도를 통해서 지지자들의 충성심을 키우기보다는 특권의식과 탐욕적인 태도를 조장했다. 그 역시 공포감을 조성하고 반대파에 보복하면서 특권의식과 탐욕적인 태도를 약화시키려 노력했지만 늘 성공하지는 못했다. 그는 모략, 방조, 협상 능력이 탁월했지만 오히려 측근들에 의해 똑같이 이용당하기도 했다. 또한 그는 빠르게 권력을 장악할 수 있었지만, 그만큼 빠르게 잃기도 했다. 그는 자신의 혈통에 대해서 그다지 걱정하지 않았으면서도 자신의 아들이 계승할 수 있는 합법적인 왕조의 수립을 무엇보다 간절히 바랐다. 그는 언제나 벼락출세한 군사 모험가, 왕위 찬탈자로 여겨졌으며 다른 유럽 군주들의 존경과 승인을 받지 못했다.

나폴레옹의 리더십 방법은 실제 전쟁터는 물론 국내 정치, 국제무대, 그리고 직장에서 권력을 얻고 사용하는 예시들을 다채롭게 보여준다. 상대적으로 덜 격동적인 현대에도 나폴레옹의 사례에서 교훈을 얻을 수 있는 까닭은 오늘날 리더에게 요구되는 것들이 나폴레옹의 시대만큼이나 복잡하고 다면적이기 때문이다. 나폴레옹이 보여준 리더십의 강점으로는 자신이 선택한 분야에서 탁월한 능력을 지닌 점, 카리스마, 대범함, 모험심, 자신감, 정력, 투지, 열정, 선견지명을 갖춘 점, 계획을 세우고 조직하는 기술이 뛰어났던 점 등을 들 수 있다. 그러나 동시에 끊임없이 칭송과 찬사를 바라고, 비정하게 사람들의 목숨을 빼앗고, 너무나 자기중심적이고 자아도취에 빠져 있었으며, 독재자가 되어 지나치게 모든 것을 통제하려 들고, 모략을 일삼고, 강박관념에 사로잡혀 있었으며, 무조건적인 충성과 지지를 요구하고, 때로는 너무 순진하게 자신의 생각과 주변인들을 믿고, 자위적인 행동에 초점을 맞추는 등 단점도 많았다. 그렇지만 이러한 개인적인 특징들보다 우리가 더욱 중요하게 살펴보아야 할 요소들은 후견, 실력주의, 카리스마, 무력, 모략, 위협, 포퓰리즘, 상속 등 자신의 권력을 강화하고 합법화하기 위해서 그가 의존한 방법들이다.

이 책은 이러한 방법들을 자세히 분석하고 어떻게 오늘날에도 그 방법들이 존재하면서 영향력을 발휘하는지 보여준다. 경력을 쌓아가면서 각 시기마다 각기 다른 다양한 방법을 사용했던 나폴레옹의 태도는 그의 리더십 방식은 물론 성공과 몰락 원인을 보여준다. 따라서 이 책에서 우리는 나폴레옹의 일생에서 일어난 여덟 가지 사건과 함께 이러한 권력 발휘 방식을 설명할 것이다. 각 사건에서 암시하는 내용을 통해 우리는 현대 조직에서 일상적으로 접하는 리더십, 권력, 정치, 분쟁들을 현실적으로 이해할 수 있다.

이 책을 이용하는 방법

이 책은 권력에 관심이 있는 사람들을 위한 책이다. 이론적으로 말하자면 리더십은 기본적으로 권력에 수반되는 영향력을 어떻게 발휘하느냐 하는 문제다. 이 책은 한 거장, 나폴레옹 보나파르트의 삶을 통해 실제로 어떻게 권력이 행사되는지 보여준다. 먼저 우리는 그의 삶과 경력을 개괄적으로 보여주고 나서 여덟 가지 사건을 중심으로 보다 구체적으로 각 사례를 다룰 것이다. 각 사건에서는 그가 권력을 획득하고 발휘하는 데 이용한 특정 방식들이 제시된다. 우리는 실제로 무슨 일이 일어났었는지 알려주기 위해 각 사례들을 아주 자세히 설명하며 그와 관련된 동기와 반응을 보여줄 것이다. 그러나 우리의 진정한 목표는 권력이 작용하는 방법, 그 방법들이 실패하고 바뀌는 모습, 그리고 그 방법들에 내재해 있던 실패 요소들을 규명하는 것이다. 이 책은 그저 나폴레옹과 관련한 일화들을 엮어놓은 책이 아니다. 이 책은 리더십과 권력 문제로 고민하는 이들을 위한 안내서다.

각 장은 다음과 같은 방식으로 이어진다.

1. 나폴레옹과 그의 동시대인들과 역사학자들의 인용구 모음

2. 그 장의 주제를 간략하게 요약

3. 나폴레옹의 삶과 경력에서 있었던 일화

4. 각 사건과 관련된 리더십과 권력에 대한 성찰(수업이나 어떤 교육 과정

에서 이 책을 이용한다면 이 부분을 토론 주제로 이용하기를 추천한다.)

5. 각 사건으로 설명할 수 있는 권력 방식에 대한 소론(현대의 조직 생활
   이나 정치계에서 적용할 수 있는 교훈을 내포하고 있다.)

6. 각 사건에서 암시한 내용을 명확하게 하고, 오늘날 막강한 영향력
   을 발휘하고 싶은 이들에게 도움이 될 만한 리더십과 권력에 관한
   질문들 정리

이 책의 끝머리에 '경영자를 위한 리더십과 권력 숙고'라 불리
는 짧은 장이 있다. 정계와 재계의 연륜 있는 리더들은 그 장에
서 우리가 제시한 질문들에 대한 답을 나눌 수 있다.

나폴레옹과 동시대인들의 인용구 출처

나폴레옹과 그 시대에 살았던 다른 해설자들의 인용구는 수많은 전기와 역사물에 등장한다. 우리는 다음 자료들에서 나폴레옹의 인용구를 발췌했다.

크로닌Cronin, 1971년: 88, 92, 143, 144, 264, 300쪽

갈로Gallo, 1997년a: 1, 6, 45, 84, 85, 175, 219, 247, 279쪽과 머리 그림

게일Geyl, 1949년: 339쪽

마크햄Markham, 1963년: 26, 41, 42, 71, 75, 105, 111, 112, 113, 132, 133, 153, 154, 201, 202, 210, 265쪽

들어가는 글

내 정부情婦는 권력이다. 나는 그것을 얻고 떠나가지 못하게 만드는 데 너무 많은 힘을 들였으며, 내 권력을 탐내는 자는 누구라도 엄하게 응징했다.

저명한 기자 뢰데레Roederer에게, 1804년 11월 4일

신은 나에게 장애를 극복할 의지와 힘을 주셨다.

나폴레옹이 마드리드 시민들에게 한 선언에서, 1808년

황제는 미쳤다. 그는 결국 우리 모두를 죽이고 말 것이다.

해군성 장관 데크레Decres, 1806년

상속, 실력, 보상, 후견, 카리스마, 음모, 반란, 공포심 조성, 선거 등 권력을 얻기 위해 사용할 수 있는 방법은 많다. 나폴레옹은 이 모든 방법들을 자유자재로 사용하는 대가였다. 그가 권력을 얻고 유지했던 상황들과 그의 경험은 우리에게 많은 가르침을 준다. 영향력 있는 자리에 오르거나 완전한 권력을 얻기 위한 방법을 고민하는 사람이라면 나폴레옹이 사용했던 방법, 정치적 책략, 그의 개인적인 극기심을 연구하는 것이 도움이 될 것이다.

그가 권력을 갈망하게 된 동기는 개인적이고 정치적이고 이상적인 이유들로 복잡하게 혼재되어 있었으며, 권력을 지키기 위한 방법들 역시 여러 가지로 뒤섞여 있었다. 현대의 기업 리더들처럼 그 역시 자신이 발견하고 창조한 기회들을 이용해 변화에 대한 요구와 바람을 이루고자 했다. 19세기와 20세기에 철도, 운송, 제조업으로 부를 이룬 기업가들처럼 그리고 21세기에 인터넷 사업으로 급부상한 기업가들처럼 나폴레옹은 조직, 기술, 인력을 비롯해 당시에 중요시되었던 권력 수단들을 모두 활용했다.

나폴레옹이 살았던 시대는 매우 특이했다. 프랑스 혁명은 군주제, 귀족 계층, 봉건체제, 교회를 없애버리고 '인간의 권리'를 선언했다. 이 선언은 기득계층의 세습 권한에 이의를 제기하고 실력을 중시하는 평등주의를 원칙으로 세웠지만 그로 말미암아 누가 재산을 소유할지, 어떤 법을 시행할지, 누가 그 법을 시행할지 모호해지면서 불확실성이 만연했다. 당시 프랑스의 사회 질서는 거의 전반적으로 무너진 상태였다. A. J. P. 테일러가 러시아 혁명을 두고 언급했듯 '권력은 시궁창에 빠져 있었다.' 이러한 상황에서 나폴레옹은 위험하지만 운이 따라주었던 몇 가지 사건에서 대범하게 행동하여 스스로 권력을 거머쥐며 몇 안 되는 위대한 인물 중 한 명이 되었다.

그가 어디에서 리더십을 발휘하든 사람들은 그를 따랐다. 비록 대부분의 경우, 그들에게 선택권이 거의 없긴 했지만 말이다. 그의 카리스마는 주로 그의 힘과 강인한 품성에서 나왔는데, 불확실하고 혼란스러운 세상에서 해결책을 갈구하던 사람들에게 그의 카리스마는 빛을 발했다.

유럽을 통합하고 합리적인 세상을 만든다는 나폴레옹의 거창한 비전은 200여 년이 지난 지금 대부분 현실이 되었으며, 그가 품었던 다른 많은 꿈들도 실현되었다. 유럽연합, 입헌군주제, 민주공화국은 이제 일반적인 현상이 되었다. 또한 인권은 국내법은 물론 국제법에서도 기본적인 토대가 되었다.

그는 앙시앵레짐ancien regime(16세기 초부터 시작된 절대 왕정 시대의 체제로 프랑스 혁명전 구체제를 가리킨다.-옮긴이)과 귀족들의 권한을 보호하는 제도들이 붕괴된 후 권력을 장악했다. 이 시기에는 전례 없는 낙관주의가 물결치며 많은 사람들이 고정된 사회적 지위에서 탈피할 수 있기를 희망했다. 열심히 일하고 실력과 전문성과 재능만 있으면 누구든 새로운 프랑스에서는 신분을 상승시킬 수 있었다.

이런 맥락에서 나폴레옹을 나중에 '아메리칸 드림'이 되는 사상의 선구자로 볼 수도 있을 것이다. 그는 '자유, 평등, 박애'라는 혁명의 이상 아래에서 개인의 위대한 능력만으로 성공할 수 있다는 믿음을 심어주었다.

나폴레옹은 전투에서 거의 천하무적이라 할 만큼 이례적으로 뛰어난 군인이었지만, 전투 능력 외에도 훌륭한 면이 굉장히 많았다. 그는 법전 편찬을 주관했으며, 로마인들 이후로 가장 위대한 근대 도시 계획의 비전을 제시했다. 그가 제시한 초기 공화주의 비전과 후기 제국주의 비전은 독일과 이탈리아의 국가 형성 과정에, 오스만 제국과 오스트리아-헝가리 제국의 붕괴 과정에, 남미의 국가들이 권리를 주장하는 과정에, 그리고 고전시대 이후 낭만주의와 인상주의 같은 급진적인 예술의 변화 과정에 영향을 미쳤다. 그러나 그는 스탈린, 히틀러, 피노체트, 후세인과 같은 전제적인 독재 군주이기도 했으며, 시기를 잘하고 잔혹한 성향을 보이기도 했다. 또한 여성혐오자이자 대량 학살자이며 경제적 재앙을 야기한 주범이라는 오명도 입었다.

비록 나폴레옹이 리더십과 권력을 발휘한 방법들이 모순투성이라고 해도 그는 몰락하는 와중에도 또 다른 군사 정복을 꿈꾸며 군대를 일으킬 수 있는 능력이 있었다. 오늘날 그의 이름은 '위대함과 영광'이라는 말과 동일시된다. 그리고 특히 '영광 la Gloire'을 나타내는 독특한 프랑스어 개념과 동의어로 통한다. 그는 권력 야욕이 지나치게 크고, 인내심이 부족하고, 약탈을 일삼아 군대를 키우고 제국을 확장했지만, 그럼에도 불구하고 그의 명성은 지속되고 있다.

나폴레옹은 근대주의라는 혁명의 물결 속에서 그 자신이 근대주의의 귀감이 되었으며, 또한 그것을 무너뜨린 장본인이기 되기도 하였다.

⚜

나폴레옹의 리더십은 기본적으로 권력 행사를 통해 이루어졌다. 권력이란 무엇을 의미하는가? 그리고 막강한 리더는 어떻게 정의하는가? 거의 모든 경제 잡지를 펼쳐보면 상징과 척도로 리더들의 권력을 나타낸 조사 결과를 볼 수 있다. 고위직 경영자나 재무 책임자, 기업의 규모와 중요성, 기업의 재무 건전성과 향후 방향, 리더의 경력 행보, 국제적인 재계 순위 등은 사람들의 관심을 끈다. 이러한 순위는 수천 명에 달하는 직원 수, 수십억(혹은 수조 원) 달러의 시가총액, 수하의 자산, 수백 개의 시설들, 그들이 사업을 벌이는 국가의 수 등으로 결정된다.

리더가 그 회사를 세계적인 기업으로 만들었는가? 회사가 손실을 보고 있을 때 리더가 상황을 호전시켰는가? 경쟁사를 물리쳤는가? 리더는 새 상품과 서비스를 창조하는가? 전략을 바꾸는가? 회사를 분리하고 재조직하는가? 거대한 규모로 인수를 시도하는가? 전략적으로 타 기업과 협력관계를 형성하는가? 사람들이 생각하는 방식을 바꾸는가? 세계의 모든 사람들이 그를 알아보는가? 물론 리더가 이 모든 일을 혼자 해냈다고 생각하는 것은 어리석지만 실제로 그들은 직원들에게 주의를 요구하고 열성을 다하기를 촉구하며 기회에 응해 왔고, 그들의 의지대로 상황을 변화시키기 위해 권력을 이용해 왔으며, 결과가 어떻게 나타나고 전해질지 결정하는 데 큰 역할을 해왔다.

나폴레옹에게 권력은 전부나 다름없었다. 그는 자신에게 복종하는 시민과 군인들의 수, 자유롭게 사용할 수 있는 총과 군사 설비의 수, 자신이 정복한 영토의 규모, 승리한 전투 수, 그리고 사회, 교육, 교회, 법 등에 자신이 가져온 변화들로 권력을 정의했다. 그는 혁명 후 혼돈 상태에 있던 프랑스를 법과 질서, 영광으로 표현되는 위대한 국가로 이끌었다. 그는 수십만의 군대를 일으켰고, 서방 세계에서 가장 큰 국가 중 하나인 프랑스의 국고를 채웠다 비웠다 했다. 포병 훈련병에서 황제의 자리에 오르기까지 불과 20여 년 동안 그의 경력은 실로 극적이었다. 그는 수백만 명의 사람들에게 사랑과 미움을 받았다. 사람들은 그의 상징인 바이콘 모자(이각모, 즉 꼭대기 부분을 싸 넣은 것처럼 테가 둘로 접어

올라간 모자-옮긴이)를 200년이 지난 지금도 바로 알아본다.

우리는 권력을 발휘하는 여덟 가지 방법을 염두에 두고 나폴레옹의 일화를 설명하려 한다. 그의 경력은 우리에게 다음과 관련한 교훈을 시사한다.

- 종속적 관계로 인맥을 형성할 수 있는 후견의 중요성과 후견을 제대로 하는 방법
- 실력주의라는 이상과 그것을 유지하는 데 따르는 난관
- 카리스마 있는 리더십의 매력과 위험성
- 쿠데타로 권력을 장악하는 데 필요한 결단력과 기회주의
- 적들과 동맹들을 서로 대적시키는 모략 방법
- 세습되는 후계 구도를 설립하여 후세에 계속해서 영향을 미칠 수 있다는 희망

우리는 나폴레옹의 경력을 본보기로 삼아 정부나 어떤 조직에서 리더들이 권력을 사용하고 성공할 수 있는 방법을 제시할 것이다. 나폴레옹은 권력의 맛을 볼수록 더욱더 많은 권력을 원했다. 그래서 자신의 야욕을 채우기 위해, 국가를 변화시키기 위해, 또 역사에 이름을 남기기 위해 점점 더 단호하게 권력을 장악해 나갔다.

프랑스가 제노바의 지배에서 막 '해방시킨' 이 코르시카 섬나

라 출신이 어떻게 그렇게 급부상할 수 있었을까? 거듭 말하지만 나폴레옹의 출신은 별 볼일 없었다. 그는 항상 외국인 취급을 받았고 사회에 첫발을 내딛기 위해서 모든 인맥을 이용해야 했다. 그리고 출세한 후에는 그들 모두에게 답례로 보상을 해야 했으며, 가족들에 대한 의무감 역시 끊임없이 그를 괴롭혔다. 이러한 상황에서 그는 어떻게 자신의 전문성과 능력을 개발했으며 리더로서의 가능성을 보였을까? 먼저 군사적으로 명망 있는 학교에서 훈련을 받을 기회를 얻었다는 점에서 나폴레옹은 아주 운이 좋았다고 할 수 있다. 그러나 운과 별개로 그는 군사적으로 굉장히 뛰어난 능력을 보여주었으며 영민하고 정력이 넘쳤다. 또한 당시의 격동적인 시대도 이 귀족이라 하기도 어려운 외부인에게 많은 기회를 선사했다. 혼란스러운 시기와 경쟁자의 부재로 그는 기회를 얻었다.

나폴레옹은 어떻게 권력자들의 눈에 띄고 승진할 수 있었을까? 바로 그의 카리스마와 대범한 행동, 조직력, 그리고 빛나는 백마 위에서 취한 몇 가지 극적인 몸동작 덕분이다. 이는 위험하기도 했지만 아주 효과적이었다.

어떻게 그는 기회를 잡아 군 장교에서 정치인으로 변모했을까? 첫째, 그는 단호하게 반란을 진압하여 정치 지도자들에게 자신이 유용한 존재라는 것을 증명했고, 나중에는 쿠데타에 개입해 반란을 주도했다. 쿠데타는 위험하고 불확실한 행동이지만 놀라울 만큼 효과적이기도 하다.

리더로서 나폴레옹이 여론을 수렴한 방법은 무엇이었을까? 다른 통치자들처럼 나폴레옹도 종종 사람들을 서로 대적하게 만드는 방법으로 득을 보았다. 유럽의 군주들은 계속해서 동맹을 바꾸어 가며 계책을 부렸다(그들의 장관들도 계책을 부리기는 마찬가지였는데, 항상 그들의 군주와 의견을 같이 하는 것은 아니었다). 나폴레옹도 이러한 계략의 일부가 되어 그들에게 모략을 당하기도 했다. 그는 두려움의 대상이라기보다는 존경을 받는 대상에 더 가까웠지만 언제나 자신의 '제안'들을 무력으로 보강할 준비가 되어 있었다.

또한 국내 정치에서는 비밀경찰, 언론 검열, 판결 조작을 통해 점점 더 혹독하게 전체주의 정치를 펼쳤다. 많은 사람들은 이러한 상황을 군사적으로 승리를 거두고 안정을 가져오기 위해 치러야 하는 대가로 받아들였다. 적어도 전투에서의 승리와 안정이 계속되는 동안에는 그랬다.

나폴레옹이 그렇게 성공적으로 대중들의 지지를 받을 수 있었던 이유는 무엇일까? 그는 심지어 군대를 전장에 버리고 홀로 돌아왔을 때나 파리가 함락당했던 때나 군주제를 부활시켰을 때조차 인기를 유지했다. 과연 그 비결이 무엇일까? 그는 모스크바 전투에서 치명적인 패배를 당하며 50만 명의 병사들을 눈보라 속에서 죽게 만들었음에도 불구하고 명예를 회복할 수 있었다. '영광'을 상징하는 그의 매력은 추종자들 사이에서 독특한 방식으로 반향을 불러일으켰으며, 현대 프랑스에서도 여전히 향수를 자아내고 있다.

그렇다면 나폴레옹은 어떻게 권력을 잃었을까? 몇 번의 군사적 패배, 바닥을 드러낸 국고, 수많은 병사들의 죽음, 그리고 나폴레옹에 맞서 결합한 유럽 국가들의 동맹으로 결국 그는 권력을 잃었다. 심지어 나폴레옹의 적들은 그가 권력을 모두 잃고 난 후에도 다시 복귀하지 못하도록 아주 먼 곳에 그를 감금해야 했다.

⚜

여기에서 우리는 먼저 나폴레옹이 사용한 권력 방식을 정의하고 다음 장에서 그와 관련해 토론을 하려 한다.

1. **후견** – 다른 이들에게 호의를 베푸는 능력으로, 특히 그들이 후견인인 당신에게 은혜를 입었다는 마음의 빚을 지게 하고 당신에게 종속되도록 한 다음, 그들의 힘도 키워주는 방식으로 호의를 베푼다.

아버지의 역할과 연관된 개념인 후견은 가부장제와 부모의 책임감을 연상시킨다. 후견은 본질적으로 불평등한 권한이며 개인의 책임감을 제한하는 방식으로 발휘된다. 남성이 대부분의 권력을 지닌 사회에서 가장(한 가족이나 부족의 남성 수장)이 가부장제를 운영하는 것처럼 말이다.

이와 밀접하게 관련된 개념으로는 '세습 재산(조상으로부터 상속받는 재산)'이 있는데, 이는 반드시 보전되고 공유되어 우월한 입장에서 선택받은 수혜자들을 후견하는 데 쓰여야 한다. 그럼으로써 그들이 다시 후견인을 지지하고 후견 제도 자체를 지지하도록 만드는 것이다. 후견은 어떤 봉사나 충성심 있는 행동에 대한 답례로 보상을 하고 혜택을 받는 것과도 관련이 있다. 야심가들은 누가 후견을 베풀지 예상하여 현명하게 따를 사람을 선택한다. 후견 능력이 있는 자들은 추종자 집단을 형성하여 후견을 베풂으로써 혜택을 입은 이들에게 일종의 의무감을 지울 수 있다. 꼭 그렇지 않더라도 선물을 주는 것 자체가 권력의 기쁨 중 하나이며 양쪽에 가치 있는 혜택을 제공하므로 개인적인 만족감을 얻을 수도 있다.

어린 시절 나폴레옹은 후견의 수혜자였다(코르시카에 새로 부임한 프랑스인 총독의 후견으로 프랑스 본토에 있는 군 사관학교에 들어갈 수 있었고, 이 후견은 그의 경력을 시작하는 중대한 출발점이 되었다). 나폴레옹은 후에 코르시카 독립 운동을 반대하며 프랑스를 돕는 것으로 그 빚을 갚았다. 그렇게 하면서 그는 아버지가 옹호했던 대의를 저버렸는데, 이는 '마음의 빚'이 발휘하는 장기적인 효과를 보여준 예라 할 수 있다. 그러나 자신이 권좌에 오르자, 나폴레옹은 형제들을 많은 부가 따르는 고위직에 임용하면서 자신의 후견 능력을 오로지 가족들에게 사용하는 데 집중했다. 이렇게 하여 얻은 것은 거의 없었다. 형제들은 이미 그의 편이었고, 주어진 역할을 수행할 능력도 없었다. 그는 가장 유망한 후견 기회들을 가족들에게 사용하느라 주위에 충성심과 의무감이 큰 측근들을 만들지 못했고 연줄을 확장하지 못했다. 하지만 나폴레옹이 이렇게 행동한 동기는 이해할 만하다. 그는 형제들의 신하들 역시 형제들을 통해서 자신에게 충성을 다하게 만들기를 원했고, 자신의 자리를 넘보는 잠재적인 경쟁자가 생길 가능성을 원천 봉쇄하고자 했다. 하지만 여느 리더들처럼 권력이 쇠퇴하자 그가 추종자들에게 베풀 수 있는 것이 줄어들었고, 추종자 중 세력이 큰 자들은 때가 오자 새로운 정권으로 충성의 대상을 바꾸었다.

후견은 정치 지도자나 기업 지도자가 영향력을 발휘하는 데 굉장히 중요한 요소다. 복잡한 거대 기업에서 대부분의 일은 리더가 신뢰할 수 있는 사람들에 의해 완수되는데, 후견으로 생긴 의무감과 감사의 마음은 이러한 신뢰와 충성심의 밑거름이 된다.

2. **실력** – 뛰어나고 가치 있으며 감탄할 만한 자질과 칭송받을 만한 능력을 일컬으며, 실력주의란 매우 똑똑하거나 뛰어난 재능을 지닌 사람들이 지배하는 상황을 의미한다. 탁월한 능력을 발휘해 위대한 업적을 이룸으로써 본인의 실력을 증명

할 수 있다.

실력주의에서는 모두가 동의한 평가 기준에 의존한다. 보통 측정과 관찰이 가능하므로 객관적으로 한 후보의 능력과 지식을 그의 업적과 함께 검토할 수 있다.

나폴레옹은 사관학교에 입학한 순간부터 근대 실력주의 사상의 수혜자가 되었다. 그의 출세는 가족이나 연줄이 아닌 철저히 자신의 교육 결과에 의한 것이다. 실력주의는 혁명 직후의 프랑스에서 합리적인 이상 중 하나였다. 수학과 기하학에 뛰어났던 나폴레옹의 재능은 기술적으로 선진 분야인 포병대에 적합했다. 1793년 툴롱 포위전에서 그는 용맹과 지략을 겸비한 뛰어난 지휘관으로서의 재능을 보였고 이후 '주목할 인재'가 되었다. 나폴레옹이 장군으로 초고속 승진을 한 요인은 독창적인 전략가이자 전장에서 감화를 주는 리더로서 실력을 증명해 보였기 때문이었다. 이내 그는 복잡한 장기전도 수행할 수 있는 능력을 증명해 보였고, 자신의 명성을 정치계로까지 이어갈 수 있었다. 이렇듯 나폴레옹은 뛰어난 군인으로 명성을 떨쳤는데 아마도 이 명성이 너무나 위대해서 외교가나 평화 중재자로 빛을 발하기는 어려웠을 것이다. 그럼에도 그는 자신이 용맹한 군인일 뿐만 아니라 뛰어난 전략가이자 군수 전문가임을 입증해 보였다. 1793년 12월에 벌어진 툴롱 포위전에서 말이다. 이 전투는 그의 경력에서 도

약대가 되었다.

한 국가의 리더로서 국가 체제를 재건하면서 그는 '재능에 따라 출세할 수 있는 길'이라는 정책을 내걸고 최고의 자질을 갖추었다고 생각되는 사람들에게 지위를 주었다. 나중에 그는 최초의 실력주의 명예 제도인 '레지옹도뇌르^{the Legion d'Honneur}'를 제정했으며, 이 제도로 3만 명이 넘는 사람들이 재산이나 집안 배경과 상관없이 작위를 받았다.

3. **카리스마** – 사람들의 마음을 사로잡고 영향을 줄 수 있는 능력으로, 분명 특별한 재능이긴 하다. 카리스마 넘치는 사람은 초인적으로 보이기도 하고 그 존재 자체로 강렬한 기운을 발산할 수도 있다. 카리스마는 감정적으로 다른 사람들을 설득할 수 있는 능력을 부여한다. 따라서 카리스마 있는 사람은 다른 이들에게 감화를 주어 그들이 위대한 목표를 위해 분투하게 만들 수 있다.

후견과 실력만으로는 혁명기에 프랑스의 국경을 방어해낸 뛰어난 군 장교들 속에서 눈에 띌 수 없었다. 당시 나폴레옹에 대한 기대가 커졌던 데는 그의 영웅적인 위업들과 멋진 제복들, 극적인 신문기사도 한몫했다. 또한 이 시기에는 그를 능가할 만한 전도유망한 군 지도자들이 비교적 적었다. 정치적으로 매우 불안정했던 프랑스에서 귀족 장교들은 이미 전장에서 죽거나 망명을 가거나 단순히 잘못된 파를 선택하여 처형당했기 때문이다.

이러한 상황에서 이탈리아 군사 원정은 나폴레옹의 용맹함과 대범함을 보여줄 수 있는 결정적인 기회였다. 그가 세운 군사 작전은 가히 천재적이라 할만 했고 이례적인 행운도 따라주었다. 로디와 아르콜레 전투에서 그는 평범한 인간을 넘어서 무엇인가로부터 영감을 받고 보호받고 있는 존재로 보였으며 이후 그의 전설이 창조되기 시작했다. 철저한 직업윤리 의식을 갖추고 작은 부분까지 주의를 기울이는 주도면밀함으로 그는 항상 모든 사건의 중심에 섰다. 모든 것이 불확실한 상황에서 주도권을 쥐고 있는 리더는 대단히 매력적이기 마련이다.

카리스마는 전염성이 있다. 랄프 켈레르만Ralf Kellermann, 미셸 네이Michel Ney, 조아생 뮈라Joachim Murat, 앙도슈 쥐노Andoche Junot와 같은 나폴레옹 휘하 원수들은 마치 특권층의 권력에서 발산되는 무언가가 있는 듯 나폴레옹과 비슷한 분위기를 풍겼다. 이러한 카리스마는 인상적인 광경을 통해 더욱 강화되었는데, 황제가 된 나폴레옹은 자신의 대관식과 결혼식 같은 상징적인 의식들을 치르면서, 또 조약을 체결하면서 자신의 카리스마를 더욱 강화해나갔다. 이렇게 그는 모든 방법을 동원해 자신의 카리스마를 단련하고 키웠다.

4. **쿠데타와 권력 장악** – 강력하고 신속하게 무언가를 장악하거나 누군가를 압도하는 행위로 기회를 포착해 즉각적으로 이득을 취하거나 폭동처럼 갑작스레 무력 공격을 감행해 권력을 장악하거나 한 정부를 타도하고 다른 정부로 대체하는 등 예측 불가한 폭력을 동원한다.

군인이자 장군으로서 나폴레옹은 단호하게 기회를 부여잡았고 불확실한 결과들을 헤쳐나갔다. 그는 정치계에서도 똑같이 행동했다. 총재 정부(다섯 명의 위원회)와 다른 정치 집단들이 파벌 싸움으로 제 기능을 하지 못했을 때, 그리고 자신의 연설이 의원들의 마음을 사로잡지 못했을 때, 그는 무력을 이용해 기회를 잡았다. 브뤼메르 쿠데타(1799년 11월 9일)는 완벽하게 계획된 행동이 아니었지만 그는 매우 신속하고 결단력 있게 행동했다. 동생 뤼시앵의 조력 덕에 권력을 잡고 나서 나폴레옹과 지지자 몇 명은 언론, 경찰, 입법부를 통제하는 등 이용할 수 있는 모든 수단을 동원해 재빠르게 자신들의 위치를 강화했다. 그러나 이 모든 일이 난데없이 벌어진 것은 아니었다. 나폴레옹은 정치계에 입문하는 과정에서 몇 달에 걸쳐 지지 세력을 모으고 있었다. 무능한 의회 때문에 파리가 혼란과 위기에 처했다는 소식을 듣자, 나폴레옹은 이집트에 군대를 버리고 급히 파리로 돌아왔다. 그리고 "보나파르트 장군이 인도로 진격하고 있으며 이제 콘스탄티노플도…"와 같은 과장된 문구들을 이용해 자신의 전투를 이국적인 승리로 미화하여 선전활동을 펼쳤다.

5. **모략** – 교묘하게 사람들을 다루고, 영리하고 기만적으로 조종하며, 위대한 명분을 위해서는 잘못된 행동도 묵인하고 용납하는 행동이다. 또한 비밀리에 범죄를 계획하고 목적을 이루기 위해 함께 행동하며 공모자가 되어 음모를 꾀하고 사람들을 서로 대적시켜서 원하는 것을 얻으며 다른 이들의 약점을 이용하는 방법이다.

   방조와 모략은 통령이 된 후 나폴레옹이 펼친 통치 방식의 특징이라 할 수 있다. 1804년 공식적으로 황제로 인정받은 후에도 그는 언론을 철저하게 통제했다. 또한 다른 이들을 감시하는 경찰대를 운영했으며, 잠재적인 경쟁자들에게는 오랜 시간이 걸리는 어려운 임무 수행을 지시해 전 세계 각지로 보냈다. 또한 자신의 목적을 위해서라면 범죄 증거도 조작하여 만들어냈다. 이러한 모든 행동 뒤에는 무력 위협이 있었다. 그는 군대를 지배했다. 그리하여 마침내 더는 사람들을 위협할 필요가 없는 위치에 오르게 된다.

6. **공포정치** – 눈앞에 닥친 고통이나 위험으로 야기되는 불안하

고 두려운 감정을 일으키는 것으로, 공포감 조성은 강압적인 권력 행사의 한 형태로 나타날 수 있다. 테러 행위는 안보를 중시하는 리더들에게 무작위로 일어나는 통제 불가능한 재앙에 대한 두려움을 일으킨다. 정치적 또는 군사적 목적을 달성하기 위해서 폭력과 위협을 사용하는 방식에는 드러나지 않는 것과 직접적인 것이 있다.

모든 일을 엄격히 관리하고, 세력 기반을 통제하고, 비판을 못하게 막는 것은 황제가 되기 전 그가 통치하는 데 필수적인 방법이었다. 나폴레옹은 자신이 독재하기 위해서 반대 세력을 침묵시키고 완전한 충성을 보장하고 지금 일어나고 있는 모든 일을 알아야 한다고 생각했다. 나르시시스트 대부분이 그렇듯, 그는 칭송받고 싶어 했으며 자신에게 충성스런 자들에게 보상했다. 반대로 자신을 칭송하지 않는 자들은 심지어 건전하고 타당한 비판을 한다 해도 신뢰하지 않았고 때때로 그들에게 굉장히 무자비한 모습을 보였다.

자신의 통치에 대한 실질적인 위협과 상상 속 위협에 직면하면서 나폴레옹은 권력을 키우고 지키기 위해 더 자주 공포감을 조성하고 협박하기 시작했다. 제1통령 시절에 그는 반드시 '왕위를 노리는 자들'을 처단해야만 했다. 그래서 직접적이고 단호한 방식으로 그들을 처단하며 자신에게 맞서 반란을 일으킬 우려가 있는 모든 이들에게 무시무시한 경고 메시지를 보냈다. 또한 권력 장악 시도를 꾀하는 이들에게 언론을 통해 그 대가로 치르게 될 비참한 운명을 알려주어 그런 시도 자체를 꾀하지 못하도록 만들었다. 나폴레옹은 특히 군사 보안을 위해서 항상 철저히 언론을 검열했다. 그 결과 1811년 파리에는 극소수의 신문만 남게 되었으며, 그중 많은 기사들을 황제인 나폴레옹이 직접 작성했다.

7. **선거** – 투표로 선출되어 임명되는 방식으로 나폴레옹은 일방적인 결정을 확정짓기 위해 국민투표를 실시했으며, 대중들의 투표로 선출된 리더가 부여받는 권력을 누렸다.

나폴레옹은 황제가 되기 위해 대중선거를 실시하고 선거 결과 대중들의 지지로 권력을 얻게 된다. 그는 1804년에 자신을 유명인사로 만든 다음 특별히 고안된 세습 황제의 자리에 선출되었다. 그의 인기는 종교협약을 이루고, 가톨릭 교회와 협상을 타결하고, 아미앵 평화조약을 체결하고 일련의 암살시도들을 강력히 진압하고 나서 더욱 커졌다. 이렇게 하여 그는 프랑스 국민들의 마음을 사로잡았지만 모순적인 모습도 보였다. 뒤에서는 반대자들의 뿌리를 뽑으며 점점 더 독재자가 되어가고 있었지만, 겉으로는 인기 있는 대중들의 리더로 보인 점이 바로 그것이다. 그는 국민들 사이에서의 높은 인기를 증명함으로써 자신이 권력을 쥐는 데 반대하는 자들을 침묵시켰다. 이것은 포퓰리즘에서 독재로 정치 방식을 바꾸는 완벽한 본보기다. 그는 제국 수립을 결정하는 국민투표에 단일 후보로 출마해 350만 표의 찬성표를 얻었고 반대표는 겨우 2천500표에 불과했다. 이때 그는 영국침략을 준비하면서 노르망디 절벽에 집결시켜놓은 50만 군인들이 자신을 열성적으로 지지하는 모습을 보여주고자 했는데, 막상 병사들은 그가 원하는 만큼의 열정을 보여주지 않았다. 그래서 그는 수천 명의 군인들이 자신이 황제가 되는 데 찬성했다는 허위 표를 만들었다.

이 선거를 끝으로 더 이상의 선거가 필요 없게 만들기 위해 이 선거는 마지막 선거로 완벽하게 계획되었다. 웅장하고 화려한 대관식은 15년간 혁명, 전쟁, 혼란을 겪은 후 감화가 필요했던 국민들을 열광시켰고 그들이 영예롭고 위대한 시대를 즐기도록 고무시켰다. 제국의 황제는 안보와 안정을 약속했다. 실제로 안정이 지속되었던 기간은 그 후 단 2년뿐, 이내 전쟁이 계속되었지만 말이다.

8. **상속** – 재산이나 작위를 후세에 전수하는 것으로 주로 유전적으로 신체적 개인적 특징이 유사한 후손들에게 전수된다. 역할이나 직무보다 한 사람의 배경을 바탕으로 후계자를 고

려하므로 실력주의에 위배되나, 대부분의 사회에서 관행이나 관습으로 잘 정착되어 있다. 조상으로부터 받는 혜택 개념과 사망 시 가까운 사람들을 보살피기 위한 개인적인 소망까지 포함한다.

나폴레옹은 세습을 통해 얻은 합법적인 권력을 간절히 바랐는데 이것은 그의 세력 기반에서 가장 크게 결여되어 있는 부분이었다. 그는 결국 제국을 수립하고 스스로 가장 높은 황제의 자리에 올랐으며 교황이 직접 성유도 발라주었고 유럽에서 가장 전통 있는 왕가의 왕녀와 결혼도 했다. 하지만 그 후에도 여전히 세습으로 인정받는 합법성을 갈망하면서 자신의 후계자가 대를 잇는 왕조를 세워 자신의 유산을 후세에 전수하고 싶어 했다.

나폴레옹의 이 간절한 바람은 결국 이루어지지 못했지만(나폴레옹 3세의 즉위와 제2제정은 무시), 유럽에 미친 그의 영향은 다른 군주들만큼이나 위대하다. 그런 의미에서 우리 모두는 그가 남긴 유산의 후계자라 할 수 있다.

연대순으로 살펴보는 나폴레옹의 경력

나폴레옹 보나파르트(이탈리아 혈통의 코르시카 출신 젊은 포병 장교)는 혜성처럼 나타나 승진을 거듭하며 겨우 스물여섯이란 어린 나이에 장군이 되었다. 앞서 살펴본 대로 그의 일대기는 경력 발전과 함께 다양한 형태로 권력을 행사하는 모습이 주를 이룬다.

그는 오래된 귀족의 명맥을 유지하는 보잘것없는 코르시카 가문 출신으로 그의 가문에는 제노바의 코르시카 점령에 항거했던 자유주의 투사들이 있었다. 그렇지만 나중에 보나파르트 가족은 프랑스 식민주의에 타협했다. 새로 부임한 코르시카 총독의 후원을 받는 데 성공한 부모의 능력 덕분에 어린 나폴레옹은 프랑스 본국에서 명망 있는 브리엔 사관학교에 입학할 수 있었다. 이 후견과 보답이라는 권력 행사 방식은 장차 나폴레옹이 리더십을 펼치는 과정에서 큰 특징을 이루며 가족을 포함하여 사람들의 지지를 얻고 유지하며 세력 기반을 다지기 위해 그가 자주 사용한 방법 중 하나가 된다.

포병 장교가 되어 우수한 성적으로 졸업하면서 그는 프랑스 혁명 후 등장한 평등주의 사상을 접하게 되었다. 당시 많은 귀족 장교들이 망명을 떠나고 처형을 당함으로써 생긴 공백 덕분에 나폴레옹은 이득을 볼 수 있었다. 그는 빛나는 연승 행진을 하며 빠르게 두각을 나타내었는데, 이것이 단지 경쟁이 약해서만은 아니었다. 1793년 툴롱 포위전 후 단 넉 달 만에 대위에서 준장으로 승진할 수 있었던 요인은 명백히 그만의 실력을 통해서였다. 실제로 그는 전장에서 전투를 수행하는 역량은 물론, 군사 작전을 계획하는 능력까지 출중해서 지도층 사이에서 신뢰를 쌓아가며 자신이 나아갈 다음 단계인 정치적 권력을 얻기 위해 노력했다. 그는 확실히 뛰어난 장군이긴 했지만 결코 '군사' 독재자로는 보이지는 않았는데, 군사적으로 탁월한 능력은 그 자체가 목적이 아니라 도구에 불과했기 때문이다.

나폴레옹은 계속 앞장서서 적극적으로 군대를 이끌었다. 의심의 여지없는 카리스마를 발휘했으며, 특히 아르콜레와 로디 전투에서는 허세를 부리며 과장된 행동으로 병사들에게 영감을 주었다. 이러한 모습 덕분에 그는 이탈리아 원정에서 다른 전도유망한 군사 지도자들보다 우위를 점할 수 있었다. 또한 직접 글을 쓰고 언론에 영향력을 행사하며 적극적인 자기 홍보 활동을 펼치는 등 끊임없이 이미지 강화 노력을 한 덕분에 그의 전설이 퍼지기 시작했다.

이탈리아 원정 다음에는 더 멀리 떨어진 곳까지 군사 정복에 나섰다. 나폴레옹은 인도로 진격한 후 그곳에서 인도를 지배하는 숙적 영국을 공격한다는 꿈을 좇아 먼저 이집트로 거대한 침략 함대를 이끌었다. 하지만 그들의 함대가 나일 강 어귀에 침몰하면서 넬슨 제독이 이끄는 함대에 의해 포위되자 나폴레옹의 이집트 원정은 활기를 잃기 시작했다. 그는 자신의 군대를 버리고 혼자 프랑스로 돌아와서 정부를 전복하고 권력을 장악하여 자신을 제1통령으로 지명했다. '브뤼메르 18일'로 잘 알려진 이 쿠데타는 많은 비판을 받던 총재 정부를 종말시켰다. 이것은 바스티유 감옥의 붕괴, 빵 폭동, 지롱드당과 자코뱅당, 왕과 왕비의 처형, 로베스피에르의 흥망성쇠 등 그간 발생한 일련의 폭동과 몰락 과정에서 가장 마지막으로 일어난 사건이었다.

나폴레옹은 자신이 내세운 실력주의 사상과 다소 모순되는 모습을 보이며 가족들을 핵심 자리에 임명했다. 명백히 그들의 능력과 헌신이 부족했음에도 그는 이렇게 하기를 고집했다. 하지만 나폴레옹은 특히 조제핀과의 결혼 생활에서 큰 실망을 했는데, 조제핀은 그의 바람대로 순종과 정절을 지키며 살지 않았다. 이후 그는 인간관계에서 냉담하고 방어적으로 변했으며, 더욱더 정치적 야망에 집착했고 오늘날 우리가 워커홀릭이라 부르는 상태가 되었다.

비록 그의 세력 기반을 지키는 방법은 점점 더 모략에 의존하게 되었지만, 장군으로서 그리고 정치인으로서 명성이 커지면서 기회주의적으로 권력을 장악해온 그의 면모는 금방 가려졌다. 특히 혁명으로 없애버린 군주제를 부활시킨 정당성이 부족하고 유럽 군주들이 지속적으로 반대하자 나폴레옹은 자신의 목적을 달성하기 위해 내적·외적으로 협상을 벌여야 했다. 하지만 그들은 기껏해야 일시적인 동맹이 될 뿐이었고 최악의 경우에는 완전한 적이 되었다. 그는 점점 더 개인주의적으로 변했고 누군가와 동반자 관계로 협력하는 것이 그에게 몹시 힘든 일이 되었다. 이 시기에 그가 꾸민 모략 방식의 예는 교황과의 관계에서도 살펴볼 수 있다. 나폴레옹은 내부의 반대에도 불구하고 교황 비오 7세Pope Pius VII와 종교협약을 체결했다. 그는 가톨릭교를 프랑스 국민 대다수의 종교로 인정하고 옛 왕족들과의 유착 관계에서 종교를 분리하고자 했다. 하지만 혁명의 핵심 성과 중 하나는 교회 소유의 토지를 매도한 것이었는데 만약 이 토지들을 다시 교회에 반환한다면 대지주와 중산층들의 엄청난 저항에 부딪힐 것이 명확했다. 그러나 나폴레옹은 자신이 황제로 등극하는 대관식에 교황이 참석하여 축복하는 모습을 꼭 보여주고자 했다. 결국 종교협약은 외교적인 승리라 할 수 있는 결과를 가져왔다. 비록 나중에 나폴레옹이 교황을 사보이에 투옥시키더라도 말이다.

제1통령으로서 나폴레옹은 합법적인 지도자였으나, 그의 조언가 집단, 장군들, 특히 권리를 박탈당한 이전 프랑스 귀족들이 계속 자신의 의견에 반대 의견을 내놓자 그는 취약한 자신의 지위에 대해 걱정하게 되었다. 그는 후견과 보상 체제에 공을 들이고 언론과 정보 원천들을 관리하고 첩보원을 통해 주위 사람들을 철저히 감시했다. 그러나 몇 번의 암살시도가 발생한 후 이것만으로는 충분하지 않다고 느끼자 그는 공포감을 조성하면서 권력을 행사하기 시작했다. 주모자를 가려내기 위해 모든 잠재적 반대자들은 가혹한 형벌을 받았다. 특히 앙기앵 공작의 경우 다른 음모자들을 포기하게 만들 목적으로 나폴레옹을 타도하려는 음모에 가담했다는 죄를 뒤집어씌워 처형했다. 나폴레옹은 나중에 앙기앵 공작의 처형은 심각한 정치적 실수였다고 평하기도 했는데, 이 사건으로 말미암아 다른 유럽 왕족들에게 더욱더 소외되었기 때문이다.

나폴레옹은 항상 유럽 내 다른 군주들 사이에서 자신의 합법성을 인정받기 위해 자신의 권한이 더욱 강화되고 제도화되어야 한다고 생각했다. 그는 항상 벼락출세자 취급을 받으며 권력의 취약함을 느꼈다. 그는 대중 선거 결과 300만 명이 넘는 프랑스 국민들의 지지를 받으며 스스로 황제의 왕관을 썼지만, 역설적이게도 자신이 옹호하던 혁명이 없애버린 군주가 되고 싶어 했다.

나폴레옹은 결국 모스크바에서 참혹하게 후퇴한 뒤 몇 번의 군사적 패배를 더 겪고 절망적으로 유배를 떠나면서 몰락했다. 그러나 프랑스 국민들 사이에서 그의 매력은 결코 사그라지지 않았으며 여전히 그가 남긴 유산이 지속되어 프랑스인들은 '영예롭고 위대한' 프랑스를 염원하며 나폴레옹을 추종한다. 비록 상속을 통해 자신만의 왕조를 세우고 싶었던 그의 열망은 짧게 끝이 났지만 말이다. 1814년 패배 후 망명길에 오르며 그가 가장 크게 실망했던 점은 단순히 왕위를 잃은 사실이 아니라, 자신의 지지자들과 가족들이 황후 마리 루이즈를 섭정으로 앉히고 아들 '로마 왕'을 자신의 후계자로 추대하지 못한 점과 마치 나폴레옹의 시대는 아무 쓸모가 없었다는 듯 파리 시민들이 너무나 빨리 부르봉 왕가를 부활시킨 점이었다.

나폴레옹의 일대기는 특히 극적인 몇 가지 군사적 업적으로 잘 알려져 있다. 그는 1769년 8월 15일 코르시카 아작시오에서 태어났으며, 운이 좋게도 지역에서 후견인을 찾았고 그의 도움을 받아서 1779년 프랑스의 왕립 사관학교에서 공부를 시작했다. 프랑스로 이주해서 사관학교에 입학한 뒤 1785년 포병대 소위 계급으로 졸업했으며 그다음에는 발랑스에 배치되었다. 그리고 1789년 7월 14일에는 성난 파리 군중들이 바스티유 감옥을 급습하여 새로운 역사가 쓰이는 광경을 목격했다. 이 사건은 이후 프랑스 국민들이 지속적으로 갑작스런 권력 장악에 휘둘리며 혼돈에 빠지게 되는 출발점이라 할 수 있다. 3년 후 자신의 부대와 함께 파리에 있는 동안, 그는 튈르리 궁전이 공격을 당하고 프랑스 국왕 루이 16세가 퇴위되어 단두대에서 처형당하는 장면을 목격했다. 나폴레옹은 프랑스에서 훈련을 받고 혁명에 대한 열정이 생긴 후 자신의 미래가 프랑스 국민들과 함께하리라는 확신을 갖게 되었다. 그 때문에 나폴레옹과 그의 가족들은 지나치게 '친프랑스파'라는 비난을 받아 고향 코르시카를 떠나야만 했다. 1793년 말, 나폴레옹은 이미 혁명 후 프랑스 정부에서 중요한 지도층의 일원이 되어 있었고, 모략을 꾸미고 기회를 엿보아 계속해서 권력을 축적해나갔다. 툴롱 전투에서 용맹함을 떨치며 승리를 거둔 후 그는 준장으로 승진했다. 당시에는 귀족 군 장교들이 숨어 있거나 망명을 떠났거나 처형을 당한 때여서 능력 있는 젊은 군 장교들은, 특히 나폴레옹처럼 뛰어난 군사적 실력과 카리스마를 갖춘 장교라면 누구나 빠르게 진급할 수 있었다.

모든 상황이 불확실한 혁명기에는 갑자기 잘못된 편에 서게 되기가 쉬운데, 1794년 8월 나폴레옹에게 벌어졌던 상황도 비슷했다. 그는 자코뱅 당원이며 로베스피에르의 지지자라는 혐의를 받고 투옥되었다. 그러나 1년 후 감옥에서 풀려나 서부군 장군으로 승진했다. 1795년 10월 프랑스 공화국에 대항하는 반란과 사회 갈등을 진압하라는 임무를 부여받고 그의 운은 빠르게 180도로 전환했다. 그는 200여 명의 반대자들을 총살하라는 단호한 명령을 내리며 반란을 성공적으로 진압했고 이어서 치안군의 지휘를 맡게 되었다. 그는 빠르고 효율적으로 세력 기반을 관리하는 방법을 터득했다.

불만족스러운 몇 번의 연애 경험 후, 총재 정부 의원인 폴 프랑수아 바라스Paul-Francois Barras의 저택에서 나폴레옹은 로제 드 보아르네Rose de Beauharnais(조제핀의 원래 이름-옮긴이)를 만난다. 바라스의 도움으로 그는 치안군 사령관으로 승진했으며 이탈리아 원정에서 프랑스 군대를 지휘하게 되었다. 성공, 흥분, 장밋빛 미래에 대한 확신으로 의기양양했던 그는 얼마 후 조제핀(항상 나폴레옹이 불렀던 이름)과 결혼하고, 1796년 3월 오스트리아에 대항해 전투를 벌이기 위해 이탈리아로 떠났다.

두 달 후 로디 전투에서 승리한 뒤 그는 아르콜레와 리볼리에서도 전투를 승리로 이끌고 1797년 말 오스트리아와 캄포포르미오 조약을 체결하며 성공가도에 박차를 가했다.

파리로 돌아온 영웅 나폴레옹은 계속해서 자신의 군사적 정치적 입지를 강화해 나갔고, 야심만만하게 이집트로 장거리 원정을 떠날 만큼 자신감에 차 있었다. 이집트 원정에는 수십만 명의 병사들뿐만 아니라 문화 전문가들도 동반했다. 맘루크인에 맞선 피라미드 전투에서 승리한 후 바로 알렉산드리아를 함락했으며 이내 카이로를 정복했다. 하지만 조제핀과 멀리 떨어져 지내면서 그녀의 부정不貞에 대한 소문을 듣고 절망한 나폴레옹은 인격적으로 더욱 차갑고 가혹한 면을 드러내기 시작했다. 동시에 비록 군사적 장악이었다 하더라도 이집트에서 한 국가 전체를 통치해본 경험을 쌓자 야망이 더욱 커지기 시작했다.

그러나 아부키르만 해전에서 넬슨 제독의 지휘 아래 영국 함대는 프랑스 함대를 격파했다. 이로 인해 나폴레옹의 군대는 이집트에서 오도 가도 못하게 되었으며 그의 연승 행진은 흔들리기 시작했다. 1년 후 프랑스가 정치적 혼란과 폭동으로 위태롭다는 소식을 듣자 나폴레옹은 자신의 군대를 이집트에 남겨둔 채 홀로 파리로 돌아갔다. 그는 거의 완전히 프랑스의 정치계가 무너진 시기에 동생 뤼시앵의 도움을 받아 약간은 어설펐던 쿠데타를 성공시켰고 곧 권력을 장악하여 새 프랑스 정부의 제1통령이 되었다. 그리고 새로운 세기가 시작되던 시기에 튈르리 궁에서 조제핀과 새 살림을 차렸다.

대중들의 투표로 종신 통령에 선출되자 이제 여러 가지 의미에서 나폴레옹은 진정한 프랑스의 통치자였다. 프랑스 국경이 계속 불안정하고 유럽 전역에서 프랑스의 혁명에 반대하는 움직임이 계속되자, 나폴레옹은 두 번째 이탈리아 원정에 나서 군대를 이끌고 알프스 산맥을 넘었다. 오스트리아군에 맞서 마렝고 전투에서 승리한 후 그는 1800년 2월 뤼네빌에서 평화조약에 서명했다. 그다음 1801년 7월, 교황과 종교협약을 체결하여 프랑스 정부와 가톨릭 교회와의 분열을 종식시켰다. 그리고 1년도 채 안 되어 영국과 아미앵 조약을 체결했는데, 이 조약은 오래 가지 못했다. 고요하고 평화로웠던 짧은 기간 동안 나폴레옹은 혼돈 상태에 빠진 국가를 재정적, 경제적, 법적, 교육적으로 개혁하는 일에 매진했다. 프랑스에서 그의 반대 세력이 줄어들었고 사람들은 여전히 부르봉 왕가를 혐오했기 때문에 그의 정치적 입지는 더욱 견고해졌다. 그러나 그는 점점 더 모략과 정치 공모를 통해 통치를 했고 당장은 혁명의 성과라고 생각했던 일들을 유지할 수 있더라도 얼마나 오래 유지하고 계승할 수 있을지 걱정하기 시작했다.

프랑스의 취약한 새 질서에 대한 걱정에 무시무시한 암살시도들을 겪은 후 생긴 자신의 죽음에 대한 걱정까지 가세하면서 나폴레옹은 정치적 반대 세력들을 혹독하게 탄압하기 시작했다.

나폴레옹을 포함해 많은 이들은 브뤼메르 쿠데타 덕분에 사라진 과거의 무능한 정부들이 부활해 다시 혼란스러운 상황으로 돌아가는 것을 바라지 않았다. 따라서 이들은 분명한 승계 절차를 확립하고자 했다. 하지만 나폴레옹이 바랐던 유일한 승계 방식은 역설적이게도 부르봉 왕가를 대체하는 자신의 왕조를 세우는 것이었다. 1802년 8월, 새로운 헌법이 채택되었고 나폴레옹은 제1종신 통령이 되었으며, 1804년 5월에는 다시 한 번 국민 투표로 승인을 받아 황제로 선포되었다. 12월에 노트르담 대성당에서 열린 황제 대관식 후 나폴레옹은 밀라노에서 이탈리아 왕으로도 즉위했다.

많은 권력을 축적하고 유럽 대륙에서 군사적으로 막강해졌음에도 불구하고, 나폴레옹은 유독 영국과의 전투에서는 계속 실패했다. 특히 트라팔가 전투(프랑스 해군이 넬슨 제독이 지휘하는 영국 함대에 의해 격파당한 또 다른 패전)에서 패배한 후 나폴레옹은 오스트리아와 러시아를 공격하는 쪽으로 관심을 돌렸다. 아우스터리츠 전투와 프리트란트 전투에서 승리한 후, 나폴레옹은 형 조제프를 나폴리 왕으로 지명하는 등 가족들을 유럽 각지에 왕으로 임명하면서 족벌주의를 바탕으로 하는 후견을 통해 세력 기반을 강화했다. 틸지트에서 러시아 황제 알렉산드르 1세^{Tsar Alexander I}와 평화조약을 맺으면서 나폴레옹은 분할된 폴란드를 대체하기 위한 바르샤바 대공국을 설립하고 프랑스의 감독 아래 두었다.

프랑스의 모든 국경은 여전히 친부르봉 왕당파와 반혁명파로 둘러싸여 있었는데, 1807년 말쯤 나폴레옹은 포르투갈을 정복했고 프랑스군의 원수 조아생 뮈라를 보내 스페인에서 군대를 지휘하도록 했다. 스페인이 저항에 실패하자 1808년 중반 나폴레옹은 조제프를 스페인의 왕으로 지명했고 뮈라를 나폴리 왕으로 지명했다.

그러나 그는 계속해서 자신의 왕조 설립과 지속성에 대해 걱정하고 있었다. 그러한 이유로 1809년 12월 마지못해 조제핀과 이혼을 했으며 몇 달 후 오스트리아의 황녀 마리 루이즈^{Marie-Louise}와 결혼했다. 영속 가능한 후계 구도를 설립하고자 하는 염원에도 불구하고 그에겐 합법적으로 태어난 아들과 후계자가 없었는데, 1811년 3월 '로마 왕'이라 불리는 아들이 태어나자 그는 크게 기뻐했다. 이 결혼에는 또한 그의 새 장인이 된 오스트리아 황제 프란츠 1세^{Francis I}와의 관계를 강화하려는 의도도 있었는데, 유럽에서 평화를 구축하고자 했던 이 시도는 나폴레옹의 의도만큼 번창하지 못했다.

모든 전선에서 궁지에 몰리고 별다른 대안이 없어 보이자 나폴레옹은 러시아를 침략하여 모스크바를 점령하겠다는 어리석은 결정을 내렸다. 프랑스군은 1812년 6월 전쟁에 돌입하여 석 달 후 모스크바로 들어갔는데, 모스크바는 이미 불에 타올라 버려진 상태였다. 매섭게 추운 한 겨울에 후퇴를 하면서 많은 병사들이 낙오되어 프랑스군은 엄청난 손실을 겪었고 1812년 12월 나폴레옹은 아주 적은 군대만 데리고 파리로 돌아왔다. 그때부터 나폴레옹의 가장 중요한 세력 기반 중 하나였던 군사적 기량이 계속해서 손상되기 시작한다. 그의 적들은 러시아에서 나폴레옹이 겪은 막대한 손실로 용기를 얻고 고무되었다. 1813년 3월에는 굉장히 우유부단했던 프로이센의 황제 프리드리히 빌헬름 Frederick William 조차도 프랑스와의 전쟁을 선포했다. 프랑스군은 비토리아 전투에서 스페인군에게 무너졌고, 1814년 1월에는 대프랑스 동맹군이 프랑스로 진입해 3월에는 파리가 함락되었다. 전쟁에 지친 파리 시민들은 별다른 저항을 하지 않았고, 수상인 탈레랑은 권력을 부르봉 왕가로 이전하기 위한 협상을 벌였다. 공들여 광범위하게 후견을 펼치고 지지자 세력을 형성했음에도 그는 혼자였다.

그다음 상원은 제국의 종말을 선언했다. 황제는 왕위에서 물러났고 나폴레옹의 부인과 아들은 파리를 떠나 피신 길에 올랐다. 자신의 아들을 후계자로, 부인을 섭정으로 만들어서 왕좌를 잇게 해달라는 그의 간청에도 불구하고, 부르봉 왕족인 루이 18세가 프랑스 왕위에 복귀했다. 나폴레옹의 운이 더 이상 상승세에 있지 않을 때 가장 먼저 그를 버린 사람 중 한 명이 바로 장인 오스트리아 황제였는데, 오스트리아 황녀인 부인과 아들은 그 장인의 보호 아래 비엔나로 대피했고 그 사이 나폴레옹은 엘바 섬으로 유배되었다.

　그러나 이것이 이야기의 끝은 아니다. 1815년 3월 나폴레옹은 엘바 섬을 탈출해 프랑스 남부로 돌아왔고, 개인적인 카리스마를 과시하며 기회를 잡아서 다시 프랑스군을 모았으며, 루이 18세에게 파리를 떠나도록 강요했다. 나폴레옹은 마치 아무 일도 없었다는 듯 튈르리 궁으로 돌아와서 주도권을 잡았고 '백일천하'라 불리는 사건이 시작되었다. 거의 매일같이 전투를 치른 그의 군대는 결국 1815년 6월 18일 워털루 전투에서 웰링턴^{Wellington}과 블뤼허^{Blucher} 장군이 지휘하는 영국군과 프로이센군에 맞서 싸우다 패배했다. 그 결과 나폴레옹은 두 번째로 퇴위를 강요받았고, 이번에는 훨씬 더 멀리 떨어지고 사람이 살기에도 적합하지 않은 세인트헬레나 섬으로 보내졌다. 이곳에서 그는 1821년 5월 5일 세상을 떠날 때까지 귀양살이를 했다. 아들이 프랑스의 황제 자리를 세습받기를 간절히 바랐던 그의 염원은 결코 이루어지지 못했다. 무엇보다 이 점이 그가 가장 절망한 이유였다.

PART
01

후견

장학금 수혜(1776~1778년)

: 중요한 첫 기회(훗날 후견을 다짐)

코르시카에서 아버지 카를로 보나파르트^{Carlo Bonaparte}는 나폴레옹에게 연줄의 중요성에 대해 가르쳤다. 코르시카의 족벌 체계에서는 '재빠르게 기회를 포착'하는 것이 관건이었다.

드와이어Dwyer, 2007년, 515-516쪽

지금 아버지가 이 모습을 보시면 참 좋으련만!

1804년 황제 대관식에서 형 조제프에게

나폴레옹은 형제들 모두에게 보상을 했지만 그들은 '무능함, 반항, 배신'으로 호의에 답했다.

맥린McLynn, 1998년, 663쪽

복잡하고 치열한 코르시카의 정치판에서.⋯ 나폴레옹은 정치 수련 과정을 거쳤다⋯ 씨족 기반 사회에서 지위란 그 가문의 결속력으로 평가되며 갈등은 사사로운 복수를 하고 난 후에야 해결되었다. – 코르시카 피의 복수

마크햄, 1963년, 16쪽

나폴레옹은 청원하는 자들을 만족시키기 위해 그들에게 정치적 직위를 주었다⋯ '그는 족벌들 간에 균형을 유지해야 했으며 사리사욕만을 추구하는 이들 사이에서 자신의 권력을 확고히 뿌리내려야

했다. 그는 망상에 잠기지 않았다… 반드시 무언가를 베풀어야 했다. 이것이야말로 사람들이 그에게 기대하는 것이었고 이렇게 하여 그들이 계속 충성하도록 만들어야 했다.'

갈로, 1997년a, 252쪽

적들이 부르는 '코르시카 놈'이란 별명은 그를 가장 화나게 만들었다. 나폴레옹은 자신의 출신 성분이나 혈통을 그다지 대수롭게 여기지 않았다. 그는 자신의 검과 프랑스 국민들의 염원으로 자신의 직위가 결정되는 입지전적 인물이 되리라 호언했다… 그는 전형적인 코르시카인답게 평생 가족에 대한 충실함과 의무감을 잃지 않았다. 그러나 왕위에 오르자 '변방 출신'이라는 점은 마치 서출처럼 감추어야만 하는 수치거리가 되었다.

마크햄, 1963년, 15쪽

나폴레옹이 리더가 될 수 있었던 것은 후견 덕분이었다. 그가 군에 발을 들이고 이후 정치가의 삶을 살게 된 출발점이자, 지지 세력을 형성하고 세력 기반을 다지는 수단으로 활용한 방법 또한 후견이다. 따라서 우리는 후견을 이 책 첫 장의 주제로 삼았다. 모든 일은 코르시카에서 시작되었다. 이 배경을 이해해야만 나폴레옹을 이해할 수 있다.

프랑스에서 새로 부임한 코르시카 총독은 어린 나폴레옹을 위해 프랑스에 있는 한 군사 명문 학교에 자리를 마련해주었고, 이로써 그는 생애 처음으로 중요한 기회를 얻었다. 새 총독은 보나파르트 가족을 후견하여 그 지역에서 명망 있는 코르시카 가문으로부터 지지를 얻고자 했다. 나폴레옹은 기꺼이 그 후견 제의를 받아들였으며, 향후 자신의 세력 기반을 강화하는 목적으로 가족과 가까운 친족들에게 고위직을 내주며 적극적인 후견 활동을 펼치리라 다짐했다.

❧

코르시카는 원래 이탈리아인들이 살던 지중해의 작은 섬이다. 이곳 주민들의 강점은 여전히 이 지역에서 꽤 두드러지는데, 북유럽인들의 보다 개인주의적이고 독립적이며 배타적이지 않은 특성과는 현저히 다르다. 이들에게는 지위와 존중이 전부라고도 할 수 있다. 망신을 당하는 일은 용납할 수 없다. 그러므로 체면을 손상시킨 자에게는 반드시 복수를 해주어야 하며 충성심은 마땅히 보상받을 만한 명예로운 일로 간주된다. 가족과 지역사회의 유대관계를 바탕으로 하는 후견 제도는 이 문화에서 필수적인 부분이다.

　나폴레옹은 바로 이곳에서 성장했다. 보나파르트가는 이 지역에서 의무감과 책임감을 지닌 유망한 가문으로 오랜 세월 동안 사람들로부터 존경과 원한을 함께 받아왔다. 유년 시절 나폴레옹은 가문에 대한 압박감에 사로잡혀 있었고, 따라서 인격 형성기에 가문의 영향을 받을 수밖에 없었다.

나폴레옹의 아버지는 부유한 대지주였다. 보나파르트가는 귀족의 후손으로 그 계보는 200년 전 토스카나 지방까지 거슬러 올라가는 것으로 추정된다. 나폴레옹의 어머니는 군인 집안에서 태어났다. 파리의 명문가에서는 왕족과의 정략결혼이 성행했지만 인구 13만 명의 때 묻지 않은 작은 시골 섬마을에서는 연애결혼이 일반적이었다.

아버지 카를로와 어머니 레티치아 보나파르트Letizia Bonaparte는 애초부터 활달하고 고집 센 둘째 아들에게 야망을 크게 품도록 격려했다. 한편 이 시기 코르시카는 동요와 반란으로 들썩이고 있었다. 보나파르트 부부는 제노바의 식민주의에 대항하여 용감하게 독립을 주장하는 반란 운동에 전율을 느끼고 깊은 감동을 받았다. 실제로 나폴레옹은 어머니 배 속에서나마 아작시오 부근 산악지대에서 전개된 독립 운동에도 참여했다. 나폴레옹의 이름은 어머니 레티치아가 가장 존경했던 삼촌의 이름에서 따왔는데, 그는 프랑스군과의 전투에 참전했다가 나폴레옹이 태어나기 직전에 작고했다.

나폴레옹은 간신히 프랑스인으로 태어났다. 1760년대 초반, 열정적인 반 식민주의 게릴라 전사였던 반군 지도자 파올리Paoli는 코르시카를 독립시키려 애쓰며 증오의 대상인 제노바인들을 코르시카 섬 대부분에서 몰아냈다. 점령군이 코르시카인들을 학대하는 방식에 자신만큼 혐오감을 느꼈던 보나파르트가의 강력한 지지를 받아 파올리는 법질서를 확립하고 도로와 학교를 건립하는 계획을 세웠다. 나폴레옹이 태어난 시기는 식민 통치자들이 코르시카인들을 속국 신하로 취급하며 탄압하여 사람들의 증오가 들끓던 사회적 격동기였다. 출세란 제노바 귀족들에게만 해당되는 시대였고, 반군 전사들은 정적의 공격 외에도 그 일대의 산적들에게 시달리며 산 속에서 투쟁을 벌이고 있었다. 반군은 제복도 없었고 무기도 거의 없어서 땅을 일구어 연명했다. 하지만 누구보다도 그 지형을 잘 알고 있었기에 살아남을 수 있었다. 나폴레옹은 많은 면에서 이 같은 코르시카인의 특성을 고루 지녔는데 봉건주의, 식민주의, 귀족주의에 반대하며 굉장히 독립적이고 험한 지형이나 환경에도 당황하지 않는 점이 그러했다. 파올리처럼 나폴레옹도 교육에 헌신했으며 열렬히 고전을 탐독했고 자신이 마음먹은 일에는 엄청난 정력을 발휘했다.

나폴레옹은 그가 태어나기 불과 몇 달 전 제노바가 코르시카를 프랑스에 팔기로 결정했기 때문에 가까스로 이탈리아인이 아닌 프랑스인으로 태어났다. 새로 획득한 지역을 영유하기 위해 코르시카에 도착한 프랑스군은 격분한 채 결의에 차서 총으로 무장한 코르시카 반군과 마주했다. 반군은 신속하게 새로 등장한 프랑스군으로 공격 대상을 바꾸었다. 새 점령군에 대항하여 몇 번의 승리를 거두긴 했지만 파올리와 보나파르트, 그리고 그들의 추종자들은 (어린 조제프와 배아 상태의 나폴레옹도 포함) 곧 수적 열세에 밀려 속수무책으로 항복할 수밖에 없었다. 이후 파올리와 그의 측근 300여 명은 새로운 국가의 식민통치를 받느니 영국으로 망명하는 쪽을 택했다.

그러나 현실적인 기회주의자였던 카를로 보나파르트는 아직 시오에 남아 늘어나고 있는 가족들을 돌보기로 결심했다. 보나파르트 가족은 상속받은 대저택에서 먼 친척들을 비롯해 여러 세대를 다른 층에 거주시키며 함께 살았다. 레티치아는 매일 아침 미사에 참석했는데 심지어 1769년 성모 승천 대축일인 8월 15일에는 나폴레옹을 낳으려고 진통을 시작하면서도 미사를 드렸다. 보나파르트 가족은 자신들의 영지에서 나는 작물을 주식으로 살아갔다. "보나파르트가는 빵, 와인, 기름을 사먹는 일이 없었다."(크로닌, 1971:18-19) 금전 거래는 하지 않았고 오직 물물교환과 땅에 의존해 살았으며, 이렇게 하여 모든 부의 기반을 이룰 수 있었다. 이들은 재산 축적보다 행복한 가정과 지역 사회에서의 높은 지위를 더 중요하게 여겼다. 나폴레옹은 이로부터 다음과 같은 점을 배웠다. '친지들이 자신을 돌보았듯 자신도 친지들을 돌보아야 한다. 종교의 힘은 매우 강력하다. 땅은 부(富)의 근본이다. 지역사회에서 지위는 몹시 중요하다.' 행복한 가정을 꾸리는 일은 매우 가치 있는 일이다. 또한 나폴레옹은 아버지에게로 부터 튼튼히 조직된 반군들이 그들의 경험을 토대로 새, 동물을 사냥하고 적군을 수색하면서 지역을 지키는 능력에 대해 들으며 교훈을 얻었다.

카를로는 새로운 권력 체제를 인지했고, 프랑스군이 코르시카 에서 점점 더 확고히 자리를 잡아가자 현실적으로 그들의 환심 을 사려 노력했다. 특히 1770년대 중반 부임한 코르시카 섬의 새 총독 마흐뵈프^{Marbeuf} 백작을 만나 그의 환심을 사는 데 집중했다. 이후 마흐뵈프는 나폴레옹의 대부로 여러 면에서 중요한 역할을 하게 된다. 그는 나폴레옹의 후견인이자 지지자이면서 또한 코 르시카에서 파벌 싸움과 내분이 한창이던 시기에 그의 대부 역 할까지 맡았다. 마흐뵈프는 곧 코르시카 섬 주민 중 나폴레옹의 부모에게 호감을 갖게 되었다. 보나파르트 부부는 한 쌍의 선남 선녀 커플이었다. 레티치아는 빼어나게 아름다웠으며 인품 또한 훌륭했고, 카를로 역시 조금 나약하고 사치스럽긴 했지만 매력 적이고 세련되며 교양 있는 사람이었다. 이 부부는 프랑스를 대 표하는 지배자로 코르시카에 홀로 건너와 여전히 일부 주민들의 적의를 느끼고 있던 늙고 자식 없이 외로운 마흐뵈프에게 좋은 친구가 되어주었다.

카를로는 프랑스군에 협조하면서 지역사회에서 가문의 위신 을 확고히 다질 수 있었다. 역시 마흐뵈프의 도움으로 기나긴 승인 과정을 거쳐 그는 코르시카에서 프랑스 귀족으로 승격되었으며 보나파르트가는 아작시오의 명문가로 떠올랐다. 나폴레옹은 "우리는 부르봉 왕가나 다름없었다. 코르시카 섬에서 우리는 실제로 그러했다"라고 회상했다.(마크햄, 1963:17)

어머니 레티치아는 나폴레옹에게 보나파르트가가 가난했던 시절과 한순간 다시 빈곤해질 수도 있다는 사실을 끊임없이 상기시켰다. 그리고 역경에 처하더라도 강인한 모습을 보여야 하며 고통을 이겨내야 한다고 가르쳤다. 재력이 부족한 어린 귀족 신분으로 나폴레옹과 형 조제프는 프랑스 정부가 제공하는 무상 교육을 받을 자격이 되었다. 이를 위해 보나파르트가는 다시 한 번 유익한 친구 마흐뵈프의 도움을 얻어 자신들의 귀족 연줄을 증명해보여야 했다.

나폴레옹으로서는 운이 좋았던 것이 코르시카에서는 장남은 성직자의 길을 가고 차남은 군인의 길을 가도록 자녀의 직업을 정해놓는 배타적이고 구식인 전통이 있었다. 그렇지 않았다면 그는 성직자가 되어 좌절감과 회의를 느끼며 살았을지도 모를 일이다.

마흐뵈프는 장남 조제프가 사제직 수련을 받을 수 있도록 도왔으며 어린 나폴레옹은 프랑스 최고의 군사 명문학교 중 한 곳에 들어갈 수 있게 다리를 놓아주었다. 이들을 돕는 일은 마흐뵈프 자신에게도 흐뭇한 일이었다. 본인 소생所生이 없던 터에 그는 어린 보나파르트 자녀들에게 조언과 도움을 주는 일에 보람을 느꼈으며, 한편으로는 그가 외교적 의무로 생각하던 일을 실천에 옮기는 일이기도 했다. 코르시카가 프랑스의 새 영토가 되면서 마흐뵈프는 외무장관으로부터 "본인부터 코르시카인들에게 사랑받도록 노력하고 그들이 프랑스를 사랑하게 만드는 일이라면 어떤 것도 무시하지 말라"라는 지시를 받은 적이 있었다.(크로닌, 1971:25)

법 집행도 마흐뵈프의 소관 중 하나였는데, 그 과정에서 그는 지위와 규칙보다 가족과 개인의 명예를 더 중시하는 코르시카인들의 도덕 기준에 적응해야 했다. 곧 그는 사랑, 명예, 정의와 공정한 행동을 중시하며 처참한 죽음은 잊지 않고 반드시 복수하는 코르시카 방식에 익숙해졌다. 훗날 나폴레옹이 언급한 것처럼 "코르시카인은 사돈의 팔촌조차도 결코 저버리지 않았다."(마크햄, 1963:16) 이러한 끈끈한 가족 간의 유대관계는 가족 간의 유대가 느슨한 북유럽인들은 물론 혁명을 수반한 근대 합리주의와도 극명한 차이를 보인다. 이는 나폴레옹이 오스트리아 황제의 딸인 마리 루이즈와 결혼하면 프랑스와 오스트리아 간에 정치적 군사적 동맹이 견고해지리라 기대했던 것처럼 '가족'에 대해 그가 지니고 있었던 순진한 믿음을 설명하는 데 도움이 될 것이다. 그러나 실제로 동맹이 필요했을 때 이 결혼은 별로 도움이 되지 않았다.

1778년 12월, 수도원장의 축복을 받고 이 자신만만한 아홉 살 소년은 브리엔 군사 학교로 출발했다. 그리고 이후 그의 인생은 급진적인 변화를 맞는다. 브리엔 군사학교는 1776년 루이 16세 Louis XVI의 전쟁 장관이었던 생제르맹St Germain이 귀족 자제들을 위해 설립한 12개 왕립 학교 중 한 곳이었다. 그는 생소한 사투리와 빈곤한 처지 때문에 따돌림을 당했으며, 자신을 박해받는 코르시카 애국자라고 스스로 변호했다. 또한 집에서 멀리 떨어진 곳으로 유학을 간 아이들이 흔히 느끼는 불안감으로도 고통받았던 것 같다. 그리고 어머니와 마흐뵈프의 가까운 관계에 대해서 나폴레옹이 무의식중에 질투를 느꼈다는 주장도 있다. 특히 아버지가 세상을 떠난 후 그는 자기 후견인의 숨은 동기에 대해서 의심을 품었을 것이다.

리더십과 권력에 반영된 생각

- 나폴레옹은 리더가 되도록 교육받으며 성장했다. 특히 가족에 대한 의무를 다하는 리더가 되도록 교육받았다.

- 그의 가문에는 반군 전사들이 있었으며 전통적으로 독립을 중시하고 식민주의를 증오했다. 나폴레옹은 이러한 가족 성향을 계승해나갈 운명이었다.

- 나폴레옹은 재능 있고 똑똑하며 열정적이고 타인에게 영감을 주는 능력도 있었지만, 치사하고 복수심이 강한 면모를 보이기도 했다. 이는 코르시카의 정

치계와 사회에서 나타나는 전형적인 모습이다.

- 프랑스가 새로 코르시카를 점령하던 때에 보나파르트가는 파올리를 따라 망명을 떠나는 대신 기회를 엿보며 머물렀다. 그리고 결국 프랑스인 총독 마흐뵈프의 도움으로 프랑스 귀족 지위까지 올랐다.

- 마흐뵈프의 후견 덕분에 나폴레옹은 자신의 인생 서막을 올릴 수 있었지만, 부모의 노력으로 얻은 이 후견 때문에 반드시 성공해야 한다는 의무감에 시달렸다.

- 후견과 보답, 그리고 기회주의는 나폴레옹이 리더가 되는 길로 들어서는 데 도움이 되었다.

- 나폴레옹은 일생동안 사람들의 지지를 얻는 방편으로 후견을 이용했다.

- 나폴레옹의 개인적인 성향은 코르시카의 사회 문화에서 큰 영향을 받았다. 가족을 부양하고, 망신당하는 일을 피하고, 피해를 당하면 복수를 하고, 명예를 회복해야 하고, 독립을 소중히 여기며, 땅을 일구어 살아가는 한편 부를 나누는 성향이 그러했다.

- 후견은 지지 세력을 형성하는 데 이용되었다. 파올리와 아버지 카를로 보나파르트에 이어 나폴레옹 자신도 이처럼 후견을 이용했다.

- 이러한 맥락에서 잠재적인 리더들은 리더가 되기 위해 후견을 받고 그 후 다른 사람에게 마찬가지로 후견 활동을 펼치기를 기대받는다.

코르시카에서 나폴레옹의 부모는 인맥과 연줄에 기반을 둔 방법을 효과적으로 이용했다. 그곳에서 귀족 신분을 얻은 보나파르트 가족은 자녀들에게 사회에서 고위직을 추구하라고 독려했다.

프랑스가 코르시카를 점령하고 공식적으로 보나파르트가를 인정하면서, 특히 프랑스인 총독의 환심을 사면서 그들은 지역사회에서 존경의 대상이 되었다. 마흐뵈프 총독에게 자식이 없었고 그가 보나파르트가의 자녀들을 후원하는 데 적극적이었다는 점에서 이 가족은 정말로 운이 좋았다. 어린 자신의 후견인이 되어준 마흐뵈프의 관대함에 나폴레옹은 그의 기대에 부응해야 하며, 반드시 성공하여 후원자에게 보답해야겠다는 의무감을 느꼈다.

후견과 보답은 나폴레옹을 리더의 길로 들어서게 한 최초의 방법이었다. 그리고 이것은 나폴레옹이 일생동안 인지하고 실행했던 하나의 문화 규범이 되었다. 코르시카의 문화는 처음부터 강렬하게 나폴레옹을 압박했다. 후견인이 은혜를 베풀면 그 은혜를 입은 자는 다시 자신의 후견인과 현재 또는 미래의 지지자들에게 그 은혜를 갚아야만 한다. 후견과 보답은 나폴레옹을 후견인의 기대에 부응하도록 몰아붙이면서 어린 시절부터 그가 리더의 자리에 오르는 데 집념하도록 만드는 주춧돌이 되었다.

후견에는 조건이 따라붙는다. 이미 나폴레옹은 반드시 성공해야 하며 부유한 후견인의 기대에 부응해야 한다는 압박감을 받고 있었다. 특히 형 조제프가 그보다 야망도 책임감도 훨씬 적었기에 그는 어머니와 형제 일곱 명을 부양해야 할 의무감까지 크게 느끼고 있었다.

나폴레옹은 자신의 인생 서막을 열어준 마흐뵈프의 결정적인 역할을 기억했으며, 그로 인해 자신에게 부과된 의무와 책임도 잘 알고 있었다. 그리고 점차 그의 힘과 영향력이 커지면서 전에 없이 후한 후견 기회들이 찾아왔다.

마흐뵈프와의 우정이 깊어지면서 보나파르트가는 코르시카의 독립을 지지하는 쪽과 프랑스의 점령을 환영하는 쪽 사이에서 선택이 쉬워졌다(비록 이 선택으로 인해 그들은 결국 고향을 떠나 망명길에 오르게 되지만 말이다). 나폴레옹은 프랑스인들과 생사를 같이 한 것을 결코 후회하지 않았다. 그리고 나중에는 귀족 계층이 아닌 혁명을 지지하면서 또 다른 승자의 편에 섰다.

정권을 쥐고 있을 때 나폴레옹은 부와 권력이 따르는 자리에 형제들을 임명하며 너무 자주 가족들을 후원하는 데 집중했다. 그렇게 하여 얻은 것은 거의 없었다. 형제들은 이미 그의 편이었고 대부분은 주어진 임무를 수행할 능력이 없었다. 이처럼 그는 가장 중요한 후견 기회들을 주변의 충성스럽고 의무감이 강한 이들에게 베풀어 인맥을 넓히는 데 사용하지 않고 가족들에게 보답하는 방편으로 낭비했다.

그러나 이러한 행동은 이해가 간다. 나폴레옹은 자신의 형제들과 그들의 지지자들에게 충성을 맹세받고 싶어 했고, 동시에 자신의 자리를 넘보는 잠재적인 경쟁자를 만들고 싶지 않았다. 하지만 추종자들을 부유하게 만들어 줄수록 그들은 자신의 재물을 지키는 일에만 더욱 몰두할 뿐, 위험한 군사 행동이나 급진적인 정치 개혁을 착수하려 들지 않았다. 그리고 여느 리더처럼 권력이 약해지기 시작하자 나폴레옹 역시 추종자들에게 제공할 것이 점점 줄어들었고, 그 결과 추종자 중 막강한 세력을 지닌 자들은 전도유망한 다른 권력자에게로 충성을 옮겨갔다.

후견은 정치 지도자나 기업가가 영향력을 발휘하는 데 핵심적인 요소다. 거대 기업에서 대부분의 일은 리더가 신뢰하는 사람들에 의해 실행된다. 후견으로 인해 발생하는 의무감과 감사의 마음이 신뢰와 충성심을 유지하는 든든한 버팀목이 된다.

후견의 힘이 지닌 장점은 빠르게 상호 지지 관계를 형성하고 추종자 집단을 만든다는 것이다. 그리고 나폴레옹에게 후견은 문화적 의무이기도 했다. 그러나 단점은 순전히 가족관계나 오래된 인연을 토대로 보상을 바라기도 한다는 점이다. 이렇게 보상을 받은 자들은 점점 더 자신의 부를 지키고 새로 얻은 지위의 혜택과 안락함만을 누리고 싶어 했다. 따라서 후견과 보상은 특권의식과 탐욕을 키울 수 있으며 후견을 당연한 것으로 받아들이는 경향도 야기할 수 있다.

지혜는 권력자의 소유물로 지혜와 권력이 한 인물에게서 합쳐진다는 생각이 후견의 기본적인 생각이다. 후견은 봉건제도의 근본을 이루며, 부가 창출되는 수단인 자원의 분배이고, 지혜와 권력을 갖춘 중심 권력으로부터 정당하게 나오는 것으로 여겨진다. 자원에 접근하기 위해서는 자원을 지배하는 후견인을 구할 필요가 있다. 르네상스 시대 내내 예술가들은 후견 제도에 의존했다. 부자들은 예술가들을 후원하고 그들에게 일거리를 주었다. 후견인들은 자신의 후원을 받는 자가 자신을 즐겁게 해주고, 자신에게 신세를 졌다는 의무감을 느끼며, 스스로 최선을 다하기를 기대했다. 이러한 의무 개념이 후견 제도의 근본을 이루며 후견 제도는 자연스럽고 필연적인 것으로 생각되었다. 통치자의 시각에서는 후견인에게 보이는 충성심이 후견을 베푸는 절대적 이유다. 통치자들은 정권을 유지하고 존속시키기 위해서 의무감으로 연결된 방대한 연줄을 형성할 필요성을 잘 알고 있다.

후견 제도를 자연의 섭리로 받아들인 예는 고대 그리스 · 로마 시대까지 거슬러 올라간다. 크세노폰Xenophon은 페르시아 제국 키루스 대왕Cyrus the Great의 통치를 분석한 자신의 역사소설 『키로파이디아Cyropaedia』에서 후견을 옹호했다. 후견 방법을 논하는 데 가히 '마스터 클래스'라 할 만한 이 책에서 크세노폰은 키루스 대왕이 명시적인 계약 없이 어떻게 선물과 작위를 나누어 주었는지 설명한다. 키루스 대왕은 후견을 받은 자들이 최소한 어느 정도는 충성심을 보이리라 추측했다. 비록 이렇게 후견에 의존하는 것이 한 체제를 유지하는 데 중요한 장기적인 의무감을 완전히 보장하지는 못한다 하더라도 말이다. 후견은 이 종속 관계를 강화하는 목적으로 쓰였고, 단기 거래에만 의존하는 것보다는 훨씬 더 효율적이었다.

봉건적인 사회에서는 신뢰를 바탕으로 하는 문화에 현실적인 사회 계약들과 후견 제도가 함께 작용했다. 프랑스 혁명과 나폴레옹 시대에는 실력주의로 보강된 다른 사상들이 이러한 요소들을 어느 정도 대체하였다. 하지만 후견의 필요성은 당시대에도 그 전후로도 계속되었다.

현대적인 예를 들자면, 정치 지도자들이 더 이상 공직에 출마하지 않겠다고 선언하고 나서 얼마나 즉각적으로 그들의 후견과 지원 가능성이 고갈되어 버리는지를 보면 된다.

전문적인 조직에서 후세를 양성하는 방법에는 두 가지가 있을 수 있다. 객관적인 기준으로 젊은 인재들을 선발하여 지원하거나, 또는 선두주자인 전문가들이 그들의 경험, 지식, 판단에 의거해 조직의 후원을 받기에 가장 적합하다고 생각하는 인재를 선택하여 지원하는 것이다. 첫 번째 방법은 후견 제도에서 전문가 개인의 영향력을 제거한다. 표면적으로 실력 중심을 지향하며 미리 합의된 관료주의적 과정과 절차를 통해 위원회가 후원할 가치가 있는 젊은이들을 결정한다. 그러나 이 방식은 지원자들의 도전 정신을 상실시키고 변화하는 환경에 적응할 기회가 거의 없는 단조로운 방식이 될 가능성이 크다. 반대로 전문가들이 후견할 인재를 선택하는 방식은 검증된 전문가에게 인적 자원은 물론, 새롭고 창의적인 생각들을 창조해낼 자유를 준다.

봉건제도와 비슷한 부분이 많은 후견 제도를 옹호하는 쪽은

이 제도가 지원자의 자질을 높게 유지시킨다고 주장한다. 이유는 관료적인 결정 방식에서는 조직이 선호하는 기준에 맞추어 후보들이 자신의 방식을 조작하고 강조하는 등 제도를 악용할 수 있어서 결국 전체 후보들의 능력이 중간 수준으로 평준화되는 현상이 나타나기 때문이다. 기계적으로 핵심 요건에 맞추어서 혹은 내·외부 전문가들의 지명으로 후보가 선발되는 일자리에 공개 채용 과정이 필요할까? 후견 제도를 반대하는 이들이 지적하듯, 후견은 늘 족벌주의나 다른 형태의 부정부패와 연결된다는 생각이 존재한다. 하지만 후견의 근본 취지 안에서 공개적으로 투명하게 후견 활동을 하고 후견 혜택을 받을 수도 있다. 따라서 후견 제도의 성공 여부는 그 체제의 지배적인 이념에 달려 있다고 할 수 있겠다.

이미 이야기했지만 나폴레옹은 가족들에게 너무 많이 후견을 허비했다. 가족들의 충성을 얻기 위해 호의를 베풀 필요가 없었음에도 그렇게 했다는 점은 그가 후견의 가치를 제도적으로 이해하기보다 여전히 씨족 기반의 의무감이 지배적인 문화 속에 살고 있었다는 사실을 보여준다. 후견 활동의 가치를 보다 영리하게 인지했더라면 그는 좀 더 믿을 만하고 유능한 자들이 충성하고 협조하도록 만들 수 있었을 것이다. 나폴레옹은 가족들이 충성스럽든 아니든 그들의 입장에 맞추어 후견을 했으며, 가족들은 나폴레옹의 후견으로 얻은 힘을 주로 그로부터 자립하는 데 이용했다. 옛날 봉건체제에서 왕은 후견을 한 후 그 후견을 받은 자가 그럴만한 자격이 없다고 판명되면 다시 거두어들였다. 하지만 나폴레옹은 이렇게 자신이 베푼 것들을 다시 거두어들일 수 있다고 생각하지 못했다. 통치자로서 정통성이 부족하다는 열등감과 승전이나 다른 단기적인 성과에 의존하는 성향으로 인해 효과적으로 후견할 수 있는 능력이 약화되었다. 또한 나폴레옹은 그럴 수 있었음에도 항상 현명하고 효율적으로 후견 수혜자들을 선택하지 않았다.

리더십과 권력에 관한 질문

당신은 왜 리더가 되고 싶은가? 그 이유가 부분적으로는 당신의 후견인에게 보답하고 그의 기대를 충족시키기 위해서인가? 당신도 후견을 이용하여 주위 사람들로부터 지지를 얻으려고 하는가?

• 당신은 권력이 있는 자리에 오르기 위해서 후견을 이용했는가?

• 당신이 리더의 자리로 오르는 과정에서 가족의 역할은 무엇이었는가?

• 당신의 가족들은 도움이 되었는가, 아니면 오히려 방해가 되었는가?

• 당신이나 당신의 후견인은 리더의 자리에 오르는 과정에서 원칙에 입각했는가, 아니면 기회주의적이었는가?

• 당신이 받은 후견에 의무가 따랐던가, 따르지 않았던가?

- 지금 당신은 다른 사람의 후견인이 되어 과거에 당신을 후견했던 사람과 유사하게 행동하고 있는가?

- 지지 세력을 형성하기 위해 의도적으로 후견 활동을 펼친 적이 있는가?

- 자신이 현명하게 후견을 하고 있다고 생각하는가? 적합한 사람을 후견하고 있는가?

- 조국이나 당신이 자란 곳의 문화가 당신의 인간관계에 어떤 영향을 미치는가?

PART
02

실력

툴롱 포위전(1793년)

: 새로운 실력주의 체제의 시작, 그러나 얼마나 오래 지속되는가?

마지막에 나폴레옹은 한 가지 생각을 떠올렸다. 바로 '재능에 따라 출세할 수 있는 길'을 여는 것이었다. 이는 나폴레옹이 그들을 다루는 수단이 되었다.

칼라일Carlyle, 1960년, 98쪽

가능한 작전은 오직 보나파르트의 작전 한 가지뿐이다.

나폴레옹의 상관, 1793년

말로는 보나파르트의 재능을 다 설명할 수 없습니다. 그는 지식이 풍부하고 아주 똑똑하며 용감합니다. 이 점들은 매우 보기 드문 장교인 그의 장점 중 아주 작은 부분에 지나지 않습니다.

나폴레옹의 상관이 전쟁 장관에게 한 보고, 1794년

빛나는 승리를 약속드립니다. 아시다시피 저는 제가 한 말을 지킵니다.

나폴레옹이 전쟁 장관에게, 1794년

언제나 이 세 가지를 기억하라. 자신의 부대에 집중하기, 끊임없이 움직이기, 그리고 명예롭게 전사하겠다는 단호한 결의… 이것이 용병술의 원칙이며 항상 행운의 여신이 내 모든 작전에 함께 하도록 만들었다.

나폴레옹

전술의 핵심은… 자신의 행동에서 자신이 알지 못하는 부분을 찾아내려고 노력하는 것이다. 그게 바로 내가 '산 반대편에 있는 것 추측하기'라고 부르는 방법이다.

웰링턴Wellington, 1812년

군대도 배가 불러야 행군한다.

나폴레옹

파리에서 나폴레옹은 인맥이 전혀 없었다. 오직 자신의 능력뿐이었다. 그래서 그는 더 나은 곳으로 근무 배치를 받기 위해 애를 쓰며 주위를 서성거렸다. 살리세티Saliceti의 도움으로 툴롱 원정 기회를 얻었고, 그 후에는 바라스를 만나 그의 소개로 조제핀을 알게 되고 다른 연줄도 만들 수 있었다. 고향 코르시카에 있을 때와 비교해서 프랑스에서 연줄을 만드는 일은 나폴레옹에게 무척 힘들었다.

드와이어, 2007년, 515-516쪽

툴롱 포위전에서 나폴레옹은 군인으로서 특출한 재능을 보여주며 두각을 드러냈다. 1785년 일개 포병 장교로 프랑스군에 합류했던 그였지만, 툴롱 포위전 후에는 '희대의 영웅'이 되었다. 이 전쟁으로 나폴레옹은 매우 유명해져서 곧 장군으로 승진할 수 있었고, 또 결국 정치계로도 입문할 수 있었다. 실력을 내세워서 계속해서 승리를 이어간 나폴레옹은 매우 뛰어난 군인으로 알려졌고, 이렇게 뛰어난 실력은 그가 완전히 권력을 장악할 때까지 지도층으로부터 신뢰를 받는 데 큰 도움이 되었다.

1793년 12월 툴롱 포위전은 그가 빛을 발하기 위해 꼭 필요했던 기회였다. 나폴레옹은 여전히 매우 젊은 나이에 군인으로서 자신의 가치를 증명해보일 기회를 얻었다. 그리고 이 기회는 권력과 명성을 얻기 위한 첫 번째 발판이 되었다. 이 전투가 없었다면 더욱 위대한 일들로 나아갈 기회가 부족했을 것이다. 이 장에서는 나폴레옹이 어떻게 기회를 잡고 출세를 했는지에 초점을 맞출 것이다.

❦

1793년, 인구 2만 8천 명의 툴롱은 친왕당파 반란군이 점령한 위험한 도시였다. 프랑스에서 두 번째로 중요한 해군 기지였음에도 불구하고, 이곳은 영국-스페인 연합군의 진입을 허용해 그들이 항구를 봉쇄하고 프랑스 상선들을 공격하며 프랑스의 식민지들을 차지할 기회를 엿보게 하고 말았다. 이 도시의 일부 시민들은 혁명에 반대하는 표시로 오히려 적국의 진입을 환영하고 있던 반면, 다른 일부는 그들과 맞서 싸우고 있었다.

반란군 제거에 나선 프랑스 혁명군과 몽타냐르Montagnard 혁명군의 사령관은 장 프랑수아 카르토Jean Francois Carteaux 장군이었다. 그는 포위전에 관해 아는 바가 전혀 없었지만 운이 좋게도 포위전을 잘 아는 이의 상관이 된다. 당시 겨우 스물네 살이던 나폴레옹은 현장에서 작전 계획을 세우고 작전을 개시할 수 있는 유일한 포병 대위였다. 그는 이제 막 부대의 일원이 되어 마르세유의 반란군이 리옹에 있는 반란군에 합류하지 못하도록 막고 있었다. 어느 곳에서나 프랑스 혁명군은 인력과 설비 등 모든 면에서 포병대가 부족한 실정이었다. 그래서 늘 나폴레옹은 자신을 찾는 이들이 많았고 그 덕에 빠르게 경력을 쌓아갈 수 있었다. 한편 보나파르트 가족은 코르시카에서 프랑스 통치에 반대하는 독립운동이 일시적으로 성공을 거두자 고향에서 강제로 쫓겨나 마르세유에 살고 있었다.

툴롱 전투가 벌어진 첫 이틀 사이에 이전 포병 지휘관이었던 도마르탱Dommartin이 부상을 당했다. 이 전투의 총책임을 맡고 있던 공안위원회 의원 살리세티는 나폴레옹에게 그를 대체할 만한 능력이 있다는 점을 알아보고, "다행히도 우리에게는 노련한 보나파르트 대위가 있다. 이탈리아에 전출 중인 그를 불러 도마르탱을 교체하라는 명령을 내렸다"라고 말했다.(마크햄, 1963:25) 훗날 혁명으로 코르시카 섬을 확보하기 위해 병력을 모으고 있던 살리세티는 같은 코르시카 동료들의 뒤를 봐주고 있었다. 그래서 그는 재능 있는 군인 대부분을 이탈리아 군대로 보내고 보살펴주었다.

1793년 9월 임명되어 상당한 자율권을 부여받은 나폴레옹은 먼저 내·외부 항구 사이에 툴롱의 서쪽 곶#을 내려다보는 전략적인 위치를 찾아냈다. 그곳을 통제하는 요새는 이미 영국 해군이 점령하고 있었다. 이 전투가 나폴레옹이 영국 해군과 벌인 첫 대전이었으니, 그는 시작부터 강한 상대와 직면한 셈이었다. 그 요새를 차지할 수만 있다면 그는 두 항구 모두를 적군의 선박이 방어할 수 없게 만들 수 있었다. 하지만 그 요새를 점령하기에는 포와 병사들이 턱없이 부족했고 따라서 그는 먼저 포위를 하고 공격을 위해 필요한 자원들을 모으기로 했다.

상관 카르토 장군이 그를 데리고 이용 가능한 포를 점검하러 갔을 때, 젊은 나폴레옹은 프랑스 혁명군에게 겨우 24파운드 포 두 대와 16파운드 포 두 대밖에 없다는 사실을 알고 충격을 받았다. 카르토는 이 포들로 해상 약 5킬로미터 밖에 있는 영군 함대를 공격할 수 있다고 믿고 있었다. 그는 자신이 지닌 포들의 사정거리가 1.6킬로미터도 채 되지 않는다는 사실을 전혀 모르고 있었다. 현재의 포좌에서라면 그들의 포로는 해안선도 거의 맞힐 수 없을 터였다. 나폴레옹은 시범 사격을 해보자고 제안했는데, 참 민망하게도 카르토는 시범 사격이 무슨 말인지도 몰랐다(시범 사격이란 포가 얼마나 멀리 나가는지 알아보기 위해 한 발을 발사해보는 것이다). 젊은 포병 장교로부터 기략이 풍부한 설명들을 더 들은 후, 카르토는 화력이 형편없는 포를 보냈다는 이유로 마르세유 공급업자를 비난했다.

그럼에도 불구하고 나폴레옹은 이 포들로도 여전히 어느 정도 타격을 입힐 수 있다고 생각했다. 그는 즉시 근처 농가의 부엌을 이용하자고 제안했고, 불을 지를 수 있는 탄알을 배에서 발사하기 위해 놋쇠로 시뻘겋게 단 탄알을 만들기 시작했다. 명백히 무능한 사령관 아래에서도 나폴레옹은 이곳에 기회가 있다는 사실을 깨달았다. 내전에 넌더리가 나고 충격을 받아 더 이상 프랑스인을 공격하기가 내키지 않던 차에 그는 영국과의 전쟁으로 뛰어들었다.

나폴레옹이 자신의 임무를 잘 수행하는 듯 보이자, 카르토는 그에게 포병대에 관한 모든 자율권을 넘겨주었으며 나폴레옹에게 군 업무에 관한 다양한 조언을 구했다. 나폴레옹은 앙티브와 모나코에 추가로 포를 요청했고, 몽펠리에에서는 황소들을 데려왔으며, 수송마차 여단을 지원받아 마르세유에서 흙 십만 부대를 실어와 난간을 설치하여 방어시설을 늘렸다. 또 그는 대장간 80개가 있는 무기고를 지어 머스킷 총을 수리하는 작업장으로 사용했으며, 영국 함대를 공격하기에 좋은 위치인 바닷가 가장자리에 포를 설치했다. 4일 후 영국 함대에 있던 한 장교는 "우리 군함들이 상당히 큰 타격을 받았다… 70명이 죽거나 다쳤다… 후드 경Lord Hood은 해운 활동을 걱정하기 시작했다"라고 언급했다.(크로닌, 1971:87) 그러나 물론 대가도 따랐다. 그리고 이 적극적인 젊은 장교로부터 위기의식을 느낀 카르토는 총격전에서 전사한 포병들을 문제 삼고 여전히 결과가 불확실하다는 우려를 드러내며 비판적인 입장을 취했다.

1793년 10월 즈음, 열의와 능력이 알려져 나폴레옹은 소령으로 승진했다. 이로써 그는 더 많은 권한을 지니게 되었고 보다 많은 자원을 얻기 위해 더욱더 적극적으로 로비 활동을 펼쳤다. 나폴레옹이 도착했을 당시 소수의 군사들과 포만 있던 툴롱에는 이제 장교 64명, 병사 1천600여 명, 그리고 박격포 194대를 갖춘 포병대가 형성되었다. 카르토는 여전히 자신의 포병대가 포위망을 뚫을 수 있을지 확신이 없었고 이따금씩 발생하는 인명 손실에 불안해하다가 결국 사령관 자리에서 쫓겨났다. 그러나 그의 후임 역시 별로 나을 바가 없었고 오래가지 못했다. 마침내 이전에 설탕 농장주였던 (혁명 중 귀족 장교들이 다른 나라로 이주하거나 죽어 장교가 부족했던 시기) 유능하고 호감형인 자크 프랑수아 뒤고미에Jacques Francois Dugommier에게 지휘권이 주어졌고, 나폴레옹은 그에게 영국 함대에 폭격을 퍼부을 수 있도록 항구 남쪽 고지를 점령하려는 자신의 계획을 제안했다. 뒤고미에가 그 계획에 동의하자 나폴레옹은 즉시 영국 함대에 맞서 48시간 동안 포격전을 벌였다. 치열한 전투였다. 그리고 이 전투에서 그는 동료 장교들과 가까운 관계를 형성했다. 그들 중 쥐노와 마르몽Marmont 같은 동료들은 결국 나폴레옹 휘하에 장군과 원수元帥 자리까지 오르게 된다. 이 전투를 치르는 동안 나폴레옹은 이후 자주 사용하게 될 생존 묘책 한 가지를 개발했다. 바로 이따금씩 망토를 덮고 잠시 동안 누워서 눈을 붙이는 것이었다.

나폴레옹은 능동적이며 단호하고 끈질겼다. 살리세티 의원과 뒤고미에 장군이 주저해도 폭우 속에 공격을 계속했다. 타고 있던 말이 총에 맞았을 때에도 그는 멈추지 않고 공격을 계속해 결국 영국군이 장악하고 있던 전략적 요새를 무너뜨렸다. 이렇게 격렬하게 육탄전을 벌이는 과정에서 나폴레옹은 부상을 당했다. 한 영국 병사가 휘두른 짧은 창이 그의 왼쪽 무릎 바로 위 허벅지 안쪽을 찔렀다. 상태가 좋지 않다고 판단한 군의관은 다리를 절단하려 했다가 마음을 바꾸었다. 어쨌든 나폴레옹은 회복을 했지만 깊은 상처가 남았고 다리를 절게 되었다. 이후 수많은 전투를 치르면서도 더 이상은 부상을 당하지 않아서 이 부상은 그가 입은 유일한 부상이 되었다. 따라서 병사들의 눈에는 그가 메시아적 능력을 지닌 것처럼 보였고 병사들은 그를 더욱더 유능하고 매력적인 인물로 믿고 따르게 되었다.

1793년 12월 중순 영국 함대를 지휘하던 후드 제독은 더 이상 항구를 방어하기가 불가능하다는 판단을 내리고, 남은 반란군들은 스스로 건사하도록 남겨둔 채 영국군과 동맹군을 마을에서 철수시키기로 결정했다. 후드 제독은 인근 요새들에서도 병력을 철수했으며 무기고에 불을 지르고 후퇴했다. 영국군과 동맹군이 바다 멀리 후퇴하는 동안에도 나폴레옹은 계속해서 포를 발사했다.

툴롱 전투는 네 개 국가가 연합한 군대를 프랑스 영토에서 몰아내고 프랑스 남부의 반란을 종식시켰다는 의미에서 혁명파에게는 아주 중요한 승리였다. 전쟁이 모두 끝난 후 현장에 모습을 드러낸 살리세티는 영웅으로 칭송받았다. 이 전투는 나폴레옹에게 획기적인 사건이 되었다. 그는 이 전투를 통해 처음으로 진짜 전쟁을 경험했고, 그의 부대는 프랑스 영토에서 영국군을 쫓아내는 데 성공했다.

나폴레옹은 빠르게 결단을 내리고 작전을 짤 수 있는 판단력을 갖추었으며 대범하게 작전을 실행에 옮길 수 있는 능력을 증명해 보였다. 이 전투를 치르는 동안 나폴레옹은 임시 준장으로 승진했으며 얼마 지나지 않아 준장 승진을 인준 받았다. 겨우 스물네 살에 그는 높은 계급에 올라 가족들을 보살필 수 있을 만한 급료를 받게 되었다. 당시 그의 어머니와 어린 동생들은 코르시카의 격렬한 사회 갈등을 피해 마르세유로 피신해 살고 있었다. 나폴레옹이 제일 먼저 한 일은 마르세유에서 가난하게 살고 있는 가족들을 하인을 거느리며 쾌적하게 살 수 있는 넓은 시골 저택으로 이사시킨 것이었다.

전쟁터에서 멀리 떨어진 곳에 있던 의원들과 장군들은 툴롱 포위전을 성공적으로 이끈 공적 대부분이 자신의 공이라고 주장했지만 전투 현장에 있던 이들은 나폴레옹의 공을 인정했다. 현장에 있던 상급 지휘관 중 한 명이 전쟁 장관이었던 오귀스탱 로베스피에르^{Augustin Robespierre}(막시밀리앙 로베스피에르의 동생)에게 탁월한 실력을 갖춘 포병 장교가 나타났다고 편지를 썼다. 이제 나폴레옹은 로베스피에르의 후견을 받아 미래에 펼칠 작전들을 준비하고 이탈리아 원정도 이끌게 된다. 이렇게 해서 그는 자신이 단지 실제 전투 현장에서만 뛰어난 군인이 아니라 그 이상의 가치가 있는 존재라는 점을 증명해보였다. 그는 복잡한 지형을 분석하고, 주어진 선택 사항을 정확하게 파악하고, 설득력 있게 자신의 의견을 주장할 수 있는 능력이 있었다.

반면 나폴레옹은 말썽꾼으로 여겨지기도 했다. 그는 고위 정치인들이 일을 처리하는 방식들을 마음에 들어 하지 않았고 이에 대한 자신의 의견을 피력했다. 포위전 후에 프랑스 혁명 정부는 영국과 다른 국가의 침략자들을 도왔다는 이유로 툴롱의 친왕당파 대원 200여 명을 총살했으며, 단순히 적을 지지했다는 이유로 민간인 200여 명도 추가로 처형했다. 이 유혈 사태를 막으려고 애썼던 뒤고미에 장군은 오히려 사임을 강요받았다. 나폴레옹은 자신을 그 정권에 유용한 지지자이자 비판가로 자처하며 공식적으로 이 사태에 반대했다.

리더십과 권력에 대한 생각

....

- 나폴레옹은 경력 초기부터 자신의 전문 분야인 포병대에서 기술적으로 다른 이들보다 훨씬 더 뛰어났다.

- 그는 경쟁자인 다른 귀족 장교들이 부족했던 상황에서 득을 보았다. 기존에 존재했던 귀족 장교들이 혁명 중에 단두대의 이슬로 사라지거나 해외로 망명을 가거나 아니면 줄을 잘못 선 까닭에 많이 없어졌기 때문이었다.

- 그는 유용한 기술을 지니고 딱 맞는 시기에 딱 맞는 곳에 있었다.

- 비록 하찮은 식민지 출신에 그 수가 몇 안 되어도 오래된 인맥을 이용했다. 하지만 운이 따라주어 고위직에 코르시카 출신 동료들이 있었다.

- 전문적인 기술을 갖추어 뛰어난 능력을 증명해보일 수 있었고, 고속 승진할 기회를 얻었으며, 이는 훗날 훨씬 더 막강한 권력 성취로 이어졌다.

- 그다음 그는 프랑스의 전체 군대를 지휘하게 될 첫걸음을 떼었고, 곧 자신의 운명을 깨달았다.

- 마침내 프랑스 정권을 장악했을 때, 그는 '군사' 독재 정치를 펼치지 않았다. 그러나 항상 첫째로 그는 군인이었으며, 지금도 여전히 전쟁터에서 보여주었던 뛰어난 능력으로 가장 널리 인정받고 있다.

툴롱에서의 경험으로 나폴레옹은 난생 처음 권력의 맛을 보았다. 권력은 리더들에게 일시적인 인지 변화는 물론, 영속적인 인지 변화도 일으켜 리더가 자기 자신과 타인을 구별하는 방식을 180도 바꾸어놓는다. 나폴레옹이 특히 툴롱 포위전 이후에 갑자기 자신을 위대한 업적을 이룰 수 있는 불가능이란 없는 리더로 생각했듯이 권력은 리더의 자아 인식을 바꾸어 놓는다. 이러한 리더의 권력 인식은 또한 추종자들에게도 영향을 미쳐서 그들 또한 전보다 막강하고 자신감 넘치는 기분이 들도록 만든다. 이 것은 나폴레옹이 세우게 될 위대한 군사적 업적의 시작이었다.

전후 사정을 고려할 때 세 가지 이유로 나폴레옹은 툴롱에서 운이 좋았다고 할 수 있다. 첫째, 그는 포병 장교였는데 군대의 다른 병과兵科들과 다르게 포병대는 상당히 전문적인 기술을 요구하는 곳이며 때마침 포병대가 부족한 실정이라 나폴레옹은 맹활약을 펼칠 수 있었다. 따라서 식민지 출신의 사회적 약자라 할 수 있는 가난한 젊은 장교도 주목을 받을 수 있는 기회였다. 포병대에서는 경험과 실력을 통해 진급을 할 수 있었고 진급 대상자들은 그들이 지닌 기술로 대우를 받았다. 포병은 군대의 병과 중 가장 전문적인 병과 중 한 곳이었고 특히 포위전에서는 핵심 임무를 담당했다. 둘째, 공포정치 기간에 많은 군 지도자들이 목숨을 잃었고 혁명이 일어난 후에는 많은 귀족 장교들이 다른 나라로 망명을 떠나서 경쟁자가 줄어든 점도 나폴레옹으로서는 운이 좋았다고 할 수 있다. 따라서 이 시기에 적극적이고 능력 있는 장교라면 누구나 빠르게 진급을 할 수 있었다. 어쨌든 포병대는 상대적으로 귀족 성향이 적고 전통적으로 좀 더 능력주의가 우세한 곳이었다. 이곳에서는 장교직을 매수할 수 없었다. 셋째, 코르시카의 연줄이 다시 한 번 도움이 되었다. 나폴레옹은 보나파르트가의 오랜 코르시카 친구인 살리세티라는 고위 정치인의 도움을 받아 툴롱에서 포병대 지휘를 맡을 수 있었다. 게다가 기존 포병 지휘관이 부상을 입어 즉시 대체할 자가 필요해진 뜻밖의 상황이 발생하는 등 행운도 따라 주었다. 무엇보다 나폴레옹은 시기적절하게 그 자리에 있었다.

또한 나폴레옹 주위의 모든 이들이 무능했던 것도 나폴레옹에게는 득이 되었다. 이미 살펴본 대로 툴롱에서 나폴레옹의 상관은 자기 군의 포로 해상 약 5킬로미터 밖에 있는 영국 함대를 공격할 수 있다고 믿고 있었다. 그는 자기 포의 사정거리가 약 2킬로미터도 되지 않는다는 사실을 전혀 모르고 있었다. 그 포가 설치된 자리에서라면 만에 정박해 있는 선박들은 고사하고 해안선도 맞추지 못할 지경이었다. 나폴레옹은 시범 사격을 제안했지만 사령관은 시범 사격이 무슨 말인지도 몰랐다.

한편 프랑스의 일부 지역에서는 당시 '공안위원회'로 알려진 프랑스 정부에 반대하는 소요가 한창이었다. 프랑스 남부와 서부 대부분 지역에서는 파리에서 시작된 혁명에 대항해 투쟁을 벌이고 있었다. 프랑스 전역에 걸쳐 상당히 많은 지역에는 여전히 확고한 왕당파 지지자들이 있었다. 1793년 여름에는 몽타냐르파가 축출한 지롱드파가 반혁명 왕당파의 병력에 합류하여 내전을 일으켰다.

나폴레옹은 의심의 여지없이 뛰어난 포병 장교였고 기존 장교들이 망명을 떠나 너무 많이 없어진 상황에서 그의 재능은 특히 더 두드러졌다. 따라서 그는 경력 초반부터 빛을 발할 수 있었다. 자신의 전문 기술을 발휘하며 고위직과의 친분을 적극적으로 이용하고 행운까지 따라준 덕분에 그는 출세의 계단에 오를 수 있었다. 이것은 결국 나폴레옹이 프랑스 공화국의 군대와 장차 프랑스 제국의 군대를 이끄는 길로 나아가는 첫 걸음이 되었다. 언제나 그의 이름은 뛰어난 장군을 상징했다. 나폴레옹은 첫째로 군인이었고 전투에서 눈부신 승리들을 점점 더 많이 거두며 명성을 떨쳤다. 오죽하면 그의 경력 말기에도 적들은 이렇게 말했다. "나폴레옹 황제가 직접 공격에 나서면 언제나 패배를 예상할 수밖에 없다. 언제든 공격할 수 있을 때 그의 부하 장교들을 공격하고 패배시켜라. 일단 그들을 패배시키고 나면 모든 병력을 황제에게 맞서 모은 다음 그에게 숨 돌릴 새도 주지 말고 공격해야 한다."(마크햄, 1963:206)

실력주의 사상으로 병사들을 고무한 것도 나폴레옹이 승리를 확신하는 데 도움이 되었다. "모든 병사에게는 육군 원수가 될 자질이 있다"라는 말에 병사들은 평등주의 사상을 믿게 되었다. 이것은 1802년 나폴레옹이 '레지옹도뇌르'(나폴레옹 1세가 전장에서 공적을 세운 군인들에게 수여할 목적으로 처음 제정한 프랑스 최고 권위의 훈장-옮긴이)를 제정하면서 강조되었다.

전쟁터에서 나폴레옹이 거둔 성공은 인상적이었다. 러시아 전투에서 패배하기 전까지 그는 연승 궤도에 올라 서른여덟 번의 전투를 치르는 중 단 세 번만 패배했을 뿐 서른다섯 번을 승리했다. 경력 초창기에 겪었던 패전 경험은 일시적인 걸림돌이었을 뿐 곧 잊혀졌다. 1805년부터 1812년까지 그는 오스트리아, 러시아, 프로이센이 뭉친 세 국가의 연합군을 깨끗하게 격파했다. 이러한 인상적인 승리를 거두며 나폴레옹은 천하무적이라는 자신감을 얻었다. 군인으로서 그의 천부적인 재능은 확실히 유럽대륙의 세력 균형에 영향을 미쳤다. 전투에서 그는 승산이 없는 상황에서도 승리하는 '상승 장군'으로 여겨졌다. 그는 자신의 병사들은 초인적으로 열성을 다하도록 고무하고 적군들은 두려움에 떨게 할 수 있었다.

오늘날에도 사람들은 여전히 나폴레옹을 배울 점이 많은 위대한 군 지도자로 여긴다. 그가 『손자병법』 같은 위대한 중국 군사 고전을 읽었다는 증거는 없지만, 중국 전술가인 손자가 제시한 현실적인 전투 방법들과 나폴레옹의 군사 정복 방식은 자주 들어맞았다. 나폴레옹은 경쟁 우위를 점하는 이점을 알아보았으며 (반드시 수적으로 우세해야만 하는 것은 아니다) 성공이란 적보다 실수를 적게 하는 것이라는 점도 알았다. 나폴레옹이 국민개병제로 모은 군대는 잘 조직된 적군에 우위를 점하는 모습을 보이기도 했다. 그의 군대는 각 전투마다 명확한 목적이 있었다. 나폴레옹은 모든 상황에 정통했으며, 준비가 잘 되어 있었고, 전략적으로 유연했다. 손자처럼 나폴레옹도 실상을 파악하고, 내부 정보를 꿰뚫고, 구체적인 준비와 계획을 하는 데 집중했다. 어린 시절 코르시카에서 보낸 경험으로 나폴레옹은 특이한 지형이나 어려운 전투 환경에도 준비가 되어 있었다. 또 손자처럼 나폴레옹도 매 순간 그날의 전투에 최선을 다하고, 빠르게 선제공격을 했으며, 방어보다는 공격 태세를 훨씬 더 선호했다. 손자는 리더들에게 최악의 상황에 대비하라고 조언했으며, 나폴레옹은 이따금씩 당면할 수도 있는 나쁜 상황에 대해 환상을 갖지 않았다. 특히 오스트리아군은 높은 보수를 받고 좋은 장비를 갖추어 효율적이며 규모 또한 방대했다. 그래서 나폴레옹은 자신만의 획기적인 전략 방법, 기습 공격, 빠르게 움직일 수 있는 능력, 끊임없이 나아가는 행군이 승리에 필수적인 요소라는 점을 알고 있었다. 그는 적군과 동일한 조건에서는 싸울 수가 없었다. 그래서 손자처럼 계속해서 보다 빠르고 보다 나은 방법을 찾았으며 적군이 자신의 전력을 파악하지 못하고 계속 추측만 하도록 만들었다. 그는 다리를 불태워 적군이 후퇴하지 못하게 하는 방법도 썼는데, 이 전략은 결국 프랑스군이 모스크바에서 패배하고 후퇴하는 과정에서 러시아군이 사용하여 나폴레옹의 군대에 특히 더 치명적인 손해를 입혔다.

나폴레옹은 군대를 소집하는 데 분명 실력주의 기준을 적용했다. 이는 족벌주의, 과두제, 금권정치, 귀족제 등 승진을 결정하는 다른 방식들과 대조를 보였다. 실력주의에서는 종종 공식적인 자격이 실력의 지표로 평가되어 정교한 조사와 검증 방식을 거스르기도 한다. 비록 공식적인 자격과 실질적으로 이루어낸 업적도 높이 평가되어야 하지만, 고위직에 있는 자들이 그 자리에 적법하다고 판단하는 근거는 분명 검증된 실력이다.

　실력은 전문적인 기술이나 지식 영역에서 가장 쉽게 드러난다. 이런 영역에서 전문성이 있는 리더는 모든 사람들이 해당 분야의 전문가인 자신이 지휘를 하는 것에 대해 합당하다고 생각하는 장점이 있다. 적어도 다른 전문가들은 그들이 인정하는 지식과 기술을 지닌 사람을 존경하고 따를 가능성이 크다. 하지만 물론 전문가라고 해서 모두가 좋은 리더가 되는 것은 아니다. 부분적인 이유로는 전문적인 기술과 지식을 겸비한 전문가가 많은 사람을 다루는 일에는 소질이 없을 가능성도 크기 때문이다. 리더는 필연적으로 통제되지 않는 환경에도 직면하게 되는데, 이러한 환경은 구체적이고 세부적인 전문가의 일과는 꽤 대조적이다. 그리고 거대한 조직들에서는 내부 정치가 프로젝트, 부서, 전체 사업을 개발하고 지키려 애쓰는 사람들이 염려하는 최우선 과제인 경우도 흔하다. 특히 고위직에 오를수록 정치 능력이 가장 필요한 전문성이 되는 경우가 많다.

　실력주의라는 발상은 분명 현대의 조직에서 가장 지배적인 생각일 것이다. 다시 말해 어떤 직무를 수행할 수 있는 능력을 갖추는 것이 한 사람을 책임자로 승진시킬 만한 가장 적절한 근거라는 생각이다. 그러나 이 능력을 측정하고 평가하는 일이 항상 쉽지만은 않다. 이론적으로 가장 잘 알고 있는 사람이 그 이론을 실천에 옮기는 일에는 그리 뛰어나지 못할 수도 있는 법이다. 실제로 매우 유능하다고 평가받는 사람이 실은 다른 팀원들의 도움을 받아 성과를 냈던 것일 수도 있고, 또는 팀원들의 윗자리에 올라 권한을 지니면 오히려 효율이 떨어지고 제 역할을 하지 못하는 경우도 있다.

눈에 보이는 기술의 능숙도를 평가하는 일은 충분히 쉬운 반면, 리더십에서 중요한 요소들을 측정하기는 어려울 때가 많다. 예를 들어 많은 사람들이 강직하고 진실한 성품이 리더의 자질에서 필수적이라고 말하지만 사실 이러한 자질은 형식적이고 객관적인 척도로는 쉬이 평가할 수 없다. 그러한 이유로 많은 리더십 평가 과정에서 후보와 가까운 동료들을 불러 그 사람과 함께 일했던 경험을 듣거나 하는 등의 다면 평가제를 시행하고 있다.

실력주의라는 이상적인 사상은 사실 나폴레옹 시대에 새롭게 등장한 사상이 아니다. 이미 실력주의는 4세기 유교 개혁의 핵심 사상이었다. 그렇다 하더라도 실제로 드물기는 했다. 오히려 18세기에 영국 해군이 사회 전 계층에서 실력을 기준으로 장교를 선발하는 등 보기 드물게 실력 위주 정책을 펼쳤다. 그러나 영국 육군은 또 달랐다. 장교 직급은 오직 귀족만을 위한 계급으로 다수의 군인들과 분명히 분리되어 있었다. 프랑스 혁명은 귀족 제도를 폐지했지만 장교들은 지휘권한을 강화하기 위해서 어느 정도 훈련을 받아야 한다는 데 모두가 동의했다. 그리고 이 권한이란 귀족 태생이 선천적으로 지니고 태어나는 것이라고 추정했다. 나폴레옹이 포병 장교로 졸업한 사관학교는 앙시앵레짐이 막 무너졌을 때 설립되어 시험을 치르고 검사를 하는 교육과정을 도입했다. 나폴레옹은 특히 대포를 발사할 때 포가 날아가는 포물선 계산에 필수적인 기하학에 뛰어났다. 프랑스의 다른 어떤 시대에서라도 귀족 출신이라는 배경 없이 재능만으로 장교 계급에 오르지는 못했을 것이다.

실력주의가 오직 현대에만 이상적인 생각으로 여겨지는 것은 아니지만, 지금은 매우 지배적인 생각이어서 이를 어기면 도덕적으로 실패한 것 같은 취급까지 받는다. 실력이 아닌 다른 요소들(계층, 인종, 성별, 민족, 씨족 등)을 토대로 후보들을 구분하는 일은 오늘날 대부분의 세계에서 불명예스러우며 부적절한 것으로 여겨진다. 이 이상적인 개념은 「세계 인권 선언」에도 "모든 사람들은 태어날 때부터 동등하며…"라고 명시되어 있다. 그리고 많은 직장에서도 기회균등주의 정책이 기조를 이룬다.

물론 모두 바람직한 현상이지만 실제로 벌어지는 일을 실력주의만으로 설명하기에는 한계가 있다. 더욱이 권력을 얻기 위해서라면 실력만으로는 충분하지 않다. 그 이유는 첫째, 대부분의 일은 업무 협력 등 다른 사람과의 관계를 통해 완수되는데, 이를 위해서는 개인의 자질이나 기술, 지식보다 상호 신뢰가 더 중요하다. 신뢰관계를 형성하는 것은 주관적인 유대감을 공유하는 데 달려 있다. 사람들은 자신과 같은 내집단에 속한 사람들, 즉 자신과 비슷하다고 생각하는 사람들을 신뢰하는 경향이 있다. 반대로 외집단, 즉 자신과 다른 사람들은 불신하곤 한다.

둘째, 실력주의는 혁명기 프랑스에서 보았듯 특권층에게 상당히 위협적이다. 기회균등주의라는 정책은 실력이 검증된 사람을 주목받게 하는 것이 목적이지만, 보통의 경우에는 누가 특권을 누릴지, 어느 시간에 근무를 할지, 심지어 물리적인 설비들을 어디에 배치할지까지 무수히 많은 면에서 정책은 실력과 상관없이 그 조직이 굴러가는 방식으로 제도화되곤 한다. 이미 권력을 잡은 사람들은 아무것도 할 필요가 없다. 어차피 모든 제도를 통해 오직 그 조직에 '적합한' 사람만이 들어오게 되어 있기 때문이다.

셋째, 실력주의는 때때로 '도구적 합리성'이라 불리는 특정한 합리성에 호소하는데, 이는 사람들이 분명히 목표와 기준을 설정했고, 그 목표와 기준을 달성하기 위해서 무엇이 필요한지를 정확히 알고 있으며, 자신이 투자할 것을 선택할 수 있다는 추정을 바탕으로 한다. 여기서 '도구적'이라는 말이 이 추정을 잘 설명해준다. 즉 목표 또는 의도가 그것을 이루기 위한 수단들과 밀접하게 연결되어 있다는 뜻이다. 예를 들자면, 'x를 하면 y가 따라올 거야. 그리고 y를 원하면 반드시 x를 해야 해'와 같은 생각이다. 따라서 전쟁에서 이기고 싶다면 위대한 장군들이 필요하고, 이러한 장군들을 양성하기 위해서는 특정한 훈련을 제공해야 한다. 또한 그 훈련을 성공적으로 마친 이들은 장군으로 임명되어야 하며, 그들은 분명 전쟁을 승리로 이끌 것이다.

그러나 이것은 오직 제한적으로만 적용할 수 있는 추정일 뿐이다. 원인과 결과는 좀처럼 이와 같이 나타나지 않는다. 위에 제시한 예로 생각해보면 전쟁에서 승리하고 패배하는 요인은 무수히 많다. 장군의 능력은 그 요인들 중 하나일 뿐이고 훈련은 실제 전투에서 장군들이 행동하는 데 영향을 미치는 요인 중 하나일 뿐이다.

전문성을 갖추고 실력으로 권력을 얻은 리더에게는 많은 이점이 따른다. 이러한 이점으로는 세간의 주목을 받고 자신의 전문적인 역량을 발전시킬 수 있으며 잘 알려진 뛰어난 능력을 바탕으로 영향력을 행사할 수 있다는 것이다. 특히 직무와 관련하여 대부분의 주위 사람들보다 훨씬 더 잘 알고 있는 점은 매우 유용하다.

그러나 이러한 리더는 역할이 고정될 수 있다는 단점도 있다. 다른 사람들은 이 능력을 그 리더가 잘하는 유일한 것이라고 생각할 수도 있다. 또한 이러한 리더는 타인의 관점에서 세상을 볼 줄 모르는 독불장군이나, 너무 순진하고 눈치 없는 사람으로 여겨질 수도 있다. 이는 일부 사람들이 나폴레옹을 전쟁터에서 전투만 잘하는 군인으로 본 실수와도 같다. 또한 전문성을 갖춘 리더들은 자신보다 전문성과 실력이 떨어지는 이들을 쓸모없는 인간으로 여기거나 그들이 다른 영역에서 기여할 수 있는 잠재적 역량까지 무시하는 실수를 범하기도 한다.

리더십과 권력에 관한 질문

출세하기 위해서 당신은 어느 정도로 실력과 능력을 증명해 보여야 하는가?

- 우선 출세 사다리에 오르기 위해 당신의 직업에서 쓸모가 많고 수요가 많은 전문 분야를 선택하라.

- 가만히 기다리지 말고 경력 초기부터 주목을 받으려 노력하라. 권력을 쌓기까지는 다소 시간이 걸린다.

- 가치 있는 기술을 지니고 그 기술이 가장 필요한 시기에 작은 집단에 있는 것도 도움이 된다. 중요한 점은 반드시 기회를 잡을 준비가 되어 있어야 한다는 것이다.

- 무능한 상사들조차 득이 될 수 있다. 하지만 그들에게 잘난 체해서는 안 되며, 그들의 무능함이 드러나지 않도록 도와주고 그들로 하여금 여전히 자신이 막강하다는 생각을 하게 만들어라.

- 몇 안 되고 보잘것없는 지방 출신이라 하더라도 연줄을 최대한 많이 만들어

라. 여기에서도 운이 따르려면 얼마든지 따를 수 있다.

- 도움을 받아서 멋지게 승진한 후, 승진 소식을 널리 퍼뜨려라.

- 스스로 자신의 가능성과 방향을 파악하라. 다른 사람이 도와줄 때까지 기다리고 있어서는 안 된다.

- 가능한 한 빨리 당신의 전문 분야를 뛰어넘어라. 전문성은 출세를 위한 하나의 도구이지 그 자체가 목적은 아니다.

PART
03

카리스마

다리를 점령하라! – 로디/아르콜레 전투(1796년)

: 카리스마 넘치는 리더의 매력과 위험성

내가 그대들을 세상에서 가장 비옥한 평원으로 이끌 것이다. 풍요로운 지역과 위대한 도시들이 그대들의 권력 안에 있을 것이다. 거기서 그대들은 명예, 영광, 부를 누릴 것이다.

나폴레옹이 병사들에게 쓴 편지에서, 1795년

패배의 위기 속에서 시간의 급박함을 아는 장군들은 병사들이 그 작은 다리를 건너도록 만들기 위해 앞으로 돌진해 나갔다… 우리는 이 다리를 건너거나 아니면 몇 마일을 우회해야 했는데 우회를 하면 모든 작전이 수포로 돌아갈 터였다. 나는 직접 앞으로 나갔고 병사들에게 그대들이 여전히 로디 전투의 승리자인지 물었다. 내 존재는 영향력을 발휘하여 우리가 다시 한 번 다리를 건너도록 만들었다.

아르콜레에서 나폴레옹, 1797년

갑자기 그가 작전 참모들과 다른 대원들과 함께 제방에 모습을 드러냈다. 그는 말에서 내려 검을 뽑아들더니 총알이 빗발치는 가운데 깃발을 들고 다리의 중간지점을 향해 돌진했다.

아르콜레에서 나폴레옹, 드와이어, 2007년, 2쪽

전장에서 나폴레옹의 존재는 병사 4만 명과 같은 가치가 있었다.

웰링턴, 1809년, 412쪽

절대적인 카리스마를 발휘하는 리더들은 평화와 다원적 민주주의 시대에 직면하여 순순히 퇴위를 받아들이지 않는다.

맥린, 1998년, 664쪽

나폴레옹은 이상적인 모습으로 자신의 초상화를 제작하는 등 선전 활동과 이미지 창조 작업을 통해 카리스마를 강화하려고 노력했다. 경력 초반에 그는 인맥은 없고 실력뿐이었다. 그는 연줄 없는 가난한 식민지 출신 장교였다.

드와이어, 2007년, 515–517쪽

이탈리아 군사 원정은 전장에서 나폴레옹의 용맹함, 대범함, 천재적인 작전 수립 능력은 물론, 특별히 따라주는 행운까지 증명해보일 수 있는 훌륭한 기회였다. 다리를 놓고 벌인 로디와 아르콜레 전투에서 그는 평범한 인간을 넘어 무언가로부터 보호를 받고 영감을 얻는 듯 보였다. 이렇게 나폴레옹의 전설 창조 과정이 시작되었다. 직업윤리가 투철하고 세부적인 사항까지 꼼꼼하게 주의를 기울이는 치밀함 덕에 그는 항상 모든 사건을 주도할 수 있었다. 모든 것이 불확실한 상황에서 주도권을 잡고 있는 리더는 대단히 매력적이며, 이 이유만으로도 카리스마 넘치게 보일 수 있다.

나폴레옹은 후견 덕분에 외떨어진 시골을 탈출해 훌륭한 교육을 받고 군 장교로 임명될 수 있었다. 그는 포병 장교이자 작전 수립자, 전투 지휘관으로서 자신의 능력을 증명해보였다. 하지만 우리가 이 장에서 보게 되겠듯이, 나폴레옹은 이러한 자신의 장점과 재능으로부터 한발 더 나아가 더욱 위대한 무언가를 창조해낼 수 있었다. 정치적 안정이 찾아오기 전 혁명 프랑스에 진취적인 젊은 남성은 많이 있었지만 나폴레옹은 그들보다 단연 뛰어난 점이 있었다. 그는 불안정한 정치 형국 속에서 많은 위험을 극복했고 대범한 군사적 모험을 감행하며 서서히 나아갔다. 그리고 이러한 군사적 행동들은 그가 놀랄 만큼 카리스마 있는 리더로 변모하는 호된 시련의 장이 되어주었다.

❧

1796년 3월, 당시 프랑스를 통치하던 국민공회는 전투에서 승리를 거두며 프랑스와 혁명을 수호하는 인물로 유명해진 젊은 나폴레옹에게 처음으로 이탈리아 군사 원정을 지휘하는 임무를 맡겼다. 당시 그는 막 조제핀과 결혼한 후였다. 인생은 흥미진진하고 장래는 유망했다. 파리가 혼돈 상태에 빠지자 그는 로베스피에르와의 친분으로 투옥되었던 어두운 시대에서 해방되었다. 그는 다시 군에서 지위를 되찾았고, 파리에서 중요한 연줄을 만들며 사회적 정치적으로 명성을 쌓기 위해 분투하고 있었다. 특히 국민공회가 그에게 바라스를 도와 파리에서 왕당파를 진압하도록 임명했을 때 그는 이름을 떨칠 기회를 얻었다. 나폴레옹은 바라스를 통해 이탈리아 원정군의 지휘권을 얻었으며, 역시 바라스를 통해 연줄이 든든한 사교계명사 조제핀을 만났다. 당시 조제핀의 응접실은 저명하고 위대한 인물들의 사교장 역할을 했다.

이탈리아 북부(특히 로디, 아르콜레, 리볼리)에서 연이어 승리를 거두자 나폴레옹은 프랑스 공화국군에서 최고 위대한 장군이라는 명성을 얻었다. 당시 오스트리아군은 프랑스의 국경을 침략하고 있었는데, 이 전쟁들은 여전히 정치적으로 불안정하고 끊임없이 지도층이 바뀌며 혼돈 상태에 있는 프랑스를 무너뜨리고 혁명의 성과들을 뒤집을 수도 있을 만큼 위협적이었다. 그리고 이미 툴롱 전투에서 보았듯 프랑스 내 왕당파들이 적들의 지지를 받고 있던 혁명 후의 불안정한 시기에 이 전투들은 나폴레옹의 경력에서 중대한 전환점이 되었다.

나폴레옹은 1796년 오스트리아에 대항해 벌인 전투에서 프랑스군의 지휘를 맡았으며 이탈리아에서 오스트리아군에 정면으로 맞서 큰 승리를 거둔 후 승진을 했다. 국민공회의 뒤를 이은 총재 정부는 혼돈 상태 속에서 부정부패로 비난을 받고 있었는데, 이들은 군대가 침략자들로부터 프랑스를 방어해주기만을 간절히 바라고 있다가 군대가 승리하면 그 승리들을 자신의 공으로 돌려 명성을 쌓았다. 놀랍게도 아주 젊은 장교인 나폴레옹이 캄포포르미오에서 오스트리아군과의 교전을 종결시켰으며, 대범하게 오스트리아군에 평화협정 조건을 제시했다. 그는 프랑스군에서 가장 고위 장교 중 한 명으로 여겨졌다. 여기에서 우리는 로디 전투와 아르콜레 전투에 초점을 맞추어 전투 현장에서 빛을 발한 나폴레옹의 카리스마를 설명하려 한다. 이 전투들은 그의 지위가 상승하고 명성이 자자해진 이유를 설명하는 데도 도움이 될 것이다.

이 군사 작전의 배경은 무엇이었을까? 알빈치Alvinczy 장군이 지휘하던 오스트리아군은 만투아를 장악하고 이탈리아 대부분을 지배하고 있었다. 나폴레옹은 이미 토리노를 위협하면서 사르디니아Sardinia 왕으로 하여금 휴전협정을 체결하도록 만들었고, 1976년 5월 로디 전투 후에는 밀라노로 의기양양하게 진입했다. 그후 얼마 지나지 않아 11월에 아르콜레 전투를 벌였다.

1797년 알프스 산맥을 넘어 돌진하는 젊은 나폴레옹의 모습을 의도적으로 현대판 한니발Hannibal처럼 묘사한 자크 루이 다비드Jacques-Louis David의 그림은 대중들의 폭발적인 관심을 불러일으켰다. 그의 그림들은 카스틸리오네(1796년 8월), 바사노(9월), 아르콜레(11월), 그리고 리볼리(1797년 1월) 전투에서 프랑스군이 연승하는 모습을 보여주었다. 이러한 모습을 담은 판화 작품 역시 파리의 거리에서 불티나게 팔려나갔다. 특히 1796년 5월 10일 로디 전투 후 의기양양하게 밀라노로 입성하는 나폴레옹의 모습을 담은 그림은 꾕

장히 인기가 좋았다.

카리스마 넘치는 나폴레옹의 매력을 극적으로 보여준 로디 전투에서는 구체적으로 무슨 일이 일이 있었을까? 1796년 4월 피에몬테에서 맺은 휴전협정에 따라 오스트리아군은 철수했다. 로디의 작은 마을에는 아다 강을 가로지르는 다리가 하나 있었는데, 1796년 5월 그곳을 행군하던 나폴레옹은 다시 한 번 오스트리아군과 전투를 벌일 준비를 했다.

로디에 있던 그 다리는 길이 183미터, 폭 3.7미터 정도의 목재 다리였다. 적군이 철저히 방어하고 있는 이 다리를 기습 공격한다는 것은 사실 자살시도라고도 할 수 있을 만큼 극도로 위험한 행동이었다. 오스트리아군이 쉬지 않고 총격을 가하는 와중에 나폴레옹은 빠르게 성공 가능성을 점쳐보았다. 그는 반드시 먼저 밀고 나가야 한다는 확신에 찼다. 그리하여 눈부신 백마를 타고 쏟아지는 총격 속에 다리 위를 질주해 나가며 병사들에게 나를 따르라고 소리쳤다. 전례가 없던 전술이었다. 거의 설명할 수 없는 기적처럼 나폴레옹이 총탄을 피해 살아남자 양쪽 진영 모두 놀라움에 입을 다물지 못했다. 오스트리아군의 오른쪽에서 프랑스군의 기병대가 주의를 돌리며 측면 공격을 시도하고 동시에 보병대가 중앙을 파고들자 적군은 제압되었다.

전투에서 전사할 수도 있었던 열악한 상황을 극복하고 나자, 병사들은 극도의 흥분 상태에 빠졌으며 나폴레옹은 거의 메시아 같은 인물로 떠올랐다. 자신의 백마가 수 마일 뒤에서도 보일 수 있도록 선두에 나서 국가를 부르며 병사들을 이끌고 다리 위를 돌진한 나폴레옹의 행동에 오스트리아군은 즉각적으로 총 공격 태세를 취했다. 오스트리아군은 모든 측면에서 다리를 공격했다. 빗발치는 총탄 속에서 프랑스 군인들은 총탄 세례를 피하기 위해 빈번히 물속으로 뛰어들어야 했지만, 프랑스군은 결국 전세를 뒤집었다. 따라서 로디 전투는 가장 격렬한 전투 현장에서 나폴레옹이 직접 총을 쏘며 병사들을 이끌었던 매우 인상적인 승리였다. 마침내 프랑스 기병대가 지원을 와서 오스트리아군의 오른편에 나타나자 그들은 다리를 버리고 후퇴했다. 그다음 나폴레옹은 의기양양하게 밀라노로 입성했다.

로디 전투는 나폴레옹의 마음속에 획기적인 사건으로 남았으며 그가 카리스마 있는 리더로 발전할 수 있는 새로운 계기가 되었다. 온갖 역경과 거의 확실히 죽을 거라는 예상을 극복하고 나폴레옹은 병사들에게 엄청난 용기를 불러 일으켰다. 로디에서 나폴레옹은 처음으로 자신의 리더십이 발휘하는 강력한 힘을 인식하게 되었다. 자신의 특별한 재능과 야망과 사명감을 확신하고, 그는 자신에게 극한 상황에서 사람들의 지지를 얻을 수 있는 능력이 있다는 점을 깨달았다.

1796년 아르콜레 전투에서도 유사하게 다리 급습 작전을 실행했다. 그 경험을 통해 나폴레옹은 병사들을 승리로 이끌 수 있는 자신의 존재와 특별한 재능에 대해 더욱더 확신하게 되었다. 병사들 역시 그 능력을 인정했다. 아르콜레 전투는 나폴레옹의 경력에서 가장 위험한 전투 중 하나였는데, 이틀 동안 약 113킬로미터를 힘겹게 행군한 뒤 위기가 절정에 이르렀다. 이 전투를 치르는 중에 그는 약간 패배감을 느끼기도 했고 자신감을 상실하기도 했으며, 따라서 극단적인 조치가 필요하다고 생각했다.

오스트리아군이 베로나 남쪽 아디제 강을 내려가는 모습을 자세히 관찰한 후, 나폴레옹은 여러 전투들에서 오스트리아 부대를 진압할 수 있었다. 아르콜레 전투에서 나폴레옹은 아주 위험한 상황에 처했다가도 부상 하나 없이 살아났다. 그리고 그의 생존 능력은 다시 한 번 그에게 메시아 같은 이미지를 심어주었다. 나폴레옹이 말을 타던 중에 말이 총에 맞아 늪에 빠졌다. 적들이 맹렬하게 총탄을 퍼붓는 가운데 어깨 높이의 검은 진흙 속에 빠져서도 그는 기적적으로 구조되었고 전투를 계속했다.

나폴레옹은 강 건너에 있는 적의 후방으로 가서 대범하게 측면 공격을 시도하려 했지만 그 작전에서는 적군에게 미리 모습을 들킬 위험도 있기 때문에 계획했던 기습 공격이 성공하지 못할 수도 있다고 판단했다. 맹렬한 크로아티아인들이 마을과 아르콜레 다리를 지키고 있어서 그는 위험천만한 습지와 제방에서 격렬하고 전력 소모가 큰 전투를 3일이나 더 벌여야 했다. 나폴레옹은 군사들의 사기를 높게 북돋았지만, 그렇다 한들 전투를 영원히 계속할 수는 없는 노릇이었다. 나폴레옹의 보좌관이었던 한 폴란드인 장교는 큰 존경을 받고 있던 그가 반응이 없는 병사들을 겁쟁이라고 규탄하고 조소하면서 아르콜레 다리 위에서 극적으로 프랑스군의 군기를 높여 자신을 따르도록 만들던 모습을 설명했다. 예술가들에게는 이 극적인 순간이 낭만적인 주제가 되었지만 실제로는 큰 희생을 치르고 가까스로 승리한 교전이었다. 그러나 이 전투는 리볼리와 결국 만투아까지 정복할 수 있게 길을 열어준 작전상 매우 중요한 전투였다.

공안위원회와 국민공회를 대체하여 당시 프랑스를 지배하고 있던 총재 정부는 이제 정기적으로 전쟁터의 영웅 보나파르트 장군에 대한 급보를 받고 있었다. 당시와 같이 매체 발달이 제한적이었던 시대에는 선전이 잘 되어야 카리스마가 더욱 영향력을 발휘할 수 있었다. 하지만 총재 정부의 의원들은 나폴레옹의 독립적인 면모를 점점 걱정하기 시작했다. 나폴레옹은 전투 수요에 따라 독자적인 행보를 보이며 공개적으로 야심을 드러내지 않았음에도 불구하고, 총재 정부는 점점 더 그를 정치적 위험인물로 여겼다. 당시 목격자들은 나폴레옹이 "이탈리아에서 두려움과 사랑과 존경의 대상"이었지만 "냉정하고 성격이 급하고 고압적이고 거만하며…또 정부 위원들을 존중하지 않았다"라고 말했다.(크로닌, 1971:148) 나폴레옹은 "부도덕하고 무능력해서 어디에서나 경멸을 받는 자들을 도저히 달리 대우할 길이 없다"라고 대응했다.

나폴레옹은 주변에 널린 무능하고 부당하게 이득을 취하는 자들을 용납할 수 없었다. 나폴레옹 가족의 친구였던 코르시카 출신 살리세티 의원도 이러한 부류에 속했는데, 그는 전쟁에 관여하며 이 전투들을 개인적으로 재물을 약탈하거나 재정이 열악한 총재 정부의 재원을 확보할 수 있는 기회로 여겼다. 때문에 나폴레옹은 다른 노선을 취할 수밖에 없었다. 그는 진심으로 이탈리아인들이 해방감을 느끼기를 바랐고, 이러한 해방이 혁명으로 이룬 성과의 일부로 여겨져 혁명운동이 프랑스 국경을 넘어 널리 전파되기를 바랐다.

나폴레옹의 첫 이탈리아 군사 원정은 1797년 1월 중순 리볼리 전투에서 아주 성공적으로 종결되었다. 이번에는 베로나에서 북쪽으로 32킬로미터, 가르다 호수에서 동쪽으로 16킬로미터 떨어진 아디제 강둑에서, 또 한 번 나폴레옹은 (여전히 스물일곱의 나이로!) 훨씬 더 노련한 장군이 이끄는 오스트리아군에 맞섰다. 각 부대들이 서로 지원하지 못하도록 막고, 특히 포병대와 보병대를 떨어뜨려 놓아서 포병대가 전장에서 많이 노출되는 보병대를 보호하지 못하도록 만들며 공격을 계속해 나폴레옹은 오스트리아군이 후퇴하게 만들었다. 그다음 프랑스군은 만투아를 장악하고, 오스트리아 군사 기지들을 부수고 자신들의 보급품을 재보충했으며 오스트리아군이 프랑스의 국경을 더 이상 공격하지 못하도록 막았다. 이제는 나폴레옹이 희대의 영웅이라는 생각에 논란의 여지가 없었다.

1797년 10월 체결된 캄포르미오 조약은 몇 가지 면에서 의미가 있다. 이 조약은 혁명 후 프랑스가 최초로 주요한 영토를 획득한 것이었다. 이 조약으로 오스트리아 제국의 속국들은 지역 자본주의 정부들로 대체되었으며, 나폴레옹은 군사적 승리를 통해 평화를 이루는 경험을 했다. 거의 즉각적으로 나폴레옹은 조국의 영웅으로 추대받으며 되살아난 국가를 대표하는 인물이 되었다. 또한 그는 자유와 평등이라는 훌륭한 사상의 상징이되어 신흥 자본주의자들을 흥분시킨 반면, 오스트리아와 영국등 식민 제국들을 두려움에 떨게 했다. 나폴레옹의 군대는 단순히 영토와 식량 확보를 위해 싸우는 것이 아니라 그 이상의 대의명분을 위해 싸운다는 사명감과 자신감, 열의로 똘똘 뭉쳤다. 군대를 승리로 이끌고 평화를 이룩하는 이 젊은 장군은 병사들에게 혁명 기간 중 경험했던 참혹한 실상이 실제로 더 나은 새로운세상으로 향하는 전조일 것이라는 기대와 희망을 심어주며 찬미의 대상이 되었다. 이 첫 이탈리아 원정이 끝날 즈음, 나폴레옹은 카리스마 있는 리더가 지니는 모든 요소를 갖추게 되었다. 바로 자신의 비범한 능력에 대한 황홀감, 자신이 역사의 운명을 좌우하는 중요한 인물이라는 확신, 또한 그 점을 스스로 믿고 싶어하는 군대를 모두 갖추게 된 것이다.

리더십과 권력에 반영된 생각

- 나폴레옹은 결코 뒤에서 지시만 내리는 리더가 아니었다. 그는 항상 선두에 나서서 이끌었다.

- 적군은 전장에서 프랑스군이 승리하는 데 나폴레옹의 역할이 필수라고 생각했다.

- 병사들을 고무하기 위해 그는 항상 자신의 모습을 드러냈다.

- 그의 존재가 눈에 보이면 병사들은 전투가 계획대로 되어간다고 확신할 수 있었다.

- 항상 모든 일에 직접 나섰던 태도는 나폴레옹이 측근들을 신뢰하지 못하여 그들에게 위임하기를 꺼렸던 점을 시사한다.

- 그는 다른 이들에게 맡겼다가 실망하지 않기 위해서 항상 자신의 모습을 드러냈다.

- 나폴레옹은 병사들의 사기가 저하될 때 그들을 밀어붙이고 계속 진격할 수 있게 만드는 자신의 카리스마에 의지했다.

시간이 지나 뒤돌아보니 아이러니가 분명하게 눈에 띈다. 앙시앵레짐을 없애버린 평등주의와 합리주의의 대변자였던 그는 장차 유럽 군주들 중에서도 가장 전체주의적인 통치를 펼친 지도자 중 한 명이 된다. 정치가로서 그는 군사적 장악 없이 조약을 체결하는 법을 배운 적이 없었기 때문이다. 따라서 그 후 20여 년간 유럽 대부분 지역은 전쟁과 파괴로 아주 불행해질 운명이었다. 현대 유럽 대륙의 모습을 형성한 마지막 조약은 나폴레옹을 배제한 상태에서 체결되었다.

군사 지도자로서 나폴레옹의 기량이 두각을 발휘하고, 프랑스 국내에서는 물론 적국들에서도 그의 카리스마가 점점 더 많이 알려지게 된 계기는 몇 가지 중요한 요인들에 기초한다.

첫째, 그는 자신의 군사적 전문성을 계속 발전시켜 나갔고 치열한 작전과 전투 준비로 승리 가능성을 높여 갔으며 단호히 목적을 추구하는 자신의 의지를 꺾지 않았다. 나폴레옹은 "한 군대, 국가, 왕위의 운명이 달려 있는 위대한 전투들을 벌이면서 마음속으로 그 결과를 완전히 이해하고 있는 것의 장점을 알고 있는 사람이 거의 없다. 그런 까닭에 열성적으로 전투를 치르는 장군들을 찾아보기가 어렵다"라고 지적한 바 있다.(마크햄, 1963:39~40)

둘째, 그는 전쟁을 하고 전략을 짜는 현실적인 문제들에서 무엇에 성패가 걸려 있는지 알았다. 이것은 단순히 한 가지 방식이나 제도로 가늠할 수 없으며, 쉽게 수량화할 수도 없는 것이었다. 나폴레옹은 문학작품에서 격찬을 받은 대다수의 전쟁 격언들이 현실에서는 적용 불가능하다고 생각하며 동의하지 않았다. 교과서적인 전쟁 방식들은 오직 적군이 이상적인 상태에 있는 경우에만 효과가 있을 터였다. 처음부터 그는 혁명 후 프랑스의 가장 큰 문제가 군대의 상태라는 것을 알았다. "한 대대가 군화도 없고 급료도 받지 못한다는 이유로 폭동을 일으켰다. …

군대는 지독한 빈곤에 시달렸다.… 가난은 기강 해이를 야기한다."(마크햄, 1963:40-41) 나폴레옹은 즉시 막대한 비용을 들여 빵, 고기, 브랜디, 그리고 특히 군화를 마련했다.

그 어떤 화려한 전술보다도 음식과 의류 같은 기본적인 문제들이 먼저 충족되어야 했다. 나폴레옹의 적들 대부분은 부족한 것이 없는 상태였고, 특히나 부유한 오스트리아군은 더욱더 아쉬운 것이 없던 상황이었기 때문이었다. 현실적으로 중요한 문제들을 밝혀내고 해결하는 나폴레옹의 능력이 전쟁을 승리로 이끄는 핵심 요인이었으며 카리스마를 발휘할 수 있는 중요한 토대였다.

셋째, 전쟁터에서 나폴레옹은 병사들의 사기를 돋우기 위해 자신의 카리스마가 잘 발휘되는 공개 연설이나 선언을 했는데, 이 방법은 매번 그의 의도에 적중했다. "내가 그대들을 세상에서 가장 비옥한 평지로 이끌 것이다. 풍요로운 지방과 위대한 도시들이 그대들의 권력 안에 있을 것이다. 그리고 그곳에서 명예와 영광과 부를 누리게 될 것이다."(마크햄, 1963:41) 이렇게 감화를 주는 연설은 그 어떤 전쟁 격언이나 전략보다 훨씬 더 병사들의 사기를 높였다. 특히 갑작스럽게 기대하지 못했던 음식을 배불리 먹고 멋진 제복을 걸치고 주머니에 금화가 두둑이 찬 상황에서 군대는 더욱더 막강한 힘을 발휘했다. 진정 놀라운 결과였다!

나폴레옹이 지닌 카리스마의 또 다른 면은 그의 남다른 기운과 높은 생산성과 활기였으며, 바로 이 점이 다른 장교들과 현저히 구별되는 요인이기도 했다. 당시 목격자들은 그의 넓은 가슴과 큰 폐에서 이러한 기운과 활기가 나온다고 생각했는데, 그가 모든 일을 아주 빨리 해냈다는 의미이기도 했다. 이 능력은 아마도 코르시카에서 산을 오르내리던 어린 시절에 발달했을 것이다. 우리는 앞서 나폴레옹이 잠을 조금만 자고도 살 수 있었다는 점을 이야기했다. 망토를 덮고 30분 정도 잠을 자고난 뒤 그다음 24시간을 견딜 수 있었던 그의 능력은 유명했다.

넷째, 나폴레옹은 지형학에 정통했다. 그가 물려받은 코르시카인 유산의 일부로 그는 산의 형세나 줄기 같은 산악 지형에 대하여 본능적인 감각이 있었다(폐 기능만 뛰어난 것이 아니었다!). 포병으로 훈련을 마친 뒤 그는 광활한 지역에서 한 지점을 목표로 삼아 급습하여 진압한 후 다른 지점으로 재빨리 이동할 수 있었다. 때때로 그는 산보다 해변을 따라 공격하는 편이 더 낫다고 판단하여 현실적인 기준에 맞추어 신속하게 결정을 내렸다. 아주 빠른 속도로 일사불란하게 움직이면서 나폴레옹의 군대는 승리하기 시작했으며 거의 매번 승리를 거두었다. 이탈리아 원정에서 그의 부대는 96시간 동안 가파른 산들을 오르내리며 네 번의 전투를 이길 수 있었다. 패배와 동요에 익숙지 않은 적군은 프랑스 군이 가한 타격으로 충격을 받고 흩어졌다. 따라서 나폴레옹의 군대는 확실히 평화조약을 좌우하는 입장이 될 수 있었다.

나폴레옹에게 1796~1797년 이탈리아 원정은 전쟁터에서 자신의 용기와 대범함을 확실히 보여줄 수 있는 기회였다. 그는 운 좋게 살아남았고, 다른 수천 명의 병사들과 마찬가지로 그 또한 이 생존을 통해 자신이 '카리스마' 또는 천부적 재능을 지닌 특별한 운명을 타고났다고 믿게 되었다. 이 모든 일들은 더욱더 그의 야망을 키웠다.

로디 전투에서 그는 강력하고 현실적인 리더십을 발휘했으며, 아르콜레 다리에서는 전설을 창조했다.

1797년 초 나폴레옹은 프랑스와 유럽의 군사 세계에서 유명인사가 되었고, 이에 따라 정치계에서도 유명해졌다. 그는 전장에서 전략적으로 업적을 달성하며 국제 동맹 형성에 영향을 미치고 있었다. 한 오스트리아 사절은 "오직 보나파르트 장군만이 평화를 이룰 수 있으며 자신이 원하는 조건으로 평화협정을 체결할 수 있다"라고 시인했다. 동료 프랑스 장군인 오제로^{Augereau}는 "나는 이해가 안 된다. 내가 저 자그마한 녀석한테 두려움을 느끼다니, 정말 이해할 수가 없다"라고 속마음을 드러냈다.(크로닌, 1971:136)

나폴레옹의 마음속에서는 연이은 전투 승리로 총재 정부 내에서 자신의 세력이 커지고 있다는 생각이 자라나고 있었다. 이 흥분되는 감정은 조제핀의 애정과 관심 부족으로 낙심한 마음에 위안이 되었다. 그가 실패한 듯 보이는 결혼 생활로 불안해하고

스트레스를 받으며 내적으로 불안정하던 때에(조제핀은 빈번히 그의 편지에 몇 주씩 답을 하지 않았으며 그녀가 다른 늠름하고 멋진 장교들과 어울리고 있다는 사실은 이미 알 만한 사람은 다 알고 있었다) 총재 정부는 그의 세력이 커지는 것을 걱정하고 있었다. 그들은 나폴레옹의 관할부대를 나누고 다른 장군을 임명하여 그를 감시하도록 하려 했다. 그러자 나폴레옹은 사퇴하겠다며 발끈했고, 계속 이탈리아를 점령하여 더 많은 약탈품을 차지하고 싶었던 의원들은 이 생각을 거두어들였다. 약탈한 돈이 어디로 가는지, 자신에게 얼마나 돌아올지, 걱정이 되기 시작한 나폴레옹은 병사들에게 급료의 반을 은으로 지불하기 시작했다.

따라서 총재 정부의 재정이 바닥났던 시기에 나폴레옹에게는 카리스마와 은이 있었다. 이것은 강력한 조합이었다. 전장에 있던 다른 장군들과 나폴레옹은 자신들의 힘을 과시했다. 이것은 노골적으로 말을 하거나 비협조적인 장군들을 정치인들이 마음대로 해고하던 공안위원회의 통치 시절과는 매우 다른 상황이었다. 이제는 거꾸로 총재 정부가 그 생사를 군사적 성공과 군대의 친공화주의 정신에 의존하고 있는 상황이었다. 프랑스군이 이탈리아 원정에서 승리를 거둔 후 오스트리아의 통치로부터 해방된 이탈리아인들이 불만을 품고 반란을 일으켰던 점은 이 전쟁들이 단순히 군사적인 지배에 관한 것이 아니라 정치적인 목적으로 시작된 것이었다는 사실을 분명히 보여주었다. 그리고 정치는 바로 나폴레옹이 향할 다음 단계였다.

　나폴레옹의 명성이 자자해지자 적들 대부분은 그와 전쟁을 벌이고 싶어 하지 않았다. 나폴레옹에 맞서 싸우는 격렬한 전투를 피하는 것이 현명한 처사였다. 그러나 그러한 처사는 이후 나폴레옹이 프랑스의 영토를 국경 너머로 확대하는 지름길이 되었다. 적들의 급습에 맞서 영토를 방어하던 정책은 곧 먼저 주도하여 새로운 영토를 획득하고 프랑스의 국경을 확장하는 방향으로 바뀌었다.

　사교적으로는 서툴렀어도, 특히 조제핀에게 구애하던 초반에는 더욱 심했지만 동료 장교들과 병사들에게 나폴레옹은 매력적인 인물이었다. 그는 결코 뒷짐 지고 구경하는 리더가 아니었으며 언제나 앞장서서 군대를 이끌었다. 그는 스스로 그래야만 한다고 느꼈다(그리고 어쨌든 너무 뒤쪽에 멀리 있으면서 병사들과 소통하기란 불가능하다). 전장에서 나폴레옹의 존재가 중요하다는 사실은 적들의 태도를 통해 확인할 수 있었다. 나폴레옹이 직접 군대를 이끌면 적들은 패배할 운명이라 체념하고 알아서 물러났다. 단지 나폴레옹의 실력이 뛰어나서만이 아니라, 그 존재만으로 카리스마가 넘쳤기 때문이었다.

　나폴레옹은 항상 병사들에게 자신의 모습이 보여야 한다고 생각했는데, 그들을 감화시키기 위해서만은 아니었다. 이 점은 또한 그가 부하 장교들을 신뢰하지 못했다는 점도 시사한다. 그는 다른 이들을 믿었다가 자주 실망하곤 했기 때문에 자신이 타인을 불신하는 것을 타당하다고 생각했다. 그들은 자주 나타나야 할 때 나타나지 않았고, 너무 오래 기다리느라 행동을 개시하지 못했고, 또 약탈 기회가 오면 산만해졌다. 추종자들은 나폴레옹이 앞에서 이끌며 그들과 승리와 역경을 함께 나눌 때 최고의 성과를 냈다. 그는 병사들의 사기가 저하되고 패배가 눈앞에 닥친 상황에서 그들을 밀어붙일 수 있는 자신의 카리스마에 크게 의존했고, 이렇게 카리스마를 발휘하기 위해서는 항상 병사들에게 모습을 보이고 있어야 했다.

리더가 앞에서 지휘하는 이점은 통제력과 영향력이 커지고, 무슨 일이 벌어지고 있는지 잘 파악할 수 있으며, 모든 사건에 영향을 미칠 수 있다는 점이다. 그러나 반면 다른 이에게 위임하기를 거리끼고 다른 이들이 책임감과 재능을 개발하지 못하게 만든다는 단점이 있다. 카리스마 넘치는 리더가 항상 필요한 순간에 있고 그의 영향력이 모든 사람들의 영향력을 가린다면, 그 리더 주위에 있는 사람들은 자신만의 진취적인 생각을 단념해버리거나 모든 일을 리더에게 맡겨버리게 된다. 곧 나폴레옹은 왜 결국 자신이 모든 일을 직접 하고 있는지에 대한 의문을 풀었다.

나폴레옹의 카리스마는 나중에 나르시시즘으로 바뀐다. 위대한 이탈리아 군사 원정과 이집트에서의 시간, 그리고 무비판적인 태도로 일관하던 많은 추종자들의 태도에서 영향을 받아 그는 매 전투를 치를 때마다 더 깊이 나르시시즘에 빠지게 되었다. 그는 모든 승리를 자신의 공으로 돌렸고, 매일같이 쏟아지는 칭찬들을 맹목적으로 받아들였다. 이로 인해 변화하는 현실을 직시하지 못하게 되었고, 계획을 바꾸어야 할 필요를 거부했으며, 분명한 사실을 보려 하지 않았다. 계속해서 권력을 얻는 데 성공하자 자만심이 생겼다. 그러나 "자만하다가는 낭패 보기 쉽다"라는 말이 있다. 그 당시와 이후 목격자들은 추종자들의 과찬으로 인해 나폴레옹이 나르시시즘에 빠져 살았다고 전했다. 나폴레옹은 끊임없이 권력을 확장하고 싶은 야망을 쫓느라 인명 손실에 무심하고 냉담한 태도마저 보이게 되었다.

어떤 형태로든 다른 사람에게 카리스마를 발휘할 수 있는 사람은 사람들의 마음을 사로잡을 수 있다. 텔레비전도 없고 확성기도 없던 시대에 리더는 한 번에 오직 소수의 사람들에게만 말할 수 있었다. 하지만 리더의 카리스마에 대한 믿음이 실제로 리더를 만나는 것을 대체할 수 있었다. 그러므로 카리스마는 영향력을 발휘하는 한 형태로 간주할 수 있다. 사람들은 굉장히 카리스마 넘치는 인물에게 감동과 감화를 받으며 매료된다.

현대의 동물 보호 운동은 동물 중에서도 특히 카리스마 있는 종들을 보호하기 위한 것이다. 사자, 코끼리, 돌고래, 고래 같은 동물들은 아주 매력적이며 비범한 모습을 보인다. 이 동물들은 인간에게서는 찾아볼 수 없는 무언가 더 영광스럽고 멋지고 아름다운 감정을 불러일으킨다. '카리스마'라는 말은 '신들의 선물'을 의미하는 그리스어에서 유래했다.

카리스마 있는 사람은 이 신성한 선물을 지니고 태어났다고 생각되며 그들은 초인을 떠올리기도 한다. 이들은 심리적으로 단기적인 도구주의를 넘어 사람들에게 목적을 상기시킨다. 인간이 깨달을 수 있는 한계를 넘어서 이상을 상징하는 것처럼 보이기도 한다. 카리스마 있는 리더와 함께하면 전쟁이든 사업 활동에서든 일반적인 행위들이 처음에 생각했던 것보다 더 중요하고 고귀한 무언가로 바뀌는 것 같은 느낌을 받을 수 있다.

카리스마에 관한 글을 쓰는 많은 이들은 카리스마를 어떤 특출한 인간만이 지니는 특징이라고 추정한다. 그러나 카리스마는 전 인류에게 나타날 수 있지만 오직 이따금씩만 인지되는 하나의 현상으로 이해하는 것이 보다 적절하다. 카리스마는 한 사람이 지닌다기보다 불러일으킨다고 생각하는 편이 맞을 것이다. 종종 카리스마를 발휘할 수 있는 상황이 있다. 카리스마는 사람들 간의 경험이다. 즉 한 사람이 그냥 지니고 있는 것이 아니라 인간관계에서 촉매작용의 결과로 나타나는 현상이다.

이집트의 피라미드에서 병사들에게 연설을 했던 것처럼 나폴레옹은 자주 카리스마를 발휘하며 상황을 주도했다. 이 순간 나타난 카리스마 현상을 단지 많은 이들 사이에 있던 그의 존재만으로는 완전히 설명할 수 없다. 동영상이나 사진 또는 확성기 없이 수십만 명의 병사들을 지휘하는 상황에서 그를 따르는 많은 병사 중에는 단 한 번도 그를 본 적이 없고 그의 목소리조차 들은 적이 없으며, 그저 명성만으로 카리스마 넘치는 그의 존재에 대해 알고 있던 이들도 많았을 것이다. 기나긴 행군을 하는 동안 병사들 사이에서 나폴레옹에 관한 이야기가 입에서 입으로 전해졌고, 그렇게 그는 병사들의 상상 속에서 중요한 인물이 되어 카리스마를 발휘할 수 있었다.

카리스마 넘치는 그의 존재감은 프랑스 밖에서도 영향을 미쳤다. 영국 당국은 나폴레옹을 우스꽝스러운 인물로 만들기 위해 그가 여성들에게 차인 경험과 그의 작은 키를 빌미로 발기부전이라는 억측을 부리고 여론 조작활동을 펼쳤다. 그럼에도 불구하고 나폴레옹이 퇴위할 때 수많은 영국인들은 죄수의 신분으로 HMS 벨레로폰HMS Bellerophon(18세기 영국 전함-옮긴이)에 오르는 그의 모습을 보기 위해 몰려들었다. 대조적으로 프랑스의 도해법에서는 특히 다비드가 의도적으로 한니발을 패러디해서 나폴레옹이 알프스 산맥을 넘는 장면을 묘사한 그림처럼, 영웅적인 이미지 창조에 초점을 맞추었다. 나폴레옹의 이미지 창조 시기에 그려진 통찰력이 돋보이는 또 다른 그림은 앙투안 장 그로Antoine-Jean Gros의 〈자파의 페스트 환자를 위문하는 나폴레옹〉으로, 이 그림은 실제로 나폴레옹이 페스트에 걸린 병사들을 어루만지며 치유하는 모습을 그렸다. 프랑스에서 메시아적인 나폴레옹의 이미지를 창조하는 산업은 그의 사후에도 멈추지 않았다. 1840년 폴 레옹 자제Paul-Léon Jazet는 불확실하고 혼란스러운 시대에 나폴레옹의 부활을 갈망하며 나폴레옹이 앵발리드에 있는 자신의 무덤을 떠나는 모습을 화폭에 담았다.

나폴레옹을 시각적으로 멋지게 묘사한 그림들은 강력한 수사법과 함께 등장했다. 그는 감동적인 글을 쓰고 기막히게 멋진 연설을 했다. 사람들은 그 글들을 받아 적었고 이 글들은 계속 인쇄되었으며 연설은 시적으로 극적인 순간들을 담아냈다. 1814년 전투 패배 후 첫 퇴위 당시, 나폴레옹은 퐁텐블로 궁의 안뜰에서 친애하는 근위대에 작별을 고했는데, 이 순간은 여전히 비극적인 전통 고전 작품에서 묘사되며 자신의 위대함 때문에 몰락을 맞는 위대한 인간의 비애감을 불러일으킨다.

비극적인 결말은 주인공을 초인간적인 주제와 연결시키기 때문에, 이 또한 카리스마를 형성하는 데 영향을 줄 수 있다. 예를 들어 고전 문학이나 셰익스피어의 비극에서 위대한 인물들은 하나같이 악인과 함께 몰락한다. 모든 이가 모든 것을 잃는다. 하지만 그로 인해 드는 느낌은 부당함에 대한 격분 같은 것이 아니라, 어떤 체제에 악이 있으면 그것이 모두에게 해로운 영향을 미치므로 세계의 질서 체제는 근본적으로 악에 맞서야 한다는 것이다. 이것은 비극적인 연극이 우울하고 허무한 느낌을 주는 것이 아니라 오히려 카타르시스를 느끼게 하고 낙관적인 생각을 하도록 만드는 이유를 설명해준다. 셰익스피어의『리어 왕』결말에서 관객들은 코델리아가 죽지 않고 리어 왕이 부활하기를 간절히 바라지만, 이것이 낭만적인 바람일 뿐이라는 사실을 알고 있다. 행복한 결말을 간절히 바라는 대중들의 심리가 특이했던 한 사건을 설명하는 데 도움이 될지도 모르겠다. 1815년, 엘바 섬에서 유배 중이던 나폴레옹이 그곳을 탈출하여 다시 프랑스로 돌아왔을 때, 그를 체포하라고 보낸 병사 수천 명이 파리로 가던 그의 대의명분을 지지하며 단결하여 얻은 평화 가능성을 버리고 나폴레옹의 편으로 돌아섰다. 그들은 분명히 이 부활 시도가 가망 없는 낭만적인 꿈이라는 것을 어느 정도 알고 있었지만 거부할 수 없었다. 그들이 반응을 보인 카리스마는 일반적인 세상을 초월하여 공정하고 평등한 세상을 구현하며 영예롭게 살고 죽을 것 같은 위대한 인간을 흠모하는 낭만적인 열정이었다.

나폴레옹의 카리스마는 수세기를 걸쳐 내려오며 계속 흥미를 유발했다. 독일의 철학자 니체는 나폴레옹이 아주 오래전에 존재했던 숭고한 시대의 특징을 구현한다고 보았다. 근대성, 평등, 민족주의를 경멸하던 니체는 범유럽적인 문화와 정계를 창조하려 한 나폴레옹의 거창한 포부에 감탄했다. 니체는 나폴레옹을 평등주의 시대에 포퓰리즘을 이용하는 정치가이며 결국은 몰락했지만 보통 사람보다 더 위대한 무언가를 옹호한 '고귀한 인간'으로 평가했다. 나폴레옹은 초인적인 면도 보였으나 또한 비인간적인 면도 보였다. 다른 말로 그 자신은 초인이었지만 그가 한 행동들은 비인간적이었다. 강인한 성격 덕분에 그는 '이 세기에 보다 심오하고 완전한 사람' 중 한 명이 되었다.(글렌, 2001:133) 니체에게 나폴레옹은 권력의 맛, 권력을 향한 의지, 그리고 권력자의 모습을 전형적으로 보여주는 궁극적인 힘의 상징이었다. 나폴레옹은 타인을 존경하지 않았고, 카이사르나 한니발, 샤를마뉴 대제 등 카리스마를 발휘했던 역사 속 리더들을 제외하고는 다른 누구로부터도 영향 받기를 거부했다. 그는 일관되고 막강한 사람이었다.

리더십과 권력에 관한 질문

앞에서 이끄는 카리스마 넘치는 리더가 되어야 하는가, 아니면 배후에서도 조용히 리더십을 발휘할 수 있는가?

- 당신은 카리스마가 있는가? 카리스마를 발휘할 수 있는 능력은 분명 장점이기는 하지만 전부는 아니다.

- 자신의 모습을 드러내는 편이 나을지 배후에서 지휘하는 편이 나을지 결정하라. 양쪽 모두 장점이 있다.

- 자신의 핵심 능력과 가치를 알고 있어라. 그렇지만 항상 그 능력을 드러내야 하는 것은 아니다.

- 당신은 함께 일하는 사람들에게 어떻게 영감을 주는가? 자신만의 방법을 찾아라.

- 당신의 계획들이 잘 실행되고 있는지 어떻게 확신하는가?

- 다른 사람들을 신뢰하고 그들에게 위임하는 문제와 관련해 당신의 입장은 어떠한가? 각각의 장단점을 알고 있는가?

- 곤란한 입장에 처하거나 상황이 암울해보일 때 당신은 어떻게 행동하는가? 어려운 상황에 처할 때 당신만의 해결 방식은 무엇인가?

PART
04

쿠데타

브뤼메르 18일과 총재 정부의 종말(1799년)

: 권력 장악과 위태로운 유지

네 사람이 저기 있다. 그가 쿠데타를 일으킬 것이다.

총재 시에예스Sieyès, 1799년, 브뤼메르 쿠데타 당시

다른 이들이 우두커니 있을 때 권력을 장악할 수 있었을 만큼 나폴레옹은 야망을 달성하는 데 가차 없었으며, 즉흥적으로 패기를 발휘했다.

드와이어, 2007년, 21쪽

나는 귀족을 상징하지도 해방을 상징하지도 않는다. 나는 국가를 상징한다.

나폴레옹, 1799년 11월 11일

인간 세상의 발전에 기여한 인물 중 나폴레옹은 가장 위대한 존재이다.

샤토브리앙Chateaubriand, 1800년

정부의 법을 개정하고자 한 계획은 성공하지 못했지만, 결국 상황은 나폴레옹에게 유리하게 바뀌었다. 그는 마지못해 병력을 이용했으나 많이 의지하지는 않았다. 그리고 이제 통령 중 한 명이 되어 프랑스의 새 헌법을 쓰는 데 기여할 기회를 얻었다.

크로닌, 1971년, 212-213쪽

1799년 11월 브뤼메르(프랑스 혁명력에서 그 달을 지칭하는 명칭에서 유래) 정변 또는 쿠데타에서 나폴레옹은 기회를 잡아 권력을 장악하고 통령 중 한 명이 되었으며, 결국 제1통령이 되고 종신 통령이 된다. 나폴레옹은 자신에게 세간의 주목이 쏠리도록 만들어 정치적 영향력을 키웠고, 몇 달 사이 나폴레옹 지지자들의 정치 활동 역시 크게 증가했다. 그는 "보나파르트 장군이 인도로 진격했으며 이제는 콘스탄티노플을 향해 진격한다…"와 같이 이집트에서 거둔 승리를 이국적으로 미화하여 보고했으며 또한 공식 보고서에 이탈리아에서 이룩한 승리들을 극적으로 묘사해 파리로 보냈다. 이미 기자들은 수년 전부터 보나파르트 가족에게 매수되어 그들의 편이었으며, 나폴레옹은 자신의 경력 기간 내내 엄격하게 매체를 통제했다. 그가 권력을 장악하자 많은 사람들의 눈에 그는 새로 탄생한 프랑스를 대표하는 인물로 보였다. 이쯤부터 그는 직접적인 통제 아래 더 많은 힘을 모으기 시작했다. 이 쿠데타로 이룬 업적이 이번 장의 주제다.

나폴레옹은 브뤼메르 쿠데타를 주도했다. 이 쿠데타는 현 정부인 총재 정부를 실각시킨 동시에 나폴레옹을 전보다 훨씬 더 강력한 리더십을 펼쳐야 하는 자리로 올려놓았다. 1789년 프랑스 혁명력 '안개 달霧月'에서 명칭을 딴 브뤼메르 쿠데타는 나폴레옹의 경력에서 가장 중요한 전환점 중 하나였다. 1799년부터 1804년 사이 그는 프랑스의 황제가 된 것을 비롯해 자신이 국가를 위해 정복했던 모든 속령들의 전제 군주가 되었다. 이 사건은 이후 10여 년간 그가 고수했던 권력의 시작이었다.

총재 정부는 예측하기 어렵고 폭력적으로 변할 가능성이 농후한 파리의 군중들을 피해서 의원들을 파리 외곽 생클루로 소집했다. 군 지도자인 나폴레옹에게는 의원들의 경호와 평화로운 회의를 보장하는 임무가 주어졌다. 그는 이것을 자신의 공식적 지위를 이용하여 쿠데타를 일으키고 정치적 교착 상태를 타개할 수 있는 기회로 보았다. 보나파르트가의 영향력이 커지면서 500인 의회의 대표로 선출된 동생 뤼시앵을 개입시켜 나폴레옹은 원로원과 500인 의회를 해산시킬 수 있다고 생각했다. 그다음 그는 총재 정부의 힘을 약화시켜 그들이 모든 권한을 내려놓고 새 헌법 시행의 일환으로 세 명의 임시 통령들(나폴레옹, 시에예스, 뒤코Ducos)을 임명하는 데 동의하도록 만들었다. 그 후 다른 두 통령들을 노련하게 압도하고 권력을 자신의 수중에 집중시키는 일은 오직 시간 문제였다. 하지만 군사 작전을 짤 때처럼 심사숙고하여 쿠데타 계획을 세웠는데도 쿠데타는 그가 의도한 대로 잘 진행되지 않았다. 일반적으로 쿠데타나 정변은 전투보다 간단하지 않다.

1799년 이집트에 군대를 남겨두고 자신의 야망을 달성하기 위해 정치적으로 혼란하던 프랑스로 귀환하면서 나폴레옹의 권력 장악 과정이 시작되었다. 사실 이미 총재 정부는 나폴레옹과 프랑스군을 본국으로 소환하기로 결정했지만, 나폴레옹은 소환 명령을 받기도 전에 혼자 이집트를 떠나버렸다. 그 이전 해인 1798년 넬슨 제독의 중대가 프랑스군의 함대를 파괴해버렸기 때문에 나폴레옹은 군대를 대피시킬 수 없었다. 이 경우가 나폴레옹이 군대를 버리고 떠난 유일한 사건이 아님에도 파리로 가는 길에 그가 받았던 대중들의 열광과 칭송을 보면 군중들은 여전히 캄포포르미오 조약을 체결하고 증오하는 오스트리아군을 물리친 업적에 만족해 그의 어떤 잘못도 용서하는 듯 보였다.

병사들과 일반 대중들에게는 영향력이 컸지만 그의 매력이 총재 정부의 교양 있는 정치인들에게까지 늘 잘 전달된 것은 아니었다. 일부 의원들은 군대를 무단이탈한 죄로 나폴레옹을 체포해야 한다고 생각했다. 그러나 총재 정부는 러시아의 파벨 황제가 오스트리아와 맺은 새로운 대프랑스 동맹을 막지 못하는 등 외교적 실패를 겪었고, 국내에서도 무능한 모습을 보이며 이미 신뢰를 잃은 상태였다. 극심한 인플레이션에 부채가 쌓이고 국경은 적들에게 둘러싸여 있던 총재 정부는 재정 보충을 위해 이탈리아 영토를 획득해야 했다. 나폴레옹 휘하의 앙드레 마세나 Andre Massena 장군이 로마를 책임지고 있었는데 상황이 잘못되어 갔다. 페르디난트King Ferdinand 왕이 나폴리를 떠나 시칠리아 섬으로 가기를 강요받은 후 큰 혼란이 뒤따랐다. 오스트리아와 러시아 연합군이 나폴레옹이 장악한 밀라노로 돌아왔다. 그러나 이 사건으로 대중들은 나폴레옹을 비난하지 않았다. 비난의 대상은 바로 약하고 부패했다고 여겨진 총재 정부였다.

총재 조제프 시에예스는 프랑스에서 여전히 존경을 받고 있는 몇 안 되는 지도자 중 한 명이었으며 혁명의 가치를 옹호하는 인물로 추앙받았다. 그는 향후 총재 정부가 무너지고 설립된 통령 정부에서 세 명의 통령 중 한 명이 된다. 온화하고 합리적인 인물로 보였던 그는 새로운 헌법을 제정하기 위해 동료 총재들에게 영향력을 행사할 수 있는 장군 ('무력') 한 명을 물색 중이었다. 그는 금방 나폴레옹을 알아보았다. 다른 많은 장군들이 해외로 망명을 가버렸거나, 공포정치 시대에 단두대의 이슬로 사라졌거나, 아니면 신임을 잃었기 때문에 선택 폭이 그리 넓지 않기도 했다. 의회에서는 총재 정부를 포기하고 공안위원회를 부활시키라는 압력이 있었지만, 원로원과 500인회는 총재 정부를 유지해 나갔다. 나폴레옹의 유명세 덕분에 500인회의 대표가 된 동생 뤼시앵은 보나파르트 가문의 지지 세력을 조직했다. 전 장관인 샤를 모리스 드 탈레랑 페리고르Charles Maurice de Talleyrand-Périgord(공직에서 물러난 뒤 자신의 운을 시험하며 변화를 모색하고 있었다), 전 주교, 저명한 기자 뢰데레 등을 포함하여 나폴레옹의 지지자들은 곧 정치계에서 세력을 떨치기 시작했다.

나폴레옹은 시에예스와 함께 일을 도모해야 한다는 사실을 알았으나 어떤 당파에도 합류하고 싶지 않았고 다른 이의 도구로 이용되고 싶지도 않았다. 정형화되기를 거부했던 점은 그의 장점 중 하나였다. 그는 항상 선택의 폭을 넓혀놓으려고 노력했다. 다른 이들 대부분이 어느 한쪽 편에 서서 편 가르기를 하는 동안 그는 기꺼이 자신만의 길을 갈 의지가 있었다. 속국 출신으로서 프랑스에서 인정받기 위해 몸부림쳤지만 그는 가족과 군사 동지들을 제외하고는 자연스럽게 생긴 협력자가 없었다. 따라서 처음에는 한 사람의 권력이 너무 커지지 않게 경계하도록 최소 세 명의 통령을 임명하는 안에 동의했다. 그러나 모든 군사력을 통제하고 싶었던 시에예스는 누가 말이 되고 누가 기수騎手가 될지에 대해서 의문을 품기 시작했다.

시에예스, 뒤코와 협력을 하는 동안 나폴레옹은 대중들의 지지를 얻기 위해 자신의 카리스마, 정치적 교착 상태, 그리고 적극적인 선전 활동을 이용했다. 시에예스는 온건한 성품으로 총재 정부에서 널리 환영받는 의원이었고 뒤코는 적극적인 지지자였다. 그들은 함께 쿠데타를 일으킬 날을 정했다. 의회가 생클루에서 의원들을 경호하도록 나폴레옹을 임명한 것이 시기 결정에 영향을 미쳤다. 이 예비 통령들은 나폴레옹이 먼저 쿠데타를 일으킨 뒤 도움이 필요하면 시에예스와 뒤코가 새 헌법이 될 그들의 계획안을 가지고 그곳으로 지원을 가기로 의견을 모았다.

한편 이전 몇 주 동안 나폴레옹은 언론을 통해 총재들이 사리만 도모하고, 소극적이며, 헌법에 위배되는 행동을 한다며 비방 활동을 펼쳤다. 뢰데레는 파리 전역에 벽보를 게재해 여론을 자극했다. 나폴레옹은 운이 좋았다. 그가 도착했을 무렵, 파리 시민들은 이런 불안정한 상황에서 누군가 새로운 헌법을 들고 나타나 주도권을 잡아주기를 간절히 바라고 있었다. 그러나 조제핀이 모든 당파 출신의 정치인들에게 연락해 꼬리에 꼬리를 무는 회의를 주최할 수 있도록 도와주고 그녀의 오랜 연줄을 통해 많은 정치 엘리트들에게 부탁을 해주었음에도 불구하고, 그의 쿠데타 준비는 전투 준비와는 다르게 성급하고 모호하고 조직적이지 못했다. 시에예스와 나폴레옹을 비롯한 주요 인물들은 각각 다른 사람들과 공유하지 않은 숨은 의도가 있었다. 모두가 다른 사람의 행동을 이중으로 의심하고 있었다. 나폴레옹에게 프랑스 정치권에서 세력을 지닌다는 것은 다른 정치인들과 협력하여 일하는 것을 의미했는데, 이것은 그가 잘하는 일이 아니었다. 코르시카인으로서 프랑스에서 그를 후견하는 세력은 여전히 제한적이었다. 작고 가난한 식민지 출신인 나폴레옹의 능력은 군대의 확실한 위계질서 속에서 빛을 발했다.

총재 정부는 의회를 생클루로 이동시키면서 그곳에서 의원들은 맡은 업무를 잘 실행하고, 경호 역할을 맡은 나폴레옹은 그들의 안전을 책임지는 계획에 동의했다. 일부 의원들은 파리의 성난 군중들에게 공포감을 느꼈고, 다른 이들은 그보다 이 야심만만한 장군이 지휘하는 군사 호위 속에 완전히 갇히게 되지는 않을지 더 걱정했는데, 이 걱정은 현실이 되었다. 언제나처럼 나폴레옹은 자신에게 주어진 것보다 더 많은 권력을 추구했다.

아무와도 상의하지 않은 채, 장군 제복을 갖추어 입은 나폴레옹이 느닷없이 부하 장교들과 병사들을 거느리고 생클루에서 진행 중이던 원로원의 회의에 나타났다. 전투에서처럼 그는 청중들에게 장광설을 늘어놓기 시작했다. 그러나 이번에 청중들은 병사들이 아니라 정부의 원로의원들이었다. 길고 지루한 연설을 하는 동안 그는 몇 번이나 요점을 잃고 총재 정부의 무능함에 대해 불만을 토로하거나 "내 공으로 영토를 점령했고 이제 우리 국경을 침범하는 적들도 없어졌습니다"(마크햄, 1963:75)라는 말을 반복하며 계속해서 자신의 군사적 성과를 과시했다.

나폴레옹의 의도는 시에예스로부터 주도권을 가로채고 그보다 먼저 의회 앞에 서는 것이었으나, 흥분하여 회의실을 침범한 이 말 많은 젊은 군인과 그의 병사들에게 원로의원들은 별다른 인상을 받지 못했다. '저 작자가 여기서 대체 뭐하고 있는 거지?'라는 생각만 들 뿐이었다. 원로들에게 나폴레옹은 그저 자신들의 신변 보호를 맡은 군인일 뿐이었다. 원로들은 자신들의 현재 임무가 새 총재들을 선출하는 것이지 헌법을 개정하는 일이 아니라고 생각했기에 나폴레옹이 회의실로 성큼성큼 걸어 들어와 그들의 생각보다 훨씬 더 급진적인 변화를 요구하는 연설을 시작하자 적대감을 느꼈다. 정치가들을 다루는 경험이 부족했던 나폴레옹은 이들의 마음을 얻을 수 없었다. 목격자들의 증언에 따르면, 원로들은 어떤 정치인을 기다리고 있었는데 뜬금없이 적대적인 군인 한 명이 나타났고, 그의 주장에 넌더리가 난 원로들은 그를 회의실 밖으로 내쫓았다.

생클루 회의는 험악한 분위기 속에서 계속되었고 의원들이 왔다 갔다 하며 개입하느라 지연되었다. 이제 원로원의 회의실 밖에서 기다리던 나폴레옹의 인내심이 한계에 다다랐다. 전장에서 빠른 속도로 단호하게 전투를 벌이며 병사들에게 명령을 내리는 일에 익숙하던 그에게 현재 일어나고 있는 상황은 익숙지 않았다. 그는 500인 의회 앞에 나타나 이 문제를 매듭지으려 했으나, 다시 한 번 잘못된 방식으로 접근했다. 의원들을 성공적으로 설득해본 적이 없음에도 불구하고 그는 혼자 회의실로 들어가 자신의 언변으로 그들을 설득할 수 있으리라고 착각했다.

나폴레옹이 500인 의회의 회의실에 성큼성큼 걸어 들어가자 의원들은 격노하여 그를 둘러싸고 전제 군주의 꿈을 품은 그의 야망을 비난하며 맹공격했다. 나폴레옹은 자신의 호위대에 의해 구출되어 회의실에서 쫓겨났다. 그 의회의 의장이었던 나폴레옹의 동생 뤼시앵도 그 자리에 있었는데, 나폴레옹을 공격했던 의원들을 (그중 일부가 단검으로 무장하고 있었다는 사실을 지적하면서) "영국에 매수되어 프랑스의 가장 유명한 장군을 공격하라는 지시를 받았다"라고 비난하며 전략적으로 영리한 조치를 취했다. 당시에 적국에 고용된 첩자들이 파리와 파리 근교에 많이 있었다는 사실은 잘 알려져 있었으므로 이 말은 꽤 그럴 듯하게 들렸다.

어쨌든 나폴레옹을 회의실 밖으로 내동댕이친 후 500인 의회는 그가 왕처럼 행동한다며 계속해서 그를 제거하는 의견에 대해 논의했다. 그 상황을 분산시키고 시간을 벌기 위해 뤼시앵은 항의의 의미로 의장 배지를 떼었다. 그렇게 해서 공식적으로 형을 추방시킬 투표를 지연시킬 수 있었다. 만약 이때 나폴레옹이 추방당했다면 그는 권력을 장악할 기회를 아주 잃어버렸을지도 모른다. 뤼시앵은 기회를 잡을 시간이 점점 줄어드는 것을 느끼며 형에게 행동할 수 있는 시간이 단 10분밖에 없다는 전갈을 보냈다. 그러자 피투성이에 헝클어진 모습을 한 나폴레옹이 다시 나타났고, 곧 이어 암살시도가 있었다는 소문이 빠르게 퍼져나갔다. 그러자 호위군이 회의실로 달려왔다. 당시 나폴레옹의 직속 지휘 아래 있지 않았던 군인들은 순간 어느 쪽에 복종해야 할지 몰라 망설였는데, 결국은 장군을 따라 500인 의회를 향해 총검을 휘둘렀다. 의원들 대부분은 도망쳤다. 여전히 회의 중이던 원로원 의원들은 비상사태를 인지하고 나폴레옹을 포함하여 세 명의 통령을 임명하는 데 합의했다.

뤼시앵은 얼마 남지 않은 500인 의회의 의원들로부터 새 헌법을 승인받았고, 11월 9일 늦은 밤 '브뤼메르 쿠데타'라 불리는 사태가 종결되었다. 총재 정부와 의회의 종말이 선언되었고 유혈 사태 없이 세 명의 통령이 임명되었다.

자신에게 유리한 쪽으로 합법적인 정권 변화를 꾀하던 나폴레옹의 원래 계획은 그의 예상대로 실행되지는 않았지만, 결국 대범하게 회의실에 돌진하여 즉흥적으로 벌인 행동들이 바랐던 결과를 가져다주었다. 대중들은 그가 어쩔 수 없이 군사력을 사용했지만 그리 많이 사용하지는 않았으며, 이제 통령 한 사람으로서 공식적으로 새 헌법을 쓰는 데 기여할 수 있게 되었다고 인식했다. 그 이후 그는 저명한 언론들에 접근하여 빠르게 더 많은 권력을 장악해나갔다. 그와 비교하여 다른 통령들은 우유부단한 모습을 보이거나 아니면 단순히 자신들의 종속적인 권력을 인정하면서 뒷자리에 머물렀다.

그다음 나폴레옹은 파리에서 출판될 성명을 발표했다. 그는 주도면밀하게 뤼시앵의 역할을 무시하고 동생의 기여를 인정하지 않았으며, 파리 주둔군을 끌어들이지 않았으므로 이것은 군사 쿠데타가 아니라는 점을 강조했다. 그러나 정치인들은 격한 반감을 드러냈다. 그는 의회의 회의장에 비효율적이고 무분별한 모습으로 나타나 정부와 의회를 혐오하고 불신하는 입장을 명백히 드러냈다. 그 결과 그의 지위는 여전히 위태로웠다. 그러나 여론이 총재 정부에 반대하는 쪽으로 급격히 기울었고 그의 군사적 명성이 높았기 때문에 그는 대중들의 지지를 받을 수 있었다. 이렇게 하여 그는 튼튼한 세력 기반을 갖추었고 이를 기반으로 다른 수단들을 보강해 나가며 더 많은 권력을 축적할 수 있었다.

지성적인 사회명사 스탈 부인Madame de Stael을 비롯해 당시 목격자들은 브뤼메르 쿠데타를 나폴레옹 독재 정부의 시작으로 보았다.

이 시점에서 그는 모든 일을 자신이 통제하기로 결심했다. 그는 토론과 반대를 거부했고 국법에 무신경한 태도를 취했다. 스탈 부인은 처음에는 로디 전투와 아르콜레 전투의 영웅이자 이집트 군사 모험가인 이 영웅에 대해 열성을 보였지만 나중에는 실망하고 적대적인 감정까지 품게 되었다. 한때는 나폴레옹을 지적이고 낭만적인 청년이라 생각했었지만, 이제는 과대망상적인 야망가라는 생각만 들 뿐이었다. 1799년에 민간 정부를 세운다는 혁명 이상이 막을 내렸다고 보는 이는 그녀뿐만이 아니었다.

반대로 이 시기를 '영광과 위대함'으로 상징되는 프랑스의 찬란한 시대로 보는 이들도 있었다. 이들의 시각에서 브뤼메르 쿠데타는 혼돈에 빠진 정부를 구하는 데 필수적이고 효과적인 방법이었다. 총재 정부는 결단력이 없고 무능했으며, 이미 대부분의 혁명 이상은 사라진 상태였고, 모든 유럽 국가들의 군대가 프랑스의 국경을 따라 배치되어 있었다. 나폴레옹은 왕당파와 자코뱅파 모두에 해당되지 않는 인물로 보였고(실제로 그는 어느 파에도 속하지 않았다), 여론은 광범위하게 그의 노력을 지지했다. 십여 년간 격변기를 겪은 후 대부분의 사람들은 안정을 갈망하고 있었는데, 나폴레옹은 힘을 기반으로 하는 질서와 통합과 평화를 상징했다. 역설적이게도 많은 사람들은 브뤼메르 쿠데타를 혁명에 반하는 사건이 아니라 혁명을 구한 사건으로 생각했다. 하지만 나폴레옹은 자신의 지위를 강화하기 위해 계속해서 무언가 위급한 상황이 필요했고, 이로 인해 프랑스는 이제부터 장기간 동안 거의 끊임없이 전쟁에 휘말리게 될 터였다.

나폴레옹은 헌법을 자신의 의지대로 쉽고 자유롭게 변경할 수 있는 것으로 여겼다. 그의 정권은 군국주의, 자유 억압, 중앙집권화, 민중 선동에 기반을 두게 된다. 정부를 비판하는 자는 영국에 매수되었다고 편리하게 비난하면 그만이었다. 이런 까닭으로 극심한 반대자가 나올 수 없었다. 점점 더 프랑스 국민들은 브뤼메르 쿠데타 이후보다 부르봉 왕가의 통치나 앙시앵레짐 시대에 오히려 더 많은 자유를 누렸었다고 생각하게 되었다.

리더십과 권력에 대한 생각

- 나폴레옹의 야심은 브뤼메르 쿠데타를 준비하는 과정부터 커지기 시작해 쿠데타 이후에 절정에 달했다.

- 비록 군사적 지배였긴 하지만 그는 한 나라를 통치하는 맛을 보았다. 그는 혁신적인 다원화된 사회를 경험해본 적이 없었기에 그러한 사회에 대한 열정도 없었다.

- 그는 결정적인 순간에 모든 위험을 무릅쓸 준비가 되어 있었다. 또한 선두에

서 병사들을 이끌며 자리를 지켰고 그 순간을 위해 끊임없이 노력했다.

- 그는 정치적 책략에 부인과 가족들을 총동원했다. 사랑에 집착하긴 했어도 결코 가족이나 그 어느 누구를 위해서도 자신의 야망을 포기하지 않았다.

- 애정과 헌신을 표하며 조제핀에게 열정적인 편지들을 수도 없이 보냈었지만, 결국 그는 자신이 상상해왔던 안정된 가정을 이루지 못했다.

- 조제핀의 불륜으로 큰 상처를 입어 그 또한 맞바람을 피우며 앙갚음을 했지만, 정치적인 방편으로 재혼하기 전까지 그는 다시 결혼할 생각이 없었다. 그는 평등한 동반자 관계를 바라지 않았으며, 섹스는 점점 또 다른 형태의 지배 방식이 되어갔다.

- 종합적으로 그는 점점 더 냉담하고 비정해졌으며 일중독이 되어 갔고, 이로 인해 더욱 야망이 커져 갔다.

나폴레옹은 권력을 소유할 수는 있지만 비축해둘 수는 없다는 사실을 알았다. 권력은 계속해서 발휘되어야 했다. 앙시앵레짐 시대의 군주들은 확고하게 자리 잡은 왕좌에 앉아 있었고 그들의 힘은 교회와 관습에 의해 정당화되었다. 그러나 군사력으로 권좌에 오른 장군에게 권력은 실질적인 힘이어야지 잠재적인 힘이어서는 안 되며 군인, 시민, 전체 국민들처럼 권력의 구성요소가 되는 사람들의 수로 평가되어야 했다. 권력은 수단이자 목적이며, 권력이 더 많은 권력을 부르듯 항상 스스로를 대변한다.

분명 당시 나폴레옹이 쿠데타를 일으켜 권력을 장악하게 된 동기에는 네 가지 요소가 영향을 미쳤을 것이다.

첫째, 해외 원정에서 귀환한 나폴레옹은 프랑스의 혼돈 상태에 큰 충격을 받았다. 도저히 견디기 어려운 상황에서 그는 뭐라도 하고자 했다. 1799년 초, 경제는 위태로웠다. 상인들과 투자자들이 프랑스를 떠났다(이들은 상대적으로 평화롭고 안정된 통령 정부 때에야 되돌아왔다). 망명길에 오른 귀족들은 수많은 하인들을 생계 수단 없이 무일푼 상태로 남겨두고 떠났다. 교역은 사라지고 무법행위와 강도질이 급증했다. 심지어 이집트에서 프랑스 전역을 걸쳐 파리로 돌아오는 길에 군인들의 경호 속에서도 나폴레옹의 짐이 도둑을 맞았다. 많은 사람들이 군주제에 대한 향수를 지니고 그 시절을 그리워하고 있었다. 프랑스를 민주적이고 헌법에 입각한 국가로 만들고자 수립되었던 일련의 정부 중 가장 최근에 수립된 정부인 총재 정부는 불신을 받고 있었다. 많은 이들이 계속되는 혼돈 상태에서 고통 받고 있었다. 절망한 나폴레옹은 이를 타개하기 위해 무엇인가 해야겠다는 결심을 했다.

둘째, 나폴레옹은 정치적으로 왕성한 활동을 펼치기 시작했고, 총재 정부의 의원으로 임명되기를 바랐다. 보나파르트 장군의 힘이 통제할 수 없을 정도로 커지는 상황을 두려워했던 반대파들은 나폴레옹을 배제하기 위해서 마흔 살 이상만 정치를 할 수 있다는 연령 기준을 적용했다. 그러나 나폴레옹은 동양에서 (이집트와 그 주변 지역은 당시 이미 알려져 있었음) 귀환하여 프랑스 전역을 돌며 파리로 돌아올 때 영웅 대접을 받았고, 그는 성공한 장군, 위대한 군사 지도자, 조약 수립자, 식민지 통치자로서 넘치는 카리스마를 보여주었다. 그는 프랑스의 '영광'을 상징하기 시작했다. 그 후 나폴레옹은 여론을 자기편으로 만들 수 있다고 확신했다. 하지만 아직 이 혼돈 상황을 끝내고 그의 바람대로 헌법을 대폭 수정하고 자신이 옹호하는 혁명 이상들을 고취시킬 수 있을 만큼 정치적 권한이 충분한 위치는 아니었다.

셋째, 나폴레옹은 통치하기를 원했다. 그는 이집트 통치 경험에서 자신감을 얻었으며, 자신이 적용할 수 있을 만한 과학적이고 문화적인 개혁 요소들을 발견했다. 전체적으로 군사적인 결과는 조금 미심쩍었지만 그는 국가 범주로 전제적인 통치를 하는 기쁨을 알게 되었다. 사실 그는 소아시아에서 인도까지 지배 범위를 넓히며 자신을 또 다른 알렉산더 대왕이라고 상상했다. 그는 점점 자신을 정치가로 보기 시작했다. 한 국가의 왕으로서 모든 면에서 헌신을 다하며 이집트를 통치했다거나 오랜 기간 지속적으로 통치한 것은 아니었지만 그는 권력을 즐겼고 확실히 그 맛을 알게 되었다.

넷째, 나폴레옹의 개인적인 삶이 정치적인 야망에 영향을 미쳤을 것이다. 결혼 생활 5년이 지나자 조제핀에 대한 환상이 깨졌고, 잇따른 전투로 집을 비우면서 그의 삶에서 흥분과 쾌감은 정치판이나 전투에서 리더로서 발휘하는 자신의 능력에서 비롯

되었다. 의붓아들과 의붓딸에게는 관대한 후견인이었지만 여전히 본인 소생이 없었다. 나폴레옹과 조제핀이 과거를 뒤로하고 서로에게 헌신적으로 다시 새 삶을 시작하기로 결심했어도 상황은 더 이상 이전과 같지 않았다. 『클리송과 외제니Clisson et Eugenie』 같은 연애 소설을 쓰던 낭만적인 젊은 나폴레옹은 영원히 사라졌다.

이렇게 하여 나폴레옹은 언제나 기회를 노리고 있었고, 기회가 오면 단호히 거머쥘 방편과 야망도 있었다. 제1통령이 되자 반대자들을 압도하는 움직임은 거의 피할 수 없어졌다. 그는 현재 우리가 말하는 '일과 삶의 균형'라는 생각을 결코 하지 못했다. 사적인 생활에서 그는 낭만적인 사랑에 광적으로 집착하거나 아니면 자신의 실망스러운 연애 경험과 깨져버린 환상을 채우기 위해 일에만 몰두했다. 조제핀의 부정을 의심하고 그녀가 자신에게 사랑과 지지를 베풀 의사가 없다는 사실을 깨닫자 전체적인 인간관계에서 그의 태도가 바뀌었다. 그는 점점 더 냉정하고 비정해졌고 일중독이 되었다. 상호 존중하는 결혼 생활을 꾸리는 데 실패한 점이 타인과의 권력 공유를 용납할 수 없는 성향으로 이끌었을 것이다. 개인적인 삶에서 부족한 부분을 보충하기 위해 일에 몰두하는 것은 흔한 일이며, 당시 나폴레옹의 정력과 야망으로는 아무것도 그를 멈출 수 없었다. 자신의 상황에 보다 만족하며 사는 사람은 상대적으로 야망이 적다. 나폴레옹은 흥분감을 즐겼을지는 모르지만, 자신의 상황에서 만족감은 거의 느끼지 못했을 것이다.

부와 권력을 축적해가면서 나폴레옹은 휴식을 취한다거나 오늘날 우리가 지나친 일중독이 되지 않기 위해서 하는 어떠한 노력도 하지 않았다. 일과 삶의 조화를 이루려 시도하다가는 이도 저도 못되어 아무런 성과도 내지 못하는 경우가 많으며, 엄청난 성공은 모든 열정을 쏟아붓고 집착해야만 얻을 수 있는 경우가 많다.

쿠데타나 정변이라는 개념은 안정된 정부라는 발상과 역설적인 관계를 이룬다. 본질적으로 위헌이며 따라서 불법 행동이지만 쿠데타는 종종 안정을 확립하는 한 가지 방편으로 정당화된다. 그것은 다른 당에 맞서 항상 어느 한 당의 이익을 위해 권력을 잡는 일이다. 그러므로 자연적으로 반反다원적이다. 이 쿠데타 후에 나폴레옹은 본인과 똑같이 반란을 시도하려는 이들에 맞서 방어 체계를 강화했다. 그다음 15년간은 그렇게 위험하게 권력을 잡아야 할 일이 없었다. 그러나 1815년 또 한 번 반란을 일으켜야 할 때가 오자 그는 주저 없이 실행에 나섰다.

쿠데타는 권력을 장악하기 위해서 단호하고 폭력적인 모습으로 갑자기 일어날 수도 있고, 아니면 과거에 일부 독재자들이나 많은 정부들이 했던 방식대로 천천히 힘을 축적해나가 거의 아무도 알아채지 못하는 상태에서 점진적으로 나타나는 경우도 있다.

어떤 경우에는 권력자들은 모두 제거하되 정부의 근본적인 구조와 제도는 유지하지만, 또 다른 경우에는 권력자들을 비롯해 기존의 모든 권력 수단들을 제거하고 새로운 것으로 대체한다.

쿠데타나 반란은 대규모로 일어나는 폭동으로 생각할 수 있다. 기존의 제도나 절차에 급진적인 개혁이 수반되면 견딜 수 없을 정도로 불안해지지만, 그 결과로 평화와 안정이 찾아온다는 믿음이 있다면 허용할 수 있기도 하다. 예나 지금이나 정권을 바꾸는 과정에서 안정적이고 평화로운 절차를 따르지 못하는 국가들이 많이 있다. 민주적인 선거나 일당 독재 체제나 왕위 상속이라는 규범들이 만국 공통적인 제도는 아니다. 이러한 제도가 없는 국가들에서는 잇따른 세력 다툼의 결과로 정권이 결정되는데, 이러한 세력 다툼에서 집권자는 바뀌어도 제도나 엘리트층은 보통 동일하게 유지된다.

상속은 쿠데타로 수립된 정권이 지니는 근본적인 문제 중 하나이다. 나폴레옹의 합법성은 항상 전투 승리에 의존했다. 혁명 프랑스는 늘 공격 대상이었던 까닭에 그는 대부분 무장 상태를 유지하고 연이어 승리를 거듭하며 권력을 유지했다. 승계 절차가 설립되어 있지 않아서 언제나 반反쿠데타가 일어날 가능성이 농후했다. 프랑스 여론도 나폴레옹 자신도 논란거리인 총재 정부나 무능한 그전 정부들의 귀환을 바라지 않았으며, 따라서 후계자를 정하는 일에 점점 더 집착하게 되었다.

쿠데타의 심각한 문제점 한 가지는 한 국가나 조직의 지속성에 영향을 미친다는 점이다. 쿠데타는 현 정부의 지도층이 헌신하던 임무를 뒤이은 정부의 지도층이 계승하여 완수하려는 의지나 능력을 없애버리곤 한다. 한 정부가 잔뜩 쌓아놓은 부채를 다음 정부가 간과하거나 무시해버리기도 하는데, 이는 국제적인 교역과 다자간 국제관계를 심각하게 손상시킨다.

1799년 브뤼메르 쿠데타가 벌어진 상황은 당시에는 굉장히 이례적인 상황이었지만 혼란 상태에 빠진 정부, 합법성이 불확실한 통치자들, 빈번히 발생하는 내전 등 당시의 모든 정황이 지금은 너무나 익숙하다. 정치 조직이 난관에 봉착해 제 기능을 못하자 군대가 개입하는 상황 말이다. 나폴레옹이 정권 탈취를 위해 계책을 부리긴 했지만 그것은 면밀하게 계획된 작전이 아니었다. 오히려 분명하게 예상할 수 있는 결과가 아무것도 없고 결과가 예상과 완전히 다른 방향으로 나타날 수도 있었던 아주 제멋대로이고 기회주의적인 행동이었다. 즉흥적인 행동으로 아슬아슬하고 위험천만한 상황까지 야기했지만 나폴레옹에게 기막힌 행운이 따라주면서 바랐던 결과를 낼 수 있었다.

리더십과 권력에 대한 질문

당신은 과도한 열정과 집착을 어떻게 해결하는가? 커지는 야망을 어떻게 다룰 수 있는가? 당신에게 일과 삶의 균형을 이루는 것이 중요한가? 만약 당신이 무언가에 큰 실망을 한다면 당신은 일중독이 되어 그것을 상쇄할 만큼 더 많은 권력을 추구하려 할 것 같은가?

- 당신의 마음속에서 야망이 커지는 것을 처음 인지한 때는 언제였는가? 야망이 커지게 된 계기는 무엇이었는가? 어떤 한 사건이 원인이 되었는가?

- 직장에서나 아니면 어떤 다른 상황에서 권력 장악, 쿠데타, 반란을 일으켜 본 적이 있는가? 당신은 그런 일을 벌이는 사람들을 존경하는가, 아니면 그런 행동을 끔찍한 것으로 여기는가?

- 일과 삶의 균형을 이루기 위해 노력해 보았는가? 당신이 추구하는 궁극적인 삶의 방식은 무엇인가? 그러한 삶을 향해 가고 있는가?

- 당신은 자신의 삶에서 실망스러운 부분들을 가리기 위해 더욱 일에 몰두하는가?

- 당신이 바라는 만큼 사랑과 지지를 받고 있는가? 아니면 인간관계에 냉소적인 편인가?

- 당신은 더 많은 권력을 장악하기 위해 위험을 무릅쓸 만큼 야심이 큰가, 아니면 상당히 느긋한 편인가?

PART
05

모략

교황과의 종교협약(1801년)

: 동맹국들과 적국들을 서로 대적하게 만들어 득을 보면서 유럽 전역에서 승리 쟁취

나폴레옹의 특별한 재능 한 가지는 잠재적인 적들에게 서로 싸움을 붙이는 것이다.

캄포포르미오 조약에서 어느 오스트리아 관찰자, 1797년

나폴레옹은 항상 자신이 여전히 혁명의 목표를 지지하며 프랑스를 방어하고 있다고 주장했다. 그러면서 "전쟁을 벌이는 이유는 도덕적인 명분이 4분의 3을 차지한다. 따라서 실질적인 힘의 균형은 겨우 나머지 4분의 1에 불과하다"라고 말했다.

나폴레옹, 1808년 8월 27일

타인의 목숨을 대수롭지 않게 여겼던 나폴레옹은 자신의 야망을 성취하기 위해서라면 결코 다른 사람의 목숨을 희생시키는 데 주저하지 않았다.

드와이어, 2007년, 516쪽

사람들에게는 종교가 있어야 한다.

나폴레옹, 1801년

새로운 게임을 시작하고 있었고 나폴레옹은 반드시 이겨야 했다. "나는 교황 성하를 존경합니다. 굉장히 사려 깊은 분이시지요.… 그리고 교황님과 합의에 이르기를 바랍니다. 그렇지만 당신이 로

마에서 제안했던 사항들은 받아들일 수 없습니다. 당신에게 또 다른 합의안이 전달될 것입니다. 절대적으로 중요한 문제이니 닷새 안에 서명을 하십시오.… 그렇지 않으면 모든 관계를 끊고 나는 다른 종교를 국교로 채택할 것입니다. 내게 이 일은 아주 쉬운 일이라는 점을 명심하십시오."

나폴레옹이 콩살비Consalvi 추기경에게, 1801년 7월

영국의 돈을 받고 있는 망명 주교 50여 명이 현재 프랑스 성직자들의 지도자다. 그들의 영향력을 파괴해야 하며, 그러기 위해서 나는 반드시 교황과 동등한 권한을 지녀야 한다.

나폴레옹, 1801년

우리는 교황을 존경해야 한다. 그에게 20만 명의 병사가 있는 것처럼 그를 대우해야 한다.

나폴레옹, 1801년

세 명의 통령들이 좋은 자리를 차지하려고 다투면서 방조와 모략을 통해 권력을 행사하는 것이 브뤼메르 쿠데타 이후 통령 정부의 특징이었다. 이것은 나폴레옹이 1802년에 종신 통령으로 선출되며 막강한 권력을 획득하고 이후 1804년에 프랑스의 황제가 되어 모든 권력을 장악할 때까지 계속되었다. 이번 장의 주제

인 프랑스 정부와 가톨릭 교회와의 관계는 특별한 논의 분야로, 이 종교협약은 여러 가지 모순과 타협을 특징으로 한다. 교황의 권한과 세속 권력 간의 조약을 의미하는 일반 용어 '콩코르다 concordat'는 교황 비오 7세Pius PP VII와 나폴레옹이 1801년 7월에 맺은 종교협약을 의미한다.

혁명 초창기에 교회의 토지들은 국유화되었고 교회는 '이성의 성전'으로 전환되었다. 어떻게 한 국가가 교황의 권한을 약화시키면서도 가장 대중적인 국민들의 종교에 반대 입장을 취하지 않는 것처럼 보일 수 있었을까? 점점 더 독재적인 지도자가 되어가면서 나폴레옹은 자신의 영토에서 또 다른 누군가가 위세를 떨치는 것을 참을 수 없었지만, 종교로부터 국민들이 얻는 위안도 빼앗을 수 없었다. 나폴레옹의 지지 아래 다시 교회를 열고 일요일 미사를 시작하기로 한 결정은 큰 인기를 끌었다. 어떻게 혁명 후 프랑스는 대부분 독실한 로마 가톨릭 교도인 프랑스 국민들의 마음속에 교황이 거하기를 바라면서, 한편으로는 교황에게 새로운 프랑스의 종교 정책을 납득시키고 교회의 토지를 포기하도록 설득할 수 있었을까?

가톨릭 교회의 세력을 약화시키는 것은 혁명의 주요 개혁 중 하나였다. 그 목적으로 국가는 교회 소유의 방대한 토지들을 국유화하여 팔아버렸는데, 토지를 산 새 소유자들은 교회의 소유권이 다시 회복될까 봐 그 토지에 투자하기를 주저하고 있었다.

나폴레옹은 공식적으로 프랑스 국민 대다수의 종교로 가톨릭교를 인정했으나(이는 교황을 기쁘게 했다), 예배의 자유라는 발상을 지지했다(이는 그렇지 않았다).

여기에는 모순이 많이 있었다. 혁명의 목적과 날로 커지고 있는 나폴레옹의 권력 모두 교황의 권한에 반대하는 요인이었다. 엄격한 가톨릭 환경에서 성장한 나폴레옹은 확실히 교황의 권한에 거부감을 보였다. 그는 코르시카, 이탈리아, 이집트에서 종교 갈등의 위험성을 알게 되었고, 가톨릭교의 부정적인 영향을 받아 자신이 보아온 종교에 대해 비관적이었다. 이탈리아 원정 후 나폴레옹은 다른 분쟁국들과 그랬듯 로마와도 평화조약을 체결하고 싶어 했다. 교황은 오스트리아군이 승리하기를 바라며 평화조약을 거절했지만, 1797년 2월에는 어쩔 수 없이 합의를 체결할 준비를 했다. 교황은 볼로냐, 페라라, 로마냐를 양도했으며 상당히 거액의 배상금도 지불해야 했다. 나폴레옹은 로마로 들어가서 당장이라도 교황을 폐위시키고 싶었지만 국내의 친가톨릭 세력이 염려스러웠고 또 그것은 차마 너무 하는 처사라고 생각했다.

사실 나폴레옹은 종교협약이 필수적이지 않기를 바랐다. 그는 막대한 영토 손실과 무거운 세금 납부로 교황의 세력이 무너져서 자신이 이 곤란한 입장에서 벗어날 수 있지 않을까 하는 희망을 품고 있었다. 순진하게도 나폴레옹은 당시 초고령이던 교황이 서거하면 가톨릭교의 지배가 끝나고 더 이상 교황이 나오지 않을 줄 알았다. 하지만 그는 공식적으로 프랑스 공화국이 로마와 진정한 친구가 되기를 희망한다고 발표해야 했다. 그리고 자신의 세력을 이탈리아, 스페인, 가톨릭 사회 전반으로 확장하려는 소망을 마음속에 숨겨두어야 했다.

반종교적인 감정을 지녔음에도 불구하고 나폴레옹은 대중들의 지지를 얻는 데 종교가 큰 역할을 한다는 사실을 알고 있었다. 혁명 초기에 달력에서 일요일을 지워버린 결정은 확실히 인기가 없었다. 이미 살펴본 대로 혁명력에서 모든 달에는 새 명칭이 주어졌고, 연도는 더 이상 그리스도의 탄생을 기준으로 계산되지 않았다. 이로 인해 많은 이들이 분노했다. 나폴레옹은 혁명을 지지하는 인물로 보여야 했지만, 사회의 질서를 확립하는 데 큰 기여를 하는 종교의 가치 역시 잘 알고 있었다. 그는 프랑스 국민 대부분이 여전히 신앙을 따르고 싶어 한다는 사실도 알고 있었다. 따라서 이러한 모순적인 부분들을 해결하기 위해 교황과 합의를 봐야 했다. 그는 혁명가들이 1789년부터 1790년까지 닫았던 교회를 다시 열 준비를 했다. 그러나 이것만으로는 충분하지 않았다.

나폴레옹은 혁명이 명확한 종교 정책을 확립하지 못했다고 생각했다. 혁명 후 프랑스 정부는 교회의 문을 닫았고 1789년 교회의 토지를 국유화했으며, 주교들과 다른 성직자들은 이제 국가의 고용직이 되었고 선출되어야 했다(즉 더 이상 교황이 임명하지 않았다). 로베스피에르의 몰락 이후, 프랑스 정부의 공식적인 정책은 국가와 종교의 철저한 분리로 다른 종교에 대한 관용을 선언했다. 그러나 여전히 매우 복잡하고 불확실한 상황이었다.

1799년 총재 정부는 사제 9천 명 이상을 프랑스에서 강제 추방했고, 성직자들의 부패가 심하다고 주장하며 교회를 탄압했다. 그러나 독실한 성직자들은 교회가 국가에 굴종하는 것에 반대했다.

나폴레옹은 로마와의 거래, 종교협약의 정치적 이점을 알았다. 이렇게 하여 그는 가톨릭교와 왕정주의를 분리시킬 수 있었으며, 또한 이전에 교회 사유지였던 토지를 매입한 자들에게 새로 획득한 토지를 잃을 일은 없다고 안심시킬 수도 있었다. 그리고 잠재적 경쟁자와 국내 세력들을 견제하며 이탈리아, 벨기에 등 가톨릭 국가들에게 프랑스의 영향력을 한층 더 강화할 수 있었다. 바르샤바 같은 가톨릭 지역에서 나폴레옹에 대한 지지도는 종교협약으로 손상되지 않았다. 그리고 계속해서 교회를 공격하기 위한 구실 중 하나로 사용한 방법은 아주 교묘하게 교황 비오 7세가 신임을 잃은 왕정주의자이며 자코뱅파라고 비난하는 것이었다. 또한 그는 종교협약으로 프랑스의 시골지역에서도 자신의 권력을 지킬 수 있었다.

1801년 7월 길고 힘겨웠던 협상 끝에 마침내 합의에 도달했는데, 협상에서 다음의 네 가지 사항이 특히 눈에 띄었다.

첫째, 종교협약은 가톨릭교를 프랑스 국민 다수의 종교로 인정했다. 하지만 교황의 바람대로 '국교'라든가 '제1종교'라는 용어는 사용하지 않았다. 둘째, 대중들의 미사는 허용되었지만 오직 엄격한 경찰 규정에 따라서만 허용되었다. 셋째, 가장 논쟁이 심했던 부분으로 기존의 모든 주교들은 사임해야 하며 새로운 주교들이 임명될 것이었다. 새로운 임명 방식은 제1통령이 주교들을 지명하면 그 후 교황이 종교적인 승인 절차를 시작하는 것이었다. 이렇게 교황이 아니라 황제가 주교를 지명하는 것은 프랑스 정부가 주교들의 봉급을 지불한다는 발상에 기초했다. 그러나 교황은 성직자들의 급여를 '봉급'이 아니라 '기부금'으로 부르라고 압력을 가하며 자신에게 남은 작은 권력을 이용해 주교를 승인하는 절차를 거부했다. 넷째, 교황은 프랑스에 있는 교회의 토지들을 포기할 수 없다고 주장했지만(결국은 포기했다), 나폴레옹은 교회의 토지를 국유화한 정책을 되돌릴 수는 없다고 맞섰다. 비록 실제로 가톨릭교가 대부분의 프랑스 국민들이 선택한 종교였긴 하지만 종교 활동의 자유를 주장하는 나폴레옹의 고집 역시 교황을 분노하게 했다.

많은 목격자들은 이 종교협약을 나폴레옹이 교회에 우위를 점하고 그로써 국민들에 대한 지배를 강화한 한 가지 수단으로 보았다. 이것은 나폴레옹으로 인해 프랑스 국민들의 자유가 줄어들기 시작한 현상이자, 리더인 자신과 국가의 우월성에 대한 나폴레옹의 관점이 잘 반영된 행동이었다. 나폴레옹은 혁명의 목표 중 한 가지였던 국가가 교회에 우위를 점하는 상황을 자신이 만들어가고 있다고 주장했다. 그리고 이에 반대하는 의견은 주로 야망이 크고 부패한 성직자들이나 교회의 중세 시대적인 후진성에서 나온다고 반박했다. 여기서 나폴레옹의 반봉건적인 태도는 교회에 맞서 자신의 지위를 강화하는 또 다른 방법이었다.

무신론자 또는 불가지론자인 나폴레옹은 종교협약을 체결하는 과정에서 많은 정치가들과 장군들이 반대하리라는 사실을 이해했다. 물론 혁명 중에 망명을 떠난 자들 중에도 반대하는 자가 많을 것이었다. 이러한 자들은 처음에는 종교에 회의적이었을지 모르지만 망명 중에, 특히 영국처럼 비가톨릭 국가에 망명해 종교에 심취하게 된 자들이었다. 나폴레옹과 교황 간의 분쟁에 정신적이거나 종교적인 요인은 없었다. 나폴레옹의 관점에서 이 분쟁은 순전히 정치적이었다. 종교적 망명자들은 이미 나폴레옹이 도덕적으로 아주 무심해졌다는 점을 언급했다. 이들의 주장에 따르면 그 특성은 진짜 프랑스인에게서 나타나는 전형적인 모습이 아니었다. 그것은 프랑스인이 아닌 코르시카인의 특징이었다.

1802년 4월 제정된 법에 따라 프랑스 정부는 성직자들의 급료를 지불했다. 교황은 성직자들이 급료를 받게 되는 것은 기뻤지만 이로 인해 실질적으로 프랑스 성직자들에 대한 지배권을 잃게 되었다. 성직자들의 급료를 정부가 지불하는 제도는 사실상 성직자들을 공무원으로 만들어버렸다. 교황은 이 지불이 '기부금'이라고 불리기를 바랐지만, 나폴레옹은 '봉급'이라고 주장했다. 교황은 성직자들을 임명하는 권한을 보전하고 싶어 했다. 그러나 나폴레옹은 앞으로 성직자들은 선출될 거라고 고집했다. 교황의 권한 대부분을 박탈해버렸으면서도 나폴레옹은 여전히 교황이 자신의 대관식에 참석하기를 바랐다. 교황 입장에서는 프랑스가 가장 큰 가톨릭 국가 중 한 곳임을 감안할 때 대관식에 참석하는 수밖에 별다른 도리가 없었다.

나폴레옹이 예상하지 못한 중요한 문제 한 가지는 계속 교황을 지지하는 많은 장군들의 반응이었다. 한편 정치인들 대부분은 개인적인 목적을 위해 종교협약을 이용했다. 이전에 주교였었던 탈레랑은 혁명 기간에 국교를 폐지하는 일에 관여했었다. 그는 다시 교회를 부활시키는 결정에 반대했는데, 이유는 자신을 포함해서 사제들의 결혼을 허용하고 싶었기 때문이었다. 그러나 아미앵 휴전협정 이후 나폴레옹은 막강한 대중들의 지지를 얻고 있었고, 따라서 그의 눈에 고립된 것처럼 보였던 반대자들의 의견을 별로 걱정하지 않을 수 있었다.

많은 이들이 종교협약에 반대했음에도 불구하고 나폴레옹은 성공적으로 협상을 하고 반대파들을 제거할 수 있는 능력이 있었기에 종교협약을 성사시켰으며, 이로써 자신의 권력을 한층 더 강화하려는 목적을 달성할 수 있었다. 아흔세 명의 주교 중 서른여덟 명이 사임하거나 종교협약을 인정하지 않았고, 교황은 나폴레옹이 지명한 주교 열두 명을 혁명에 동참했거나 일부는 지역 성직자들을 쫓아냈다는 이유로 종교적 승인을 거부했다. 또 교황은 계속해서 종교협약 내용을 법으로 규정하는 방식은 불신 행위라고 주장했다. 이런 상황에도 불구하고, 아니면 이로 인해서 프랑스에서 나폴레옹의 인기는 절정에 이르렀다. 분명 많은 사람들은 교회에 대한 지지와 새로운 포퓰리즘 국가가 내세우는 흥분되는 독립성 사이에서 충성심이 분열되는 감정을 느꼈을 것이다. 프랑스는 나폴레옹의 통치 아래 위대해지고 있었다. 심지어 교황마저도 나폴레옹과 타협을 해야만 했!

그러나 나폴레옹의 승리는 너무나 많은 희생을 치르고 교황의 완전한 승인 없이 얻은 승리였다. 나폴레옹이 교황 위에 군림했다는 주장은 정확하지 않다. 교황은 나폴레옹이 상정한 대로 꼭 약한 인물이거나 괴롭힘을 당할 만한 하찮은 군주가 아니었다.

나폴레옹과 교황의 관계는 계속해서 더 악화되었다. 특히 교황을 '로마의 군주'라 부르는 정도는 허용할 수 있었음에도 불구하고 나폴레옹 자신이 '로마의 황제'라는 칭호를 사용하고 자신의 아들은 '로마 왕'이라 부르기를 고집하자 더 악화되었다. 그러나 나폴레옹은 적들에 맞서 싸우는 과정에서 여전히 교황의 지지를 바랐으며, 1809년 교황을 체포한 것은 실수였음을 인정했고 그에 대한 보상으로 연간 200만 프랑을 제공했다. 교황에게는 자신을 공격하는 자를 파문할 수 있는 비장의 무기가 있었지만 감히 나폴레옹을 파문하지는 못했다. 교황은 여전히 프랑스 국민들의 지지를 받고 있었다. 1811년 6월 의회에서는 의원 3분의 2가 교황의 지지 없이 스물일곱 개 관구의 공백을 메우는 안을 거부했다.

이것은 나폴레옹이 의회를 해산하는 구실이 되었으며, 가까스로 과반수를 채운 주교들의 동의로 제국 전체에 종교협약 내용을 적용했다. 교황에 반대하는 입장을 고수하면서 나폴레옹은 상당히 큰 위험을 감수했다. 국민들이 어느 쪽을 선택할 것인가? 의회는 완고한 가톨릭 교도들과 미온한 가톨릭 교도들 모두의 지지를 받으며 나폴레옹에 반대했다. 미온한 가톨릭 교도들은 교황이 나폴레옹에게 너무 협조적이며 한편으로는 혁명과 진보의 걸림돌이 된다는 이유로 교황을 비난하기도 했다.

하지만 종합적으로 1802년에 체결된 종교협약은 나폴레옹의 승리로 보였다. 그는 이 종교협약과 프랑스, 영국, 러시아 사이에 맺은 아미앵 평화협정을 이용하여 제1통령에서 종신 통령으로 임기를 확장할 수 있었다. 나폴레옹은 상원들이 호민관직과 의회에서 반대 의원들을 축출하도록 만들었다. 상원은 나폴레옹에게 임기 10년 연장을 제안했지만, 그 임기에 만족할 수 없었던 나폴레옹은 국민투표를 실시했다. 이 투표에서 350만 명의 국민이 찬성했으며 단 8천 명만이 반대했다. 그는 이 선출로 부여받은 권력을 이용하여 황제가 되는 데 큰 영향력을 발휘한다. 이에 대해서는 다음 장에서 다룰 것이다.

프랑스 내외에서 목격한 많은 이들은 이 종교협약을 젊은 제1통령이 정치적인 지혜를 발휘해 국력을 증대시킨 사건으로 보았다. 이제 프랑스 국민은 국가의 허가 하에서만 신에게 기도를 할 수 있었다. 나폴레옹은 자신에게 급료를 받는 4만 명의 사제들이 보수적인 친교황파 장군들의 공격 가능성에서 자신을 지켜 주리라 생각했다. 나폴레옹은 또한 교회를 재개함으로써 자신이 선조들의 종교를 이어가고 있다고 주장했지만, 독실한 가톨릭 교도들은 다른 종교에 대한 공식적인 관용 정책을 비난했다.

하지만 언제나 기회주의자였던 나폴레옹은 실질적인 이득을 보았다. 그는 비협조적인 성직자들과 망명한 비판자 중 성가신 반혁명 분자들을 제거할 수 있었고, 신흥 부자 계층과 신 지주 계층을 지지할 수 있었다.

나폴레옹은 가능한 한 많이 교회를 통제하려고 애쓰며 프랑스의 교회들을 확실히 엄격한 정부의 규제 아래 두었다. 그 결과 교회와의 관계가 더욱 껄끄러워졌다. 특히 1809년부터 1814년에 교황을 사부아에 투옥했을 때 관계는 최악으로 치달았다. 그러나 뒤이은 프랑스 정권도 이 종교협약을 수용했으며, 많은 이들은 이 것을 교회와 국가의 관계를 정치적으로 완전히 구분하여 현대적 이고 세속적인 국가를 창조한 감탄할 만한 행보로 간주한다.

리더십과 권력에 대한 생각

- 나폴레옹은 결코 타인과 권력을 공유할 의사가 없었고, 항상 남보다 우위를 점해야 했으며, 목적을 달성하기 위해 모략을 꾸미기도 서슴지 않았다.

- 권력 공유를 거리끼는 그의 태도에는 자신의 약점에 대한 열등감이 반영되어 있었다. 그는 다른 '진짜' 유럽 군주들이 누리는 확고한 세력 기반을 부러워 했다.

- 그가 끊임없는 전쟁을 벌였던 이유는 다른 국가의 리더들과 세력을 공유할 수 없었기 때문이기도 했다. 그는 일시적인 동맹이거나 영원한 적이었다.

- 다른 국가의 리더들은 자신의 국가에서 동요와 혁명을 일으킬 수 있는 나폴레옹의 능력을 두려워했고, 절대로 그를 신뢰할 수 없었다.

- 나폴레옹의 동료들은 그와 동등한 입장의 협력자가 아니었으며 그들끼리도 서로 동등한 협력자 관계가 아니었다. 그들은 수단으로 이용되거나 아니면 모략에 빠질 가능성이 컸고, 따라서 항상 경계를 늦추지 않았다.

나폴레옹이 곤경에 처했을 때 처음 취한 행동 중 하나는 교황과 화해하는 것이었다. 모스크바에서 퇴각한 후 그는 교황과 대화를 재개하려고 노력했고, 라이프치히에서 궁지에 몰린 후에는 조건 없이 교황령을 부활시키기를 제안했다. 나폴레옹의 첫 퇴위 후 교황은 즉시 다시 로마로 돌아갔다. 그리고 최후에 나폴레옹이 세인트헬레나 섬에 유배되었을 때 교황은 그를 양해해주고 그에게 자유를 허락해달라는 간청을 해줄 정도로 품위 있는 모습을 보였다. 그러나 영국의 섭정 왕자는 이 청을 받아주지 않았다.

상대적으로 덜 강압적이고 보다 교묘한 권력 행사 방식인 모략은 모략을 꾸미는 자가 수용할 수 있는 정도의 행동과 논의를 보장한다는 이점이 있다. 모략을 꾸미는 자는 규칙, 편견, 인맥, 임용 등을 이용하여 예상되는 결과를 도출할 수 있다. 안건을 정하는 것은 논의될 사안을 미리 정해놓는 것이며 따라서 다른 쟁점들이 떠오르지 않도록 보장한다. 그다음에는 사람들이 미처 깨닫지 못한 상태에서 모략으로 인한 추측이 의사결정 과정에 영향을 미친다.

브뤼메르 쿠데타 이후 나폴레옹이 아직 독점적인 지배 위치를 점하지 않았던 시기에 프랑스의 지도층은 프랑스 국민들과 교황 사이의 관계에서 세 가지 어려운 문제에 직면했다.

첫째, 전통적인 군주가 없는 공화국 정부가 국민들의 신앙을 관리하고 이끌고 운영할 수 있도록 왕정주의와 가톨릭교를 분리하는 문제가 있었다. 이것은 점점 더 종교에 환멸을 느끼고 있는 나폴레옹이나 종교를 수단으로 여기는 탈레랑 같은 이들이 지배하는 정권에서는 특히나 힘든 과제였을 것이다. 나폴레옹은 분명 무신론자였을 것이고 기껏해야 신앙이 필요한 경우에 말로만 경의를 표하는 정도였다. 수년이 지난 후 세인트헬레나 섬에 유배되어 자신의 경력을 돌아보면서 나폴레옹은 무신론자였기에 다행이었다고 말했다.

둘째, 여기에도 역시 현실적인 문제들이 걸려 있었다. 이미 살펴보았던 대로 혁명 후 이전에 교회의 소유였던 토지들을 획득한 새 소유자들은 그 토지들을 다시 잃게 될까 봐 걱정했다. 교회로부터 토지를 빼앗고 재분배하는 것은 봉건주의에 대항하는 혁명 운동의 일환이었으며, 부유한 기득권 계층에 대한 공격이었고 여전히 교황의 반대에 부딪히고 있던 혁명의 중요한 물질 획득 수단이었다.

셋째, 나폴레옹은 시골에서 '도덕 반장' 역할을 하며 시골 민중들 사이에서 자신의 눈과 귀가 되어줄 주교들을 자신의 편으로 만드는 것이 필수라고 느꼈다. 이러한 종교 지도자들은 유용한 자원이었지만 나폴레옹은 반드시 그들을 낡은 군주제와 교황의 권한으로부터 떨어뜨려 놓아야 했다. 그리고 그들과 마을 성직자들이 방대한 시골 지역에서 정권의 정치적 질서를 유지하도록 돕게 만들어야 했다. 당시 프랑스 시골의 소작농 대부분은 혁명 선전에 영향을 받지 않았으며 지역 성직자들에게 의지하고 있었다. 그래서 그는 모든 사람들을 자기편으로 만들기 위해 교황과 합의를 보는 일에 착수했고, 그동안 성직자들을 자신의 후견 대상으로 만들었다.

따라서 나폴레옹은 제1통령으로 임명되자, 혁명의 성과를 지키고 프랑스에 안정을 가져오고 효과적으로 자신의 통치권을 보장하기 위한 일련의 개혁들에 착수했다. 훗날『나폴레옹 법전The Code Napoleon』으로 알려지는『민법전The Code Civil』편찬이 그러한 개혁의 대표적인 예이다. 법전 편찬 외에 종교협약도 이러한 개혁의 일환으로 생각할 수 있다.

1800년 나폴레옹이 뢰데레에게 보낸 한 편지에서 당시 나폴레옹의 생각을 엿볼 수 있다. 그는 "부의 불평등이 없는 사회란 존재할 수 없고, 종교 없이 부의 불평등은 존재할 수 없다. 누군가는 풍요롭게 지니고 있는데 그 옆에서 어떤 사람이 기아로 죽어갈 때, 그에게 '모든 것이 신의 뜻이다. 세상에는 부자도 있고 가난한 자도 있으며 결국 인간의 운명은 영원히 다를 것이다'라고 말해주는 교회가 없는 한 그는 그 차이를 결코 받아들일 수 없을 것이다"라고 말했다.(크로닌, 1971:260)

그 당시나 후에 많은 이들은 경쟁관계에 있는 이해 당사자들에게 모략을 꾸미는 나폴레옹의 능력을 알아보았다. 예를 들어, 오스트리아와 프랑스에 평화를 가져다준 1797년 10월 캄포포르미오 조약에는 미래에 불화의 씨앗을 뿌리게 될 많은 비밀 조항들이 포함되어 있었다.

나폴레옹은 자신의 세력이 확장되어감에 따라 더욱더 협력에서 멀어지고 개인주의자가 되어 갔다. 협력을 하여 동반자 관계를 구축할 수 있는 기회도 있었지만, 대부분의 경우에 나폴레옹은 협력보다 모략 방식을 선호했다. 그는 다른 군주들이나 국가 지도자들, 동료 장군들, 군사 지도자들, 그리고 자신의 가족들과 보다 긴밀하게 협력하며 일을 도모할 수도 있었지만 그렇게 하지 않았다. 다른 유럽의 군주들에게 그는 항상 벼락출세자였고, 외부인이었으며 늘 왕위 찬탈자였다. 오스트리아, 프로이센, 러시아의 황제들과 영국 국왕, 그리고 교황은 결코 그의 동반자가 될 수 없었고 대부분은 적이거나 기껏해야 일시적인 동맹이었으며, 이들은 나폴레옹의 친선 제안을 거부했다. 나폴레옹 휘하 원수들과 장군들 일부는 그와 아주 어릴 적부터 동료였음에도 불구하고 군사 문제조차 상담하려 하지 않았다. 일부는 그의 신뢰를 배신했고 정적政敵이 되기도 했다. 나폴레옹은 자신의 세력 기반을 위협하는 자는 누구라도 진압하고 제거해야 했다. 또한 그는 가족들, 심지어 어머니와도 한 팀이 되지 못했다. 그는 주변인 모두에게 모략을 꾸며야 했고 다른 동료들에게 그랬듯 가족들마저도 매수해야 했다. 그리고 나폴레옹 주위의 다른 기회주의적 협력자들처럼 가족들 역시 나폴레옹이 승승장구할 때는 지지했지만 상황이 안 좋아지자 재빠르게 그를 버렸다.

말했다시피 유럽 군주들은 나폴레옹에게 적대적이었다. 정통성이 있고 존경을 받는 유럽 군주들은 항상 그를 벼락출세한 졸부쯤으로 여겼다. 그가 살아남기 위한 유일한 방법은 그들끼리 서로 겨루게 만드는 것이었다. 나폴레옹은 이렇게 하여 늘 고립되었고, 세력을 공유하는 상황에서 외톨이가 되는 것을 피할 수 없었다. 그는 다른 유럽 군주들이 지닌 상속받은 합법성을 부러워했다. 그리고 끊임없이 전쟁을 일으켜 그들이 결코 자신을 신뢰하지 못하게 만들었다. 심지어 일시적으로 동맹을 맺었을 때에도 그는 적대감을 보였으며 때로는 동맹이면서 적인 것 같은 혼합 양상을 보였다.

유럽 군주들은 그들의 국가에서 대중들의 불만을 일으킬 수 있는 나폴레옹의 능력을 끊임없이 두려워했고, 그를 악마로 묘사하는 데 많은 투자를 했다. 그러나 그들은 통합 세력이 아니었기에 나폴레옹은 자주 편을 바꾸어가며 전술적인 이점을 제공하면서 유럽 군주들을 다룰 수 있었다. 군 원수들이나 장군들처럼 그가 교류하는 가까운 동료들은 결코 절친한 친구라거나 그와 동등한 위치가 아니었고 그저 수단으로 사용될 뿐이었다. 그가 부양 의무를 느꼈던 가족들의 경우도 마찬가지였다. 이렇게 사람들을 자신의 목적을 위해 이용하는 성향은 그의 경력 마지막 십 년에 더욱 커졌다.

모략 방식을 통해 나폴레옹은 자신의 경쟁자가 될 가능성이 있는 자들을 확실히 통제할 수 있었다. 군인으로서 경력 초기에 그가 느꼈던 동지애는 아마도 외부인이었던 자신의 처지에서 영향을 받았을 것이다. 그는 어느 파벌에 속해도 결코 편하지 않았다. 따라서 장군과 통치자로서 그는 무조건적인 복종과 완전한 지지를 요구했다.

실제로 그는 사람들을 불신했으며 충성심을 가장 많이 보이는 자에게 후견을 베풀었다. 이는 조제핀의 아들이자 그가 무척 사랑했던 의붓아들 외젠 드 보아르네Eugene de Beauharnais를 이탈리아의 총독으로 임명하면서 다음과 같이 조언했다. "이탈리아 국민은 프랑스 국민보다 천성적으로 더 위선적이다. 그러니 그 누구도 전적으로 신뢰하지 마라.… 네 교육 수준은 논의에 탐닉하기에 충분하지 않으므로 가능한 한 적게 말하고 듣는 법을 배워라. 네가 다스리는 국가에 존경심을 보여주어라. 특히 존경할 이유가 적어보일 때 더욱 존경심을 드러내라. 한 국민과 다른 국민 사이에 차이가 거의 없다는 점을 깨닫게 되는 시간이 올 것이다."(갈로, 1997a:268)

'조작'이라는 용어는 '손으로 움직이고 만드는 것, 공들여 기회를 만들고 준비하는 방식'을 의미한다. 보다 직설적으로 말하자면 군 사령관은 자신의 군대와 자원을 조작할 권한이 있다. 보통 병사들이 작전 계획이나 목표를 이해하고 열정이 넘치며 열심을 다할 때 조작 방법은 더욱 효과적이다. 이렇게 설득하는 데는 미사여구가 가득한 장치들이 필요하다. 목적을 분명히 설명하고 이상과 사명감을 확립하는 일 역시 정치적 조작을 하는 데 아주 중요한 요소다. 목적을 정하는 일은 최종 작업이 아니기 때문에 우선순위와 이익이 상충하는 모든 대기업에서는 자주 목적이 바뀌기도 한다.

일을 완수하고 싶은 사람은 반드시 구체적인 우선사항들을 재차 확인해야 하며, 사람들에게 주의를 요청해야 하고, 다른 활동들로부터 그들의 관심과 집중을 전환시켜야 한다. 조작 방법을 사용하기 위한 핵심 요소는 지식, 정보, 시간, 누가 무엇을 알고 누가 그러지 못한지를 통제하는 것이다. 투명성이라는 개념은 무척 칭송받는 개념이지만 언제나 정치적 문제를 일으킨다. 절대적으로 투명하다는 것은 사람들 간에 비밀이 없다는 의미이며, 따라서 비밀 안건을 지닌 자에게는 조작 기회가 훨씬 적다는 의미다.

상업과 관련된 모든 상황에서 정보 통제는 매우 중요하다. 가격 흥정은 항상 정보의 불평등에 달려 있다. 시장 조작에는 기밀도 작용하지만 독점, 공모, 규모 효과, 규제 등도 작용한다. 따라서 조작에는 개인 간의 관계나 집단 경쟁 외에도 많은 요소가 작용하며, 기업과 정부의 정상적인 관행 속에서 조작이 일어난다. 그러나 조작을 받는 것과 조작자가 되는 것은 상당히 다르다. 심지어 동의를 한 경우에도 다른 사람들의 목적을 위해 이용되는 것은 보통 부끄럽고 언짢은 경험이다. 그러나 특히 정치계에서는 좀 더 자주 모든 사람이 같은 게임을 하며 조작자도 되고 조작을 당하기도 한다. 이것을 피하는 유일한 방법은 전제 군주가 되는 것이다.

그러나 잘 알려졌듯이 나폴레옹도 조제핀의 조작에는 쉽게 넘어갔다. 그녀는 거의 항상 유혹적인 눈물을 보이며 나폴레옹을 설득할 수 있었는데, 나폴레옹이 정기적으로 다른 여자와 잠자리를 가질 때에도 휴식과 안락을 위해서는 조제핀에게 가곤 했다. 아마도 이 관계가 그가 지배 필요를 느끼지 못한 유일한 관계였던 것 같다.

국가를 다스리면서 벌어지고 있는 일을 소상히 파악하는 어려움과 정보력의 중요성을 잘 이해하고 있던 나폴레옹은 유사한 두 개의 경찰대를 조직해 나머지 국민들은 물론, 서로를 감시하게 했다. 다른 독재자들처럼 그도 한 경찰대가 다른 경찰대가 보고하는 내용을 모르도록 했다. 끊임없이 불안정한 상황에서 모든 사람들을 곁에 두고 감시하며 그는 "나 자신도 이렇게 호위를 거의 받지 않는데 왜 그대들이 호위가 필요한가?"라고 말하곤 했다.

나폴레옹은 가톨릭 교회와의 관계에서 신중하게 계책을 부려야 했다. 땅이 부의 핵심을 이루던 18세기 농업국가 프랑스에서 교회를 점령하여 매입하고 방대한 규모의 교회 소유지를 팔기로 한 결정은 혁명 결과 중 논쟁의 소지가 크고 영향력이 막대한 결과 중 하나였다. 나중에 나폴레옹이 기존과 비슷하게 계층이 존재하는 정권을 세우고 옛 제도에서 합법성을 찾으려 하자, 교황이 교회의 토지를 가지고 협상을 시도했던 것은 이해할 만하다. 봉건제도로 되돌아가는 일은 없을 거라는 나폴레옹의 입장은 단호했지만, 협상 수단의 하나로 가능성은 열어두었다. 결국 무력만으로는 교황이 나폴레옹의 결혼식과 대관식을 축복하도록 설득할 수 없었다. 그리고 교황의 축복은 대중들의 지지를 얻으려는 나폴레옹의 목적에서 핵심 요소였다.

그러나 나폴레옹이 일방적으로 관료들, 유럽의 군주들, 장군들과 가족들에게 모략을 꾸몄다고 생각하는 것은 오산이다. 나폴레옹 또한 똑같이 그들에게 이용당했기 때문이다. 외무장관이었던 탈레랑의 행동이 주요한 예이다. 그는 많은 권력을 지닌 위치를 이용해 계책을 부렸다. 결코 최고 지도자의 자리를 탐내지는 않았지만 언제나 영향력이 큰 자리에 있었다. 장수했던 그는 회고록을 통해 자신이 지지하던 대의가 프랑스의 이익과 상충하기 전까지 자신은 결코 대의를 저버린 적이 없다고 주장했다. 사실인지는 모르겠어도 꽤 자기 방어적인 주장이다.

리더십과 권력에 대한 질문
....

당신은 조약이나 동맹을 맺고 싶어 하는가? 이익을 다투며 난투극이 벌어지는 상황에서 편안한가, 아니면 모든 권력을 당신의 수중에 쥐고 있는 편을 선호하는가? 목적을 달성하기 위한 수단으로 모략을 꾸미는가?

- 당신은 타인과 권력을 기꺼이 공유하는 편인가, 아니면 항상 책임자 자리에 있으면서 자신의 권력을 지키고자 하는가?

- 당신은 절대로 비밀 안건을 지니지 않으며, 모든 의도를 드러내는가?

- 권력과 영향력이 경쟁자들 사이에서 분포될 때, 당신은 취약한 느낌을 받는가, 아니면 더 안정된 느낌을 받는가?

- 당신은 주위의 다른 리더들이 누리는 권력을 부러워하는가, 아니면 당신의 운에 만족하는 편인가?

- 당신의 경력에서 종합적인 전략은 무엇인가? 그리고 이 전략은 당신이 권력에 대해 생각하고 권력을 사용하는 방식에 어떤 영향을 미치는가?

- 다른 리더들은 당신의 권력 행사 능력, 심지어 그들의 지휘 아래 있는 사람들에게도 영향을 미치는 당신의 능력으로 인해 두려움을 느끼는가? 당신의 직접적인 지휘 아래 있지 않은 사람에게도 영향을 미칠 수 있는가?

- 당신은 어떤 의무감 때문에 제거하고 싶어도 제거하지 못하는 사람과 함께 일하고 있는가? 신뢰할 수 없고 무능한 자도 인내하는 편인가?

- 원하는 것을 얻기 위해 자신이 교활해지고 있다고 느끼는가, 아니면 '술수를 부리는 행위'나 '사내 정치'는 절대 용납할 수 없는가?

- 당신은 다른 사람의 이익 때문에 이용당하거나 조종당하고 있다고 느끼는가? 만약 그렇다면 그로 인해 당신이 얻게 된 이익을 고려할 때 공정한 거래인가?

PART
06

공포정치

반대파 다루기(1803-1804년)

: 세력 기반을 다지는 과정에서 잔혹하고 단호해짐

정복으로 지금의 내가 존재한다. 나를 지키는 방법은 오직 정복뿐이다.

나폴레옹, 1799년

왕정주의자들은 망상에 사로잡혀 있어서는 안 된다! 정부가 그들에게 가는 것이 아니라 그들이 정부의 편으로 와야 한다!

나폴레옹, 1800년

앙기앵 공작 처벌을 후회하지 않는다. 오직 그렇게 하여 나는 내 진심에 대한 의심을 모두 없애버리고, 부르봉 왕가 지지자들의 희망을 파괴할 수 있었다.

나폴레옹, 1804년

그 또한 평범한 인간이었을 뿐이었단 말인가? 이제 그는 인간의 권리들을 짓밟고 자신의 야망만을 충족시킬 것이다. 이제부터 그는 다른 모든 사람들 위에 올라서서 독재자가 될 것이다.

작곡가 베토벤이 앙기앵 공작의 처형과 제국 선포 소식을 듣고, 1804년 말

최근 나폴레옹의 통치 방식이 완전히 변했다. 그는 이제 온건한 행동은 쓸데없는 장애물이라고 생각하는 것 같았다.

틸지트 조약 이후 오스트리아 외무장관 메테르니히 공작의 보고, 1807년

절대 권력을 지닌 한 남자의 굉장히 과격하고 열정적인 행동과 월권행위에 익숙하지 않은 자들에게 그에게서 느껴지는 그 분명한 기운은 상상조차 할 수 없는 것이었다.

미국에 파견된 나폴레옹의 공사, 1808년

이 세상에는 오직 두 가지 선택만이 존재한다. 지휘하느냐, 복종하느냐.

나폴레옹이 보좌관에게, 1812년 12월

나폴레옹은 강박적으로 세력 기반을 통제하고 권력을 장악하는 데에 집착하게 되었다. 그는 일어나고 있는 모든 일을 알아야 했으며 반대자들을 침묵시키고 완전한 복종을 보장해야 한다고 느꼈다. 힘을 얻고 지키기 위해 공포감을 조성하는 것은 그의 지위가 커지면서 발생하는 위협을 막는 데 도움이 되었다.

제1통령으로서 나폴레옹은 몇 차례 암살시도를 당했다. 그는 단호하고 직접적인 방식으로 '왕위를 노리는 자'들을 처단하며, 다른 모든 반대자들이 두려움에 떨 만한 메시지를 보냈다. 또한 권력 장악 시도를 꾀하는 모든 이들을 만류시키기 위해 언론 매체를 통해 그 결과로 따를 공포를 느끼게 해주었다. 나폴레옹은 특히 군사적 보안을 위해서 항상 엄격하게 언론을 검열했다. 1811년경 파리에 신문은 단 네 종밖에 없었고 각 신문은 정부 부처를 위한 것이었다. 모든 신문이 정부의 통제를 받았다. 나폴레옹은 「르 모니퇴르Le Moniteur」지를 편집했으며 많은 기사를 직접 썼다.

나폴레옹은 반대자들의 마음속에 공포심을 불어넣을 수 있었고, 그 결과 많은 추종자들을 복종시킬 수 있었다. 그러나 이로 인해 솔직한 피드백을 해줄 측근들의 의지마저 약화시켰다. 부르봉 왕가의 잠재적 계승자들을 의도적으로 탄압한 사건이 이 장의 주제이며, 이 사건은 그의 리더십에서 나타난 새 국면을 압축해 보여준다. 나폴레옹은 가장 가까이에 있고 제거하기 편리했던 혐의자인 앙기앵 공작Duc d'Enghien에게 누명을 뒤집어씌우고 처형했다. 그것은 분명히 다른 사람들에게 경고하기 위해 공포를 조성한 본보기였다. 그러한 노골적인 본보기들이 많지는 않았지만 약간은 필요했다. 반란의 결과에 대한 두려움은 모든 효과적인 독재정부에서 필수 요소다.

❦

통령 정부 시기 동안 나폴레옹의 통치에 반대하는 움직임이 많이 있었다. 일부는 군사 독재 정부를 촉구했고 일부는 보다 급진적인 공화주의를 요구했으며, 또 다른 일부는 부르봉 왕가의 귀환 음모를 꾸몄다. 비록 먼저 이야기한 두 조직들이 보다 직접적으로 공격을 시도했어도 나폴레옹이 반응하여 집중적으로 보복을 한 대상은 부르봉 왕가의 음모자들이었다. 이들 중에서 특히 앙기앵 공작이 주도한다고 의심받았던 음모가 그의 눈에 띄었고, 부르봉 왕가의 혈통인 앙기앵 공작은 불행히도 나폴레옹의 보복 표적이 되었다.

부르봉 왕가의 왕자가 어딘가에서 혁명 정부가 무너지고 기회를 잡을 날을 기다리고 있다는 소문이 혁명 이후 광범위하게 퍼져 있었다. 그러면 외국에 있는 친왕당파가 그를 지지하기 위해 결집하리라는 것이었다. 영국 정부가 프랑스의 왕당파를 지지하고 있다는 사실도 이미 잘 알려져 있었다. 왕당파는 나폴레옹을 납치하여 암살할 계획을 하고 있었는데, 이는 나폴레옹에게 점점 더 큰 근심거리가 되었고 그는 암살시도를 억제하기 위해 보다 심하게 공포정치를 펼쳤다.

1800년 크리스마스이브에 일어난 암살 계획 하나는 거의 성공할 뻔했다. 나폴레옹, 조제핀, 그리고 조제핀의 딸인 오르탕스 드 보아르네는 마차를 타고 오페라를 관람하러 나섰다. 저녁 8시 공연에 늦어 부리나케 외출 준비를 하느라 조제핀의 마차는 나폴레옹의 마차보다 몇 분 정도 늦게 따라왔다. 폭발이 일어났지만 두 마차 사이에 잘못된 자리에서 일어났기 때문에 마차에 타고 있던 사람들은 아무도 다치지 않았다. 그러나 그 자리에 있던 집들이 모두 파괴되었고 아홉 명이 목숨을 잃었으며 스물여섯 명이 부상을 당했다. 나폴레옹은 충격을 받고 분노했다. 그는 "그러한 극악무도한 범죄에는 반드시 가차 없이 복수를 해야 한다. 피가 흘러넘칠 것이며 희생자 수 만큼 많은 범인들을 쏘아 죽일 것이다"라고 말했다. 그러나 주모자는 영국에 망명 중인 부르봉 왕족 아르투아 백작The emigre Bourbon Comte d'Artois의 보호 속에 안전했다. 1803년 5월 다시 전쟁을 선포한 영국은 프랑스 황제 암살 시도자와 음모 가담자들의 자금을 댔다. 프랑스에 있는 왕당파 첩보원 조직은 음모자들이 안전하게 수도에 이를 수 있도록 해안지대부터 파리까지 이동을 도왔다.

1802년부터 1803년까지의 아미앵 평화조약에도 불구하고 지하에서 친왕당파는 활동을 계속했다. 영국은 끊임없이 군사 정복을 꾀하는 나폴레옹의 성향으로 보아 그 조약이 오래 지속되지 않을 거라고 판단했다.

부르봉 왕가를 부활시키라는 영국의 지령을 받고 최근 비밀 부대가 프랑스로 들어왔다는 소문이 파리에 자자했다. 나폴레옹은 무기를 내려놓으면 집으로 돌아갈 수 있다며 그들에게 사면 제의(해외에 거주하는 왕당파 4만여 명과 프랑스 서부에 있는 반대자들을 자기편으로 끌어들이려는 시도)를 했다. 그러나 망명파 반대자들이 정부를 무너뜨리려는 행동에 돌입하자 나폴레옹은 이전에 보였던 관용 자세를 버리고 가혹한 보복 태세로 입장을 바꾸었다.

부르봉 왕족 중 누가 왕당파로부터 제안을 받았는지에 대한 추측이 떠돌았다. 이들 중에는 런던에 거주하는 아르투아 백작이 있었는데 분명 그는 많은 음모들을 지원하고 자금을 대고 있었다. 푸셰Fouche의 적극적인 보고에 의하면, 1803년 여름 나폴레옹을 음해하려는 몇몇 음모들에 대한 확실한 증거들도 있었다. 그러나 아르투아 백작은 프랑스로 돌아오지 않았고, 따라서 푸셰는 새로운 응징 후보를 지목했다. 콩데 왕자Prince de Conde의 손자인 서른한 살의 루이 앙투앙Louis Antonie, 바로 앙기앵 공작이었다. 그는 1792년 프로이센이 프랑스를 침략한 스트라스부르 근처 발미 전투에서 망명 부대를 지휘한 경력이 있었고, 여전히 프랑스 국경 근처에 살고 있었다. 그가 연루되었다는 증거는 빈약했고 그저 정황에 따른 것이었지만, 그는 프랑스군이 접근하기에 쉬운 지역에 살고 있었기에 어려움 없이 납치할 수 있었다.

푸셰는 첩보원 조직을 만들었다. 그러나 그들 중 다수는 이중 첩자였다. 그들은 유럽 전역에서 전쟁이 벌어지면 앙기앵 공작이 알자스 지방으로 망명군을 이끌 준비를 하고 있다고 전했다. 또 푸셰의 첩보원에 따르면 앙기앵은 한 망명 프랑스인 장군과 영국 해군 대령 한 명과 긴밀히 접촉하고 있었다.

따라서 나폴레옹 역시 부르봉 왕가의 왕자가 공격 순간을 기다리고 있다고 믿었으며 그를 즉시 잡아야겠다고 마음먹었다. 그를 잡으려면 바덴(스트라스부르 근처 앙기앵이 토대를 두고 있던 곳)의 영토를 침범해야 했으나, 적어도 영국보다는 진입하기 쉬운 곳이었다. 프랑스 국민의 한 사람으로서 앙기앵은 어쨌든 프랑스 법을 따를 의무가 있었다. 그리하여 이 부르봉 왕자는 순식간에 생겨난 여러 가지 죄목들을 빌미로 신속히 파리로 끌려왔다.

그러나 곧 나폴레옹의 수행원들은 앙기앵 공작은 실제로 제1통령을 타도하고 살해하려는 음모에 가담하지 않았다는 사실을 알게 되었다. 앙기앵과 함께 있던 망명 프랑스인은 명백히 해가 없는 사람이었고 중요한 군사적 경력도 없었다. 그 '영국' 대령이란 자는 스미스Smith가 아닌 슈미트Schmidt로, 사실 평범한 독일인에 불과했다. 그러나 나폴레옹은 이미 너무 멀리 나아가서 자신을 불안하게 만든 대가로 누군가에게 그 값을 치르게 하기로 결심했고, 반드시 복수를 할 희생자가 필요했다.

앙기앵 공작에게 불리한 증거들도 여럿 있었다. 그는 분명 '증오하는 보나파르트에 맞서 결사반대'하는 맹세에 서명을 한 적이 있으며 영국에 협조했던 것도 사실이었다. 그러나 이는 부르봉 왕가의 귀환을 바라는 수백 명의 지지자들도 했던 행동이었다. 제1통령이 주재하는 장관들과 자문가들의 회의에서 앙기앵을 군사위원회의 재판에 회부하기로 결정했다. 탈레랑과 푸셰의 동조로 다른 통령들의 반대를 극복할 수 있었다. 1804년 3월 21일 오전 1시, 앙기앵은 뱅센 감옥에서 군사 위원회 앞에 모습을 드러냈다. 그는 '자신의 태생 때문에 적이 되어버린' 국가에 대항하기 위해 영국으로부터 연 4천200기니(영국의 구 금화)를 받았다고 시인했다. '합법적인 당국에 대항해 내전을 선동하려 했다'는 음모죄로 그는 유죄를 선고받았고, 오전 2시 30분경 총살을 당했다. 당시 푸셰의 지원을 받고 있던 엘리트 젱다르맹Elite Gendarmerie의 수장 사바리Savary 장군이 그 자리에서 군사 위원회를 감시하고 처형이 제대로 진행되도록 확실히 했다. 앙기앵은 나폴레옹과의 면담을 요청했으나 거부당했다.(마크햄, 1963:111)

당시 이 결정으로 인한 파장은 막대했다. 한 목격자는 "이 사법 살인은 나폴레옹이 통령 정부 기간 동안 누려온 정치 영웅이라는 명성에 심각한 도덕적 손상을 입혔다"라고 언급했다.(마크햄, 1963:111) 작곡가 베토벤은 그 소식을 듣고 분노에 차서 나폴레옹에게 헌정하려고 작곡한 〈영웅 교향곡Eroica Symphony〉에서 나폴레옹의 이름을 지워버렸다. 나폴레옹은 존경받는 개혁가에서 공포의 독재자로 변하고 있었다. 프랑스에서는 오직 샤토브리앙Chateaubriand만이 이 사건에 항의하는 의미로 공직을 사임하는 용기를 보이고 원칙을 지켰다. 그러나 많은 이들이 그와 같은 마음이었다. 러시아 황실은 공식적으로 항의했는데, 이에 탈레랑은 파벨 황제의 암살을 언급하며 일축했다. 이미 나폴레옹은 기회가 오는 즉시 러시아는 영국군과 연합할 거라고 판단을 내렸다. 한편 바덴 공작Duke of Baden은 나폴레옹이 너무 두려워서 공식적으로 항의하지 못했다. 루이 18세Louis XVIII는 1814년부터 1815년의 즉위 기간 동안 그 사건을 다시 조사하지 않았는데, 이유는 실제로 제

1통령에 반대했던 다양한 음모 중에서 아르투아 백작의 공모가 밝혀질지도 모르기 때문이었다. 비록 영국은 늘 부인했지만 영국 정부가 나폴레옹을 암살하려는 음모들을 지원했었을 가능성도 있다. 어쨌든 탈레랑은 부르봉 왕가가 부활하기 직전에 모든 서류들을 파기해 버렸고, 그 덕에 회고록에서 자신은 앙기앵 공작이 처형당하지 않도록 노력했다고 말할 수 있었다.

　단지 암살 음모가 있었다는 점을 확실히 밝히는 것이 목적이었다면, 앙기앵을 처형하는 것은 불필요했다고 사람들은 생각했다. 음모는 이미 주모자들을 찾아서 체포한 것으로 증명이 되었다. 프랑스 여론은 동요했다. 그러나 많은 이들은 앙기앵은 해가 없는 인물이며 수사에 실수가 있었고 그는 유죄가 아니며 위험하지도 않았다는 점을 나폴레옹이 미처 알지 못했었다는 이유로 그를 용서했다. 그러나 이 사건은 반란 시도자들에게 나폴레옹이 침착하게 죄목을 재고하지 않을 거라는 경고였다. 그는 관대한 처분을 호소하는 조제핀의 간청을 거부하고 자신이 살해당하기를 바라냐며 그녀를 비난했다. 일부 목격자들은 왕당파의 암살시도로 받은 충격 때문에 나폴레옹이 선에서 악으로, 온건한 성향에서 폭력적인 성향으로 변했다고 생각했다. 이는 그를 변명해주려는 것이 아니라 그의 잔혹함에 대한 원인을 규명하기 위한 시도다.

　시종장의 부인인 레뮈사 부인Madame de Remusat을 비롯해 나폴레옹과 가까운 궁정 직원들은 이 사건을 의도적인 국정 운영 기술로 보았다. 즉 나폴레옹은 이전 혁명주의자들에게 자신이 그들과 같은 편이라는 사실을 확인시켜 주기 위해 앙기앵 공작 처형을 반드시 치러야 하는 대가로 생각했다는 것이다. 그는 부르봉 왕족을 살해함으로써 국왕을 시해한 혁명주의자들과 공범이 되었다. 그는 군주제 부활을 되돌릴 수 없는 일로 만들고 혁명의 성과를 옹호하고 있었다. 이 극단적인 본보기는 왕당파의 음해 시도를 멈추는 데에 강력한 효과를 보였다.

세인트헬레나 섬에서 죽음을 눈앞에 두고 있을 때 그는 "나는 앙기앵 공작을 체포하여 재판을 받게 했다. 아르투아 백작이 파리에 암살범 60여 명을 고용했다고 공개적으로 밝힌 상황에서 프랑스 국민들의 명예와 이익과 안전을 위해 그렇게 할 수밖에 없었다. 그러한 상황이라면 나는 또 다시 그렇게 할 것이다"라고 말했다.(마크햄, 1963:112) 그들을 박해하고 추방하고 유죄를 선고하지 않으면 자신이 암살당하리라는 것을 알았기에 그는 그렇게라도 해서 반대파가 번창하는 것을 막을 수밖에 없었다. 이것이 확실히 나폴레옹의 진짜 의도에 더 가까울 것이다.

유럽의 대다수 전통적인 군주들은 이 사건을 통해 나폴레옹이 권력에 미친 예측 불가한 벼락출세자라는 점을 재확인했으며, 그가 결코 자신들과 같은 군주 일원이 될 수 없다는 점도 확인했다. 나폴레옹은 유럽의 군주들로부터 적법한 통치자로 승인받지 못했으며, 나폴레옹이 벌인 전쟁들은 16세기의 전쟁들이나 제2차 세계대전처럼 주로 이념 분쟁이었다. 적들의 마음속에는 나폴레옹을 대우하는 일종의 행동 수칙이 있었는데, 적법한 군주에게라면 절대로 하지 않을 만한 행동이었다.

따라서 왕위를 세습받은 유럽 군주들은 나폴레옹이 적법한 군주가 아니므로 그를 살해하려는 시도가 공정한 처사라고 생각했다. 그래서 나폴레옹이 교황의 축복을 받으며 스스로 황제가 되었을 때조차 이 역시 그의 벼락출세 과정의 일부로 군사 정복자다운 방식이라 여겼다. 황제가 되었어도 그는 자신의 바람처럼 유럽 군주들의 일원이 되지 못했다. 심지어 그 당시 나머지 유럽 군주들은 그가 세운 덧없는 정부는 곧 무너질 것이며 그 역시 결코 오랫동안 권좌를 누리지는 못하리라 생각했다.

앙기엥의 처형으로 나폴레옹은 가장 큰 논쟁에 휘말렸다. 나폴레옹의 편이었거나 최소한 중립이었던 사람 중 많은 이들은 이제 그에게 적대적인 입장으로 돌아섰고 다시는 그의 편으로 돌아오지 않았다. 공포정치는 자신의 권력을 제한하는 것을 모두 없애버리기 위한 책략의 하나였다. 그는 모든 위협에 반응하여 보복했고, 1800년 크리스마스이브에 벌어진 암살시도를 이용하여 왕당파뿐만 아니라 좌파 반대자들도 숙청했다. 그는 특히 브뤼메르 쿠데타에 항거했던 자들을 포함해 공화주의자 130명을 테러리스트로 규정하는 정부 성명서를 냈다. 많은 사람들이 투옥되거나 강제 추방당했다. 심지어 푸셰가 크리스마스이브에 벌어진 공격의 배후 세력은 공화주의자들이 아니라 왕당파라고 알려주었는데도 탄압은 계속되었고 더 많은 죄수들이 단두대에서 처형당했다. 이 잔혹한 복수를 주도한 사람은 나폴레옹이었지만 이제는 막강한 권력을 지닌 국가를 만들기 위한 정치적 지원도 가세했다.

처형이 계속되던 시기부터 나폴레옹은 정서적으로 점점 더 폭력적이고 이기주의적으로 변해갔다. 그는 전쟁터에서 생명이 위태로운 위험에도 처해봤지만, 개인적인 암살시도들은 그보다 더 큰 충격을 주었다. 그로 인해 나폴레옹은 많은 독재자들의 특징이기도 한 자기중심적 피해망상 증상을 보이기 시작했다. 그는 마치 자신의 개인적인 이익과 국가의 이익이 구별되지 않는다는 듯 법 위에서 행동했다. 그는 동정, 존경, 연민 등의 감정이 거의 없는 듯 보였고, 협력자나 동반자가 아닌 신하와 수단으로만 둘러싸여 있었다. 모든 이들이 확실히 주인을 두려워하도록 만들기 위해 이제부터는 늘 전쟁이 있을 것이었다. 목격자들은 나폴레옹이 무자비해지고 자신의 목적을 달성하기 위해서는 어떤 일도 서슴지 않게 되면서 공통의 도덕적 가치에 대한 존경심과 온건함을 상실했다고 평했다.

통령 정부의 이 시기는 정치적 자유가 극도로 제한된 시기로 역사에 남게 되었다. 많은 사람들은 공포감 때문에 어쩔 수 없이, 그리고 안정적인 질서를 염원하는 마음에서 이 시기를 받아들였으며, 다른 일부는 나폴레옹의 후견으로 특권을 누리면서 이 시기를 받아들였다. 나폴레옹은 자신만의 제국주의 정권을 위한 기반을 다지고 있었다.

리더십과 권력에 대한 생각

- 나폴레옹은 암살시도에 대한 두려움으로 점점 피해망상이 되어갔다.

- 그는 자신이 암살되면 혁명의 성과마저 모두 사라지리라 생각했다.

- 그 결과 그는 프랑스 내의 모든 힘과 영향력의 원천을 엄중히 관리했다. 정보원과 첩자 조직을 형성했으며 매체를 통제하기 위해서 자신에게 반대 성향을 보이는 신문은 모두 폐간했다.

- 왕위를 노릴 가능성이 있는 자를 처형하여 모든 반대파들에게 반대 시도로 뒤따를 무시무시한 결과를 보여주었다.

- 따라서 그는 본보기로 앙기앵 공작의 처형을 감행했다.

나폴레옹은 주위에 아첨꾼들만 가득 두었다는 비판을 받아왔다. 그러나 막강한 권한을 지닌 리더와 긴밀히 일하는 사람들은 진실을 다 말하지 못하며 아첨꾼과 뻔뻔한 거짓말쟁이가 되는 일이 흔하다. 나폴레옹의 군대나 정부에서처럼 위계적인 조직에서 추종자들이 리더를 두려워하면 그들은 리더가 듣고 싶어 하는 것만 말하게 된다.

나폴레옹의 추종자 중 다수는 사회적 지위가 높지 않았기 때문에 권력이 있는 자리에 익숙하지 않았고 군사적 지위 체제를 넘어서 행동하기에 자신감이 부족했다. 반대자들이 해고되고 끊임없이 수행 압력이 가해지는 조직에서 추종자들은 두려움과 불안과 의심을 경험할 수 있다. 그리고 속으로는 무슨 생각을 하든지 겉으로는 의존적이며 아무런 의문을 품지 않는 순응주의자가 되는 경향이 있다.

19세기 초까지 프랑스에서 군사력과 민력을 거의 절대적으로 통제했음에도 불구하고 나폴레옹은 불안감을 느꼈는데 그럴 만한 이유가 있었다. 자신의 세력 기반이 튼튼하지 못하다는 불안감을 느낄수록 지정된 후계자 없이 자신이 죽을 수도 있다는 걱정과 불안은 더 커져갔다. 그는 여전히 자식이나 후계자가 없었다. 그가 왕당파를 평등주의라는 혁명의 이상과 자신의 권력에 대한 진짜 위협으로 생각한 것은 물론 타당했다. 하지만 오직 유전적으로 자신을 재생산하여 왕위를 승계해야만 한다는 자아도취적인 생각은 비극적인 착각이었다. 제1통령에게 도전할 기미를 보이는 자에게 자비란 있을 수 없었다.

그러나 당시의 즉결 재판 전통에서도 이 사건은 나폴레옹이 내렸던 결정 중 가장 논란이 컸던 결정이었다. 그는 군사 원수들과 조언자들의 의견을 들었지만 그들은 각자의 관점에 따라 분열되어 있었다. 조제핀은 필사적으로 앙기앵을 구하고 싶어 했는데, 개인적으로 그에게 연민을 느끼고 점점 폭력적으로 변해가는 나폴레옹의 성격에 두려움을 느꼈기 때문이었다.

이 사건의 요인으로 작용했던 다음과 같은 다섯 가지 사안들을 고려해보자.

1. 진짜 범인을 재판에 회부할 수 없자 암살시도에 대한 보복으로 잔혹한 코르시카식 복수 방식 채택.

2. 자신이 혁명의 계승자이자 수호자라는 생각으로 혁명의 성과를 지키고 싶어 했던 점. 왕위를 노리는 부르봉 왕가의 혈통을 제거함으로써 혁명주의자들의 편으로 보여야 했던 점.

3. 자신이 세습 지위를 갖는 것을 정당화하고 제국의 영속성을 보장하며 자코뱅파의 무정부 상태나 부르봉 왕가의 부활로 역행하는 상황을 막으려 했던 목적.

4. 조직의 존재를 정당화하고 리더의 환심을 사려 애쓰던 거대하고 막강한 경찰대의 활약.

5. 나폴레옹의 야망으로 밀려나 불만을 품은 정치가들과 군 장교들을 위협.

첫째, 이 사건은 나폴레옹의 코르시카 혈통과도 관련이 있다.

비록 그가 잔혹한 복수 방식을 탐탁찮아 하고 그것을 악랄한 관습으로 여겼더라도 그는 앙기앵 공작의 처형, 그리고 자신을 대신하여 웰링턴 공작The Duke of Wellington을 암살해 달라고 남긴 유언을 통해 경력 기간 동안 두어 번 피의 복수 방식을 택했다. 바람을 피워 남편에게서 수치심과 망신을 느끼게 한 부인에게 코르시카 남성 대부분이 할 만한 방식으로 조제핀을 대하지 않은 점에서 입증되듯 나폴레옹은 극도로 잔혹한 악당은 아니었다. 그는 훨씬 더 거칠게 행동할 수도 있었다. 아마도 나폴레옹은 코르시카 식 복수 방식으로 앙기앵을 처형한 것이 영예롭다고 생각한 듯하다. 한 집단의 일원에 의한(즉 아르투아 백작 지지자들에 의한) 공격은 같은 집단에 속한 다른 이의 죽음으로 복수될 수 있었다. 앙기앵은 아르투아와 같은 부르봉 왕가 출신이었고 나폴레옹은 자신의 핵심 의도를 전달하기 위해 그중 한 명을 제거해야 했다.

둘째, 나폴레옹은 앙기앵의 처형, 그리고 반대자들에 대한 탄압이 혁명의 성과를 보호한다고 주장했다. 자신의 권력이 약해지면 혁명의 성과도 약해진다는 나폴레옹의 주장에 많은 이들이 동의했다. 프랑스의 국민과 영토를 지키고 혁명의 목표 중 하나인 유럽에 새로운 질서를 창조하는 임무는 나폴레옹에게 달려 있었다. 국유화된 교회의 토지로 이익을 본 자나 나폴레옹의 보호 아래 돌아온 망명자 등 혁명의 수혜자들은 나폴레옹에게 전적으로 의존하고 있는 현 정부에서 결코 안전하다는 느낌을 받지 못했다. 당시 많은 사람들은 나폴레옹이 암살을 당하거나 전장에서 죽기라도 하면 자코뱅 시대의 무정부 상태와 혼란, 또는 부르봉 왕가의 부활과 같은 훨씬 더 혐오스러운 군주제로 돌아가게 될 거라 걱정했다.

셋째, 나폴레옹은 1801년 암살 음모가 발생했던 초기에 기자인 뢰데레에게 다음과 같이 말했다. "만약 내가 4~5년 안에 죽으면 시계태엽은 똑같이 감기고 돌아가겠지. 그러나 그전에 죽으면 나도 무슨 일이 벌어질지 모르겠네."(크로닌, 1971:300) 1804년, 그는 암살범들이 결국 그를 죽이고 자코뱅을 다시 권력에 앉힐 것이라는 보고를 자주 받았다. 그는 여전히 자신이 프랑스 혁명을 구현하는 인물이라 믿고 있었다.

넷째, 나폴레옹은 앙기앵 공작을 처형하면 자신의 목숨을 노리는 시도들이 멈출 것이라 주장했다. 또한 자신이 황제의 자리에 오르면 음모를 더욱더 억제할 수 있을 것이라 주장했다. 그의 생각은 옳았다. 그러한 음해 시도들은 그가 황제가 되자 자취를 감추었다. 또한 그는 자코뱅파나 왕당파의 귀환을 막을 수 있는 유일한 해결책은 자신이 황제로 임명되어 세습 후계자를 정하는 것이라고 주장했다. 역설적이게도 나폴레옹은 세습 군주제를 바라고 있었다. 그러나 어쨌든 '황제'는 '왕'과 상당히 다른 개념처럼 보였고 또한 작은 왕국들을 병합하면서 프랑스의 영토를 확장하고 강화하는 의미도 있었다.

다섯째, 적극적인 경찰 수장이었던 푸셰의 노력은 나폴레옹이 반대자들에게 보다 엄격한 조치를 취하도록 부추겼다. 탈레랑처럼 푸셰도 나폴레옹만큼이나 사람들을 조종하는 데 능했다. 그는 자신을 나폴레옹에게 없어서는 안 될 사람으로 만들었는데, 특히 나폴레옹이 정교한 안보 대책을 세우는 데 익숙하지 않았기 때문이었다. 푸셰는 끊임없는 암살시도들이 나폴레옹을 무기력하고 불안하게 만들고 있다는 점을 알았고, 그는 나폴레옹을 독려하여 폭력적인 복수로 치닫게 만들었다. 이는 푸셰의 의도대로 되는 것이었다. 이렇게 하여 1802년부터 1804년까지 파리에서 수많은 왕당파 대원들이 체포되었으며, 열아홉 명이 사형선고를 받았다(이중 여덟 명은 형 집행이 유예되어 감옥으로 보내졌다). 시민의 평등과 인권에 관심이 많던 나폴레옹은 처음에는 너무 잔혹해지기를 꺼렸으나, 독재자와 정복자가 되는 데 탄압은 필수적인 부분이었다. 툴롱 포위전 후 반군 처형을 혐오했던 젊은 군인과 1795년 파리의 거리에서 시위자 200여 명에게 총살 명령을 내린 지휘관은 어쨌든 동일한 나폴레옹이었다.

마지막으로 나폴레옹의 오래된 친구 베르나도트^{Bernadotte}를 비롯하여 소외감을 느끼고 불만을 품은 많은 장교들이 나폴레옹의 정권을 군사 연방국으로 대체하고 싶어 했다. 이들은 기회가 오면 후사르 기병대처럼 제복을 갖춰 입고 연병장에서 나폴레옹을 공격할 계획을 세웠다. 그러나 자신들이 부르봉 왕가의 부활을 원하는지 아니면 군사 독재 정부를 원하는지, 또 누가 새 독재자가 될 것인지에 관하여 이 예비 암살자들은 의견을 일치하지 못했다.

어쨌든 많은 사람들은 앙기앵 공작 처형 사건이 나폴레옹의 경력에서 중요한 경계가 되었다고 보았다. 나폴레옹이 자신의 왕권에 도전하는 자들을 고립시키고 응징하자, 나폴레옹을 기존에 존재했던 리더들과 다른 유형의 리더라고 믿었던 낭만파와 학자들은 자신들의 신념을 버렸다. 나폴레옹의 피해망상이 커지면서 그는 제국 내에서 모든 영향력과 힘의 원천들을 철저하게 감시하고 통제했으며, 최소 두 개의 정보원과 첩보원 조직을 만들고 반대파 신문들을 철폐했다. 병사들에게 감화를 주는 지도력에 집중하던 그는 세밀하게 일상의 모든 부분을 감시하는 데 주력하는 리더로 변해갔다.

세력 기반을 밀착 관리하는 이점이라면 좋지 않은 소식들에 놀랄 일이 적고, 자신이 지닌 자원의 이용 가능성을 파악할 수 있고, 현재 무슨 일이 일어나고 있는지 면밀하게 알 수 있다는 것이다. 하지만 한 사람이 모든 것을 관리하고 아우르는 리더십과 엄격한 관리는(특히 공포로 조성된) 연루된 개인들을 지치게 하고 불필요하게 그들의 전력을 소모시킬 수 있다.

교묘하고 강압적으로 공포감을 조성하는 방법은 사람들을 수동적으로 만들고 맹목적으로 복종하게 만들면서 그들의 능력을 중간 수준에 머물게 할 수 있다. 거침없이 말했다가는 그 결과로 혹독한 대가를 치를 수 있기 때문에 사람들은 정직한 피드백을 하지 않고 원래 품었던 생각을 표현하지 못하며 심지어 뛰어난 능력까지 발휘하지 못할 수 있다.

그러나 나폴레옹이 항상 그렇게 무자비하지는 않았던 것 같다. 그는 베르나도트, 푸셰, 탈레랑, 뮈라 등 자신을 실망시킨 동료들의 모의를 눈감아주었다. 그는 추종자들의 배은망덕함에 절제력 있게 어깨를 으쓱하고는 말았다. 강압적인 힘을 사용하면서도 그는 여전히 가족들과 군대의 원수들을 보호했다. 그는 냉담했을 뿐이지 그렇게 잔인하지는 않았고, 전제군주였지만 악랄한 독재자는 아니었다. 그는 자신과 가깝고 충실한 자들에게는 설령 그들이 무능해도 앙심을 품지 않았다. 그는 특별히 위협적이지도 않았다. 반대자들에 대한 반발 반응으로 '부오나파르트^{Buonaparte}(보나파르트의 코르시카식 철자)'의 철자를 영리하게 바꾸어 '소인은 무섭다^{Nabot a peur}'라는 문구를 만들어서 파리 전역의 벽보에 써 붙였다. 어떤 이들은 "이 터무니없는 제국은 1년도 못 갈 것이다"라고 시위하기도 했다. 프랑스가 영국을 침략하겠다고 위협하던 시기에 아기에게 젖을 먹이는 엄마들은 "조용히 하지 않으면 보니^{Boney}가 잡아간다"라고 말했다. 그러나 그 침략 위협이 얼마나 진짜로 느껴졌는지는 의문이다. 그리고 나폴레옹은 여전히 자신의 행동들을 정당화해야 할 압박감을 느꼈다. 러시아의 알렉산드르 황제가 나폴레옹이 앙기앵을 제거하고 처형한 것을 비난하자, 나폴레옹은 분노에 차서 아버지를 교살한 알렉산드르 황제는 자신의 행동에 대해서 훈계할 자격이 없다고 쏘아붙였다. 이 사례들은 만약 나폴레옹이 정말로 무서운 사람이었다면 아무도 감히 그에게 이같이 맞서지 못했으리라는 점을 시사한다.

전장에서는 믿기 어려울 정도로 용맹하고 두려움이 없었지만, 일상생활에서 나폴레옹은 내내 두려움에 시달렸다. 그는 끊임없이 움직였고 적들에게 정체를 드러내라고 강요하며 자리를 보전하는 데 신경을 곤두세웠다. 그리고 적들의 정체를 파악하면 신속하게 그들을 제거했다. 그러나 정말로 그가 피해망상이었을까? 비록 일부 전기 작가들은 그렇게 생각하지만 아마 그런 자리에 있으면 누구라도 그 정도의 성향은 보였을 것이다.

하지만 모든 반대 의사 표시가 잠재적으로 아주 위험한 정권에서 나폴레옹에게 반대하는 행동은 점점 더 지하세계로 숨어들어갔고 보다 절실해지게 되었다. 따라서 나폴레옹의 암살 성공만이 변화를 가져올 수 있었다. 암살시도가 거의 성공할 뻔한 적도 있었다. 독재적인 통치자들은 자신을 권력에서 끌어내리려고 기회를 엿보거나 여러 세력이 힘을 합쳐 시도하는 모든 행동들을 끊임없이 경계해야 한다. 공포감이 만연한 사회에서 많은 사람들이 공개적으로 반대하지는 못할 수도 있으나, 오직 지속적으로 엄격하게 감시하고 법을 집행해야만 한 리더가 전 국민을 통제할 수 있다.

군사적 세력이 민간 영역까지 통제하면서 정치적 이의는 반항이나 배신으로 여겨졌다. 위계질서를 반드시 따라야 하는 군대에서 지휘 체계는 굉장히 중요하다. 나폴레옹은 국민개병제를 실시하여 일반 국민 중에서 병사를 징집했다. 이들은 전문적인 훈련을 받거나 오랜 전통을 따라 단결한 것이 아니라 공포심과 먹고 입을 물리적인 필요에 따라 단결한 아마추어 군대였다. 장비를 잘 갖추고 훈련을 잘 받은 오스트리아군과 맞서 싸우던 프랑스군은 거의 다른 대안 없이 오직 복종과 애국심에 의존했고 승리하면 자신들의 결속력에 기뻐했다.

1804년, 나폴레옹은 절대적인 지배 위치에 이르렀다. 더 이상 다른 이들과 군사적 성공을 두고 경쟁하지 않아도 되었고, 통령 정부와 제국 초기에 자신에게 집중되는 권력에 도전하던 경쟁자들도 많지 않았다. 혁명 초반에는 많은 이들이 다른 정치 파에 속해 있었고, 총재 정부와 의회에서 세력은 다양하게 분산되어 있었다. 통령 정부는 출발부터 분산된 지도력을 보이던 과거 정부들과 급진적으로 달랐다. 브뤼메르 쿠데타라는 혹독한 시련 속에서 형성된 이 권력 집중 현상은 예상대로 다른 정치 계층의 반대에 부딪혔다. 따라서 정권을 존속시키기 위해서는 이들을 엄격하고 단호하게 다스려야 했다.

거의 모든 국가가 겪어 봤을 법한 만국 공통적인 혼란 기간, 즉 갑자기 지독한 공포감이 드는 것이 아니라 사회 어디에나 공포감이 조성되어 있는 상황을 생각해보면 당시 상황이 더 분명하게 이해된다. 당시 프랑스는 수백 년간 지속되어온 사회질서가 붕괴되고, 국교가 폐지되고, 지하의 반란군들이 일어나 전반적으로 무질서하고 혼란스러운 분위기가 만연했다. 혁명 당시 사춘기에 접어들었던 어린 남자아이는 이제 20대 초반이 되어 전쟁터로 끌려갔고, 한때는 머스킷 총을 들기에 너무 허약하다고 여겨졌던 열다섯 살 정도의 어린 소년들이 군대로 징집되었다. 사회의 모든 힘은 전쟁이나 전쟁 위협에 대응하는 데 쓰였다. 아무도 내일이 오늘과 같으리라 확신하지 못했다. 상황은 계속해서 급격하게 변하고 불확실했다.

나폴레옹은 약해보이지 않기 위해서 강압적인 힘을 사용해야 하며 이 혼란스러운 상황에 확실한 안전을 제공해야 한다고 느꼈다. 하지만 그는 자신의 힘을 강화하기 위해서 종종 다른 이들이 약하게 느끼도록 만들었다. 그의 세력 기반은 늘 위태로웠고 따라서 그는 항상 다른 이들에게 그들이 옳지 않은 행동을 하면 무슨 일이 벌어질지 알도록 해야 했다. 그는 자신이 단 한 번이라도 실책을 하면 불행한 운명을 맞게 되리라는 사실을 알았다. 그는 이 점을 몹시 의식하고 있었고, 따라서 다른 이들도 똑같이 느끼게 만들어야 했다.

독일 철학자 니체는 나폴레옹에게 인간미가 부족한 결함이 있다고 보았다. 그러나 이 '고귀한 남자'는 원래 선천적으로 위험한 인물이며 위대한 리더가 임무를 수행하기 위해 다른 이들의 희생을 받아들이듯 어떠한 인명 손실도 감수하고 행동했다. 나폴레옹은 사디스트도 아니고 그렇게 잔인하지도 않았다. 단지 냉담하고 무심할 뿐이었다. 그의 임무는 연민이나 자비 따위로 중단되지 않았다. 니체에 따르면 나폴레옹은 다른 그 어떤 리더보다도 19세기의 희망과 꿈을 상징했으며 정신력과 활기가 워낙 뛰어났기 때문에 공포정치를 펼쳤음에도 불구하고 위대한 인물이 되었다.

리더십과 권력에 관한 질문

당신은 영감을 주는 리더일 뿐 아니라 세심하게 모든 상황을 통제하는 리더가 되어야 하는가? 당신은 어떻게 세력 기반을 효율적으로 관리하는가? 온건한 방법만으로 효과를 내지 못할 때 공포심을 불어넣는 것은 권력을 얻고 유지하기 위한 하나의 방법이다.

- 당신은 조직에서 벌어지고 있는 일을 상세히 알고 모든 정보를 지배하기 위해 정보 조직을 만들고 철저하게 힘과 영향력의 원천을 관리하는가? 아니면 이러한 행동은 당신의 관심사가 아니며 지나친 행동으로 들리는가?

- 당신이 창조해내서 당신 외에 누구도 지속해 나갈 수 없는 정책이나 업적이 있

는가? 그 업적들은 당신이 일자리를 잃으면 함께 상실되어 버릴 것 같은가?

- 당신의 리더십에 반대했다가는 무서운 결과가 뒤따르리라는 점을 알릴 필요가 있는가? 아니면 이것은 당신이 취하는 방식이 아닌가?

- 당신은 일자리라든지 당신에게 귀중한 무언가를 잃을지도 모른다는 강박증에 시달리는가? 아니면 이것은 당신이 걱정할 거리가 아닌가?

- 당신의 의도를 전달하기 위해 골치를 썩일 가능성이 있는 직원을 본보기 대상으로 삼은 적이 있는가?

- 당신은 경영 관행을 직원들을 통제하는 수단이 아니라 자원을 보존하고 효율성을 증대시키는 방법으로 보는가?

- 당신이나 당신 주위의 사람들은 자제하지 않을 경우, 벌어질 결과가 두려워서 행동을 자제하는가?

- 실패를 용인할 수 있는가? 혁신하고 실패하는 자들에게 대가가 따르는가? 순응하는 자에게 모든 보상이 돌아가는가?

PART
07

선거

대중들의 환호 속에 황제로 등극(1804년)

: 권력을 잡고 정당화하기 위해 대규모로 여론 이용

프랑스 국민들은 그들이 영웅이라고 생각하는 남자를 칭송하고 그를 더욱더 높은 자리로 올리고자 하는 열망에서 나폴레옹을 황제로 만들고 싶어 했다. 그 열망은 각 암살 음모가 밝혀질 때마다 커졌다. 한 왕당파 첩보원은 "그에게는 오직 칼밖에 없지만, 그 칼이 바로 왕의 지휘봉이다"라고 말했다.

크로닌, 1971년, 302쪽

우리는 바랐던 것 이상을 해냈다. 우리는 프랑스에 왕을 세우려고 했는데 황제를 세워버렸다.

투옥된 암살시도자, 1804년

파리에서 교황의 참석 하에 스스로 황제의 관을 쓰고, 고대 프랑스 왕국보다 더 위대한 국가를 다스릴 수 있는 권한을 부여한 황제 칭호를 받으면서, 그는 자신의 권력을 사람들이 확실히 인정하도록 만들었다. 1811년 전성기에 프랑스 제국은 달마티아 해안을 비롯해 발트 해 연안의 뤼베크에서 로마 남쪽 가에타까지 확대되었다.

팔머Palmer, 1962년, 117쪽

아무도 재산의 재분배를 되돌리지 못할 것이며, 설령 귀족들이 돌아온다 하더라도 고대 정권은 절대 부활하지 못할 것이다. 그들은 내가 지배하는 새 시대의 신하가 될 것이다.

나폴레옹이 부인하며, 1805년

나는 내 자신을 구원하기 위해 계속해서 깊은 바다 속으로 닻을 던진다.

계속되는 고립 속에서 나폴레옹, 1805년

직위, 명예, 땅을 주면 우리가 자신을 위해 목숨이라도 내놓을 줄 알았나?

나폴레옹에게 등을 돌린 늙은 군인들, 1814년

국민투표, 또는 보통선거는 혁명 정부에서 독특한 의사 결정 방법으로 자리 잡았다. 나폴레옹은 여러 차례 국민 투표를 실시했고, 1804년에는 파리의 지도층 외에도 일반 유권자들과 자신과의 관계를 강화하기 위해서 다시 한 번 국민투표를 실시했다. 이렇게 하여 그는 자신의 통치에 대한 의문을 단 하나의 질문으로 단순화했다. "그대들은 나를 프랑스의 황제로 원하는가?" 절대다수의 국민이 "그렇다"라고 답했고, 나폴레옹은 프랑스 국민들의 지지와 염원을 영광스럽게 표현하는 의미로 화려한 대관식을 계획하고 거행했다.

　이 장에서 우리는 어떻게 선거가 힘을 분산하는 수단이 아니라, 보다 강렬하게 힘을 집약하는 수단이 되었는지에 대해 생각해본다. 특히 프랑스 국민의 집단적 정체성을 구현하기 위해 열린 의식이자 그들이 국민투표를 통해 표현한 결정을 보여주는 의식이었던 대관식에 초점을 맞출 것이다.

대관식은 나폴레옹의 인기와 함께 그의 우월성을 화려하게 보여주었다. 그는 종교협약과 아미앵 평화조약을 체결하고 사악한 음모자들을 제거하면서 자신이 프랑스 국민 다수의 지지를 받고 있다는 사실을 공공연히 보여주고자 했다. 그는 자신의 분명한 인기를 과시하는 한편, 배후에서는 반대자들의 뿌리를 뽑고 모든 정부 부서들에 대한 통제를 강화하고 있었다. 그가 계획한 거대하고 현란한 대관식은 프랑스인으로서 고개를 높이 들고 영광의 시기를 즐기기 위해 감화가 필요했던 국민들에게 큰 감동을 주었다. 특히 15년간 혁명과 전쟁과 경기침체의 혼란기를 겪은 이후라 대관식은 더욱 감동적이었다. 이 장에서 초점을 맞출 대관식의 목적은 나폴레옹이 세습 권한을 지닌 황제가 되는 것을 정당화하고, 이를 통해 안보와 안정을 이루는 것이었다. 비록 실제로는 전쟁과 혼란스러운 상황이 계속될 운명이었지만 말이다.

1804년 5월 18일, 상원은 나폴레옹을 황제로 선포했고 공화력

12년 헌법이 확정되었다. 수백만 명의 충성스런 국민들은 국민투표로 결정된 이 선포를 승인했다. 그들은 마땅히 부르봉 왕가 시대의 그 어떤 대관식보다 훨씬 더 웅장하고 화려한 대관식을 해야 했다. 나폴레옹은 자신의 대관식 계획에 심혈을 기울이면서 국민들로 하여금 자신이 황제가 되어 프랑스에 평화가 확립되었다고 생각하도록 주로 대중들을 위한 기념식으로 준비했다. 이 화려한 대관식은 부르봉 왕가의 부활 가능성을 단념시킬 것이었다. 그리고 나폴레옹도 저들과 마찬가지로 군주가 되는 것이므로 프랑스가 다른 유럽국들과 조화를 이루게 될 것이며, 옛 프랑스를 새로운 프랑스와 조화시키고, 귀족이라는 발상에 공익 개념을 결부시켜서 유럽에 남아 있던 낡은 봉건주의의 잔재를 없애버릴 것이었다.

혈통에 상관없이 작위를 부여하는 평등주의 원칙이 나폴레옹의 새 제국에서 옹호되었다. 그러나 나폴레옹이 망명 귀족 4만여 명을 사면하여 다시 프랑스로 돌아오게 한 후 실상은 점점 더 많은 옛 귀족들이 새 궁정에 모이게 되었다. 작위는 국가에 대한 기여가 인정된 자에게 하사했는데, 보통 작위와 함께 보수가 좋은 공직과 토지도 하사되었다. 이 정책으로 많은 장군들이 부유해졌지만, 또 그로 인해 많은 늙은 군인들은 평화와 안정만을 추구하며 자신들의 부를 누리는 데만 집착하게 되었다.

황제가 되자 권력의 중앙집권화 현상이 더욱 확고해졌다. 나폴레옹은 사적인 논의에서는 반대 의견을 용인했지만 공개적인 반대에는 병적으로 예민한 모습을 보였다. 그는 "오랜 기간 동안 제도가 확립된 국가에서 벌이는 자유토론과 여전히 불안정한 국가에서 반대 의견을 내는 것 사이에는 큰 차이가 있다"라고 주장하며 불확실하고 혼란한 프랑스의 상황과 자신이 정복한 프랑스의 영토들을 언급하면서 자신의 정책을 정당화했다. 그러나 그는 다음과 같이 시인하며 진짜 의중을 드러내기도 했다. "나는 반대 의견의 장점이 무엇인지 아직도 이해할 수 없다. 장점이 뭐든 간에 반대 의견은 사람들 앞에서 내 권한을 약화시키고 위신을 떨어뜨릴 뿐이다."(마크햄, 1963:99)

대관식에는 다양한 요소들이 포함되어 많은 역할을 했다. 교황의 참석은 국민 대다수를 기쁘게 하는 데 필수적이었다. 대관식은 의식 절차를 따르며 역사에 경의를 표하고 대중들 앞에서 황제의 합법성을 확실히 보여주어야 했다. 또한 혁명의 성과를 나타내기 위해 투명하고 개방적인 방식으로 진행될 것이며 기존과 다르게 성직자들만이 아니라 여성과 어린이도 포함하여 모든 사람들을 위한 의식으로 거행될 것이었다. 그는 확실히 희대의 영웅이었다. 그러나 스스로 왕관을 쓰고 부인의 머리에 직접 왕관을 씌워주는 모습을 보면 극에 달한 그의 오만함에 대해서도 의심의 여지가 없었다.

나폴레옹은 "왕관은 신이 아니라 국민들이 주는 것이다"라고 주장했다. 그러면서도 한편으로는 사회의식에는 종교가 필요하다고 생각하여 "성직자가 필요한 이상, 가장 중요하고 뛰어난 인물이며 모든 성직자들의 수장인 교황을 부르자"라고 결정했다. 이를 위해 양쪽 모두에게 유리한 타협이 진행되었다. 교황 성하의 참석 하에 거행되는 멋지고 호화로운 대관식은 프랑스의 승리로 보일 것이다. 이것은 가장 증오하는 적인 영국으로서는 결코 할 수 없는 일이었다.

나폴레옹은 대관식에서 성찬식을 거행하지 않기로 결정하여 주도면밀하게 위선이라는 비난을 피했다. 또한 자신이 예배의 자유를 맹세하는 순간에는 교황이 자리를 비우도록 확실히 했다. 그러나 교황은 이것을 결코 용납할 수 없을 것이므로 교황이 성구聖具 보관실로 물러나 잠시 의식을 떠나 있도록 만들었다. 종교 회의론자들과 명백한 무신론자들의 존재에도 불구하고 거창하게 가톨릭 교회와 통합하는 모습을 보여준 이 의식은 명백히 정치적인 의도에서 나폴레옹과 교황이 협력한 결과였다. 나폴레옹은 너무나 중요한 인물이어서 아무도 그의 제안을 거절할 수 없었다. 많은 유럽의 군주들처럼 교황 역시 이 코르시카 출신 벼락출세자가 결국 몰락할 때까지 그저 때를 기다리고 있었을 것이다. 한편 교황은 품위 있게 참석한 대가로 나폴레옹이 교회에 기부할 수백만 프랑을 기대할 수 있었다.

근대적이고 새로운 전통을 기념하는 것 외에도 대관식은 프랑스의 역사적 전통에도 확고히 뿌리를 내려야 했다. 나폴레옹이 샤를마뉴 대제나 과거 존재했던 다른 위대한 리더들을 연상시키는 행동을 하는 것이 당시 많은 사람에 의해 관찰되었다. 실제로 나폴레옹은 의도적으로 샤를마뉴 대제와 자신을 연관 짓고 싶어 했으며, 대관식에서 사용하기 위해 샤를마뉴 대제의 검과 왕관을 찾아내는 데 많은 노력을 들였다. 결국 그는 카이사르의 월계관과 비슷하지만 금으로 제작되고 로마인들이 승자에게 씌워주던 것과 같은 오픈 크라운(왕관의 윗 부분이 열려 있는 왕관–옮긴이)을 쓰기로 결정했다. 이것은 퇴락한 전통 세습 군주들이 쓰던 클로즈드 크라운(왕관의 윗부분이 막혀 있는 왕관–옮긴이)과 대조를 이르는 모습을 강조하도록 제작되었다.

직접 왕관을 쓰기로 한 나폴레옹의 결정은 그가 너무 오만해서였거나, 모든 논란을 피하기 위해서였거나, 아니면 종교협약 이후 교황이 너무 막강해 보이지 않게 하기 위해서였을 것이다. 사실 그에게 왕관을 씌워줄 사람이 누가 있었겠는가. 다른 유럽의 군주들은 대부분 적이었고 그의 가족들은 인상적이지도 않았고 부적합했다. 그는 관료들 대부분을 신뢰하지 못했으며 그들이 자신보다 더 부각되기를 바라지도 않았다. 장군들과 원수들도 마찬가지였다. 스스로 관을 쓰는 것 말고는 다른 대안이 없었다.

새로운 제국의 탄생을 기념하는 취지에서 제국의 상징을 정하기 위한 위원회가 수립되었다. 통속적으로 프랑스를 상징하는 수탉은 농가의 안마당에서 기르는 생물이기 때문에 나폴레옹의 제국을 상징하기에는 너무 약해보였다. 사자는 적국인 영국의 마스코트였다. 고심 끝에 결국 독수리로 결정되었다. 그러나 오스트리아나 프로이센의 독수리처럼 너무 크지 않게 만들었다. 그리고 자신의 개인적인 상징으로 나폴레옹은 무언가 아주 오래되고 독특한 것을 원했다. 그는 자신의 망토를 벌들로 수놓기로 결정했다. 아마도 나폴레옹 자신처럼 벌들이 근면성, 봉사, 비옥함을 나타내며 강력한 침을 지녔기 때문이었을 것이다.

의식의 절차를 정하는 일은 더욱 어려웠다. 혁명을 겪어 생성된 공화국에서 어떻게 다시 군주가 탄생하는 의식을 성스럽게 거행할 수 있겠는가? 나폴레옹은 이 의식이 길고 지루하리라는 것을 알았고(실제로 의식 도중 여러 차례 하품을 했다) 따라서 보통은 아홉 곳에 성유를 바르는데 반해, 그는 손과 이마에만 성유를 바르도록 했다. 프랑스 왕들은 전통적으로 비둘기가 하늘에서 가져온 성유로 의식을 했는데 이 대관식에서는 올리브오일과 향유로 거행되었다(그리고 우연히도 혁명 기간에 성유가 들어 있는 작은 병을 파괴한 사람은 바로 조제핀의 첫 남편인 보아르네 장군이었다).

나폴레옹은 이 의식이 보다 많은 이들을 수용하고 혁명이 지지하는 평등사상을 대표하기를 바랐다. 비록 그는 자주 여성 혐오자로 여겨지고 나폴레옹의 통치 기간 동안 여성들의 경제적 사회적 지위가 진보를 이루지 못했지만, 프랑스 공화국은 여성명사로 불렸으며 공화국의 상징도 여성으로 묘사되었다. 대관식에는 중세 시대의 정신도 어느 정도 깃들어 있었다. 아름다운 여성을 위해 행동에 나선다는 중세 시대 기사도의 정신을 따라 나폴레옹은 대관식에서 조제핀에게도 성유를 바르고 왕관을 씌워주었다. 조제핀과 나폴레옹은 종교적인 결혼 의식도 신속히 거행했다. 혁명 기간 중에는 모든 교회가 문을 닫아서 오직 사회적인 의식만으로 결혼식을 올렸기 때문이었다. 하지만 교황은 이 결혼식을 용납할 수 없었다.

1804년 12월 2일 나폴레옹은 다이아몬드 머리띠를 한 눈부신 조제핀과 함께 마차에 올라 노트르담 대성당으로 향했다. 그는 하얀색 비단 셔츠에 반바지와 스타킹을 입고 러시아산 족제비의 새하얀 털이 달리고 황금벌이 수놓아진 짧은 보라색 망토를 걸쳤다. 그리고 평상시에 쓰던 양쪽으로 챙이 접힌 작은 이각모 대신 하얀색 깃털이 꽂힌 검정색 펠트 모자를 쓰고 있었다. 그들을 태운 마차가 천천히 거리를 지나가자 군중들은 손을 흔들었고, 예배당 중앙의 회중석을 걸어 올라갈 때는 군악대가 대관식 행진곡을 연주했으며, 군중들은 '황제 만세!'를 외쳤다. 8천여 명의 지지자들이 공개 즉위식을 보기 위해 성당에 모였다. 투명한 새 시대라는 메시지를 전달하려는 시도로 나폴레옹은 루이 16세와 다르게 모든 신도들이 지켜보는 가운데 전체 의식을 거행했다.

호칭 기도(사제가 먼저 말하면 신도들이 그에 대응하는 형식으로 이어지는 일련의 기도-옮긴이) 후 성유를 바르는 의식과 미사 1부가 진행되었다. 미사에서는 검과 왕의 지휘봉 등 정의와 왕권의 상징을 축복하는 의식도 거행되었다. 그리고 나폴레옹은 제단으로 걸어가 합창단이 외치는 "영원한 황제 폐하 만세!"라는 함성에 맞추어 스스로 왕관을 쓰고 그다음 조제핀에게도 왕관을 씌워주었다. 화가 다비드는 황제 나폴레옹에게 훨씬 더 많은 상징성을 부여하며 이 순간을 묘사해서 유명한 대관식 그림을 그렸다. 그 후에도 세 시간가량 의식이 계속된 후 나폴레옹이 공화국의 영토를 온전하게 지키겠다고 맹세하는 선서로 막을 내렸다. 당시 프랑스 공화국의 영토는 프랑스, 벨기에, 사부아, 라인 강 좌안, 피에몬테Piedmont까지 확장되어 있었다. 나폴레옹은 또한 종교협약과 예배의 자유를 법으로 옹호하겠다고 맹세했다. "나는 프랑스 국민들의 이익과 행복과 영광을 위해 통치할 것을 맹세한다"라고 나폴레옹이 선언하자 전령관이 "가장 영광스럽고 위엄 있는 나폴레옹 프랑스 황제께서 임명되어 왕좌에 오르셨다"라고 외쳤다.(크로닌, 1971:312)

대관식 후 반응은 어땠을까? 나폴레옹은 그날 저녁 열린 만찬 내내 왕관을 쓰고 있었으며 조제핀에게도 왕관을 쓰고 있으라고 요구했다. 그러면서도 계속해서 자신은 이전과 동일하며 황제가 되었다고 바뀌는 것은 없다고 말했다. 이 말은 어느 정도 사실인 것 같기도 하다. 그러나 대관식에서 영광의 시대를 약속하며 황제의 자리에 오르자 다른 사람들이 그를 대하는 태도가 바뀌었다. 거기에는 제국은 더욱더 확장될 것이라는 암시도 있었다. 그리고 그다음 5년간은 정말 확장되었다. 그러나 그 후 제국은 방어를 필요로 하게 된다. 어쨌든 전쟁은 끊이지 않고 계속될 것이었다.

그러나 대관식으로 국민들에게는 큰 감동을 주었어도 다른 군주들에게까지 나폴레옹의 통치권을 납득시키지는 못했다. 그들은 여전히 나폴레옹을 미천한 군인으로 생각했다. 국법 준수를 아주 중요하게 여기는 이들에게 대관식은 큰 감동을 주지 못했다. 오히려 이들은 나폴레옹을 자기 조국의 법도 준수하지 못하면서 마음대로 새 법을 만든 파렴치한으로 생각했다. 다른 유럽의 리더들은 나폴레옹이 대관식에서 한 서약을 지킬 거라고 생각하지 않았다. 코르시카인들은 법보다 기회와 인맥을 따르는 경향이 있었고, 대관식은 단지 과시용이거나 합법성에 대한 그의 집착일 뿐이었다.

대관식과 황제 칭호는 유럽 군주들 사이에서 나폴레옹이 고립을 피하는 데 충분하지 않았을 뿐더러, 오히려 이후 그는 더욱더 장관과 장군들을 포함해 사람들로부터 고립되어 갔다. 그는 황제로서 합법성을 추구했으나, 식민지 출신의 벼락출세한 젊은 군인일 뿐이었다. 그의 나이는 여전히 겨우 서른다섯 살이었다. 그동안 전장에서 운이 따라준 덕택에 이제 그는 많은 권력 부속

물들에 둘러싸여 있었다. 다른 군주들의 입장에서 최악인 점은 그가 프랑스와 나머지 유럽 국가들에 더 많은 전쟁과 혼란과 동요와 경제적 혼란을 야기할 조짐을 보인 것이었다.

리더십과 권력에 대한 생각

- 국민투표는 나폴레옹에게 막강한 권력을 주었고 그의 지배적인 리더십을 정당화하는 데 도움이 되었다.

- 나폴레옹은 대중들의 지지를 과시하기를 좋아했다. 그는 수천 명의 국민들이 보내는 칭송을 사랑했다.

- 화려하고 극적인 광경, 멋진 제복, 기사도 정신, 거대한 군중, 그리고 교황의 참석은 사람들의 마음을 사로잡았고 나폴레옹을 유명인사로 만들었다.

- 사람들은 "나폴레옹이 프랑스를 위대하게 만들었다"라고 말하며 그를 추종했다(그리고 여전히 존경한다). 대관식은 국민들의 이같은 감정을 더욱 강화했다.

　　프랑스에서 나폴레옹의 인기는 종교협약과 평화조약 체결로 정점에 달했고, 그는 이것을 이용하여 자신의 임기를 제1통령에서 종신 통령으로 확장했다. 처음에 정부 의원들은 10년 연장을 제안했지만 나폴레옹은 자신의 임기를 국민투표로 결정해야 한다고 주장했다(그는 자신의 세력 기반을 굳히기 위해서 종신 임명 외에는 아무

것도 받아들이지 않았다). 만약 국민들의 선출로 권력을 얻을 수 있다면 그는 더욱더 안전한 느낌을 받을 수 있을 것이었고 자신의 인기를 '증명할 만한' 객관적인 수치와 사실이 생기는 것이었다. 그를 종신 통령으로 선출한 국민투표에서 350만 명의 프랑스 국민이 찬성했고 단 8천 명만이 반대했는데, 놀랍게도 반대표에는 상당이 많은 군인들의 표가 포함되어 있었다. 이 선거는 나폴레옹이 황제가 되기 위해 실시할 선거의 예비 선거 격이었다. 결국 선거를 통해 그는 자신의 힘을 증대시키고 국민들의 절대적인 칭송을 받을 수 있었으며 왕과는 다른 황제가 될 수 있었다. 불과 2년 후 시행한 선거에서는 지지 세력이 더욱 증가하여 400만 명이 찬성하고, 단 3천 명만이 반대했다.

1804년 4월, 장관들은 왕위 세습 원칙에 찬성했다. 그다음 국민투표를 조건으로 '공화국 정부는 세습 황제에게 위임된다'는 동의가 이루어졌다. 따라서 후계자는 나폴레옹의 가족 중에서 나올 것이었다. 14세기 동안 군주제를 유지했던 프랑스에서 공화국이 수립된 후 안정된 정부가 지속되지 못하자 세습 군주가 없다는 점은 확실히 많은 이들을 불안하게 만들었다.

처음에 장관들은 나폴레옹에게 아들이나 수양아들이 없으면 형 조제프가 후계자가 되는 안에 동의했다. 그러나 나폴레옹은 자신의 형제 중 누구도 후계자가 되기를 바라지 않고 (형제간 경쟁은 너무 위험할 것이므로), 후계자를 선택하는 문제에서 자유롭고 싶어 했다. 그래서 이 후계 문제는 늘 논쟁거리가 되었다. 안정적인 왕국을 지속시키기 위해서는 후계자가 절대적으로 필요했다. 그는 조제핀과의 이혼을 망설이며 여전히 그녀가 자신에게 아들을 낳아주기를 바랐다. 1807년 그는 사생아 아들을 보았고 따라서 자신도 자식을 낳는 것이 가능하다는 사실을 알았다. 그는 동생 루이 보나파르트Louis Bonaparte와 오르탕스 드 보아르네의 아들인 조카 샤를 루이 나폴레옹 보나파르트Charles Louis Napoléon Bonaparte(나중에 나폴레옹 3세가 되지만 나폴레옹의 직계는 아님)를 입양하는 것도 고려했다. 형 조제프는 항상 이 생각에 반대했다. 후계자가 결정되지 않은 상황에서 보나파르트 가족들은 자신들에게 막강한 힘이 있다는 사실을 알았다. 후계 문제는 가족들 모두에게 위험요소가 되었다. 그러나 가족들은 그들 사이에서 나온 여러 가지 해결책에 동의할 수 없었다. 나폴레옹이 재혼을 하고 적법한 아들을 낳을 때까지 이 난관은 계속되었다.

자신이 축적한 힘을 과시하기 위해 거행했던 대관식은 감동적이며 인상적이고 장관을 이루었지만, 모든 사람들이 그렇게 감동을 받은 것은 아니었다. 교황은 대관식에 참석하는 데 동의했고(선택된 날짜는 1804년 12월 21일이었다), 심지어 성유를 바른 후 나폴레옹이 교황의 손에서 왕관을 건네 들고 직접 쓰겠다는 생각에도 동의했다. 종교협약 이후, 교황은 분명 나폴레옹의 월권행위들에 절망하고 그저 대세를 따르기로 결정했던 것 같다. 극단적인 왕당파 지지자들은 벼락출세한 이방인이 황제로 오르는 이 혐오스러운 의식으로 그들이 반대하는 혁명이 정당화되고 심지어 신성시된다는 데에 분노했다. 조제핀 역시 대관식을 반대했다. 그녀는 공공연하게 나폴레옹의 자만심과 야망이 너무 크다고 말하고 다녔다. 그러나 사실 조제핀은 아직까지 자신이 나폴레옹의 아이를 낳지 못한 상황에서 제국의 설립을 축하하기 위해 열리는 대관식을 통해 나폴레옹이 세습 지위를 지닌 황제가 된다는 사실을 염두에 두고 있었다. 그러나 나폴레옹은 여전히 그녀에게 헌신적인 듯 보였다. 실제로 그들은 이전에 올린 세속적인 결혼식을 보충하기 위해 대관식 직전에 교황을 참석하게 하고 종교적인 결혼식을 올렸다. 이는 어떠한 경우에도 교회가 인정할 수 없는 의식이었다.

나폴레옹의 가족들은 대관식 준비 과정 내내 서로 격렬하게 싸움을 벌였고, 실제로 몇 명이 행사에 불참한 것이 눈에 띄었다. 뤼시앵과 제롬Jerome은 나폴레옹이 그들의 결혼을 승인하지 않은 데 앙심을 품어 나폴레옹과 말도 나누지 않는 사이였고, 따라서 참석하지 않았다. 나폴레옹의 어머니는 로마에 있는 뤼시앵을 방문하는 중이어서 참석하지 못했다. 그러나 다비드는 공식적인 대관식 그림에 어머니를 그려 넣으라는 지시를 받았다. 나폴레옹과 대관식에 참석한 형 조제프는 돌아가신 아버지를 생각하며 조용히 이 자랑스러운 순간을 함께했다. 아버지 카를로가 지금 이 모습을 볼 수 있다면!

조제프는 후계자가 되고 싶어 했다. 분명 나폴레옹의 형인 그는 후계자 후보이긴 했지만 소생이라고는 딸 둘밖에 없어 그 역시 지속되어야 하는 왕위 계승 문제를 해결할 수 없었다. 그 결과 조제프는 상처를 받았고 거부당했다는 느낌을 받았다. 조제핀의 딸 오르탕스와 결혼한 루이는 병약했지만 나폴레옹의 아들 때문에 자신이 배제되는 것을 받아들이지 못했다. 나폴레옹의 자매들 역시 성가시긴 마찬가지였다. 이들 모두는 '폐하'라고 불리고 싶어 했으나, 대관식에서 조제핀의 드레스 자락을 드는 건 너무 모욕적이라고 생각해 할 수 없었다. 그들의 태도는 대관식에서 새 황제의 기쁨을 대거 앗아 갔다.

그러나 약간의 부정 선거와 숫자 조작에도 불구하고, 몇천 명의 군인들 역시 나폴레옹이 황제로 승격되는 것에 반대하는 듯했다. 그리고 투철한 혁명가들 또한 혁명의 이름 아래 나폴레옹이 벌이고 있는 이 행동을 모순이라고 생각했다. 파리의 시민 사회 대부분은 이 화려한 의식으로 감명받기를 거부했고 새 황제의 계획을 의심스럽게 지켜보았다. 나폴레옹은 이들을 신뢰하지 않았고 그들보다 부유한 소작농들에게 귀를 기울였으며, 식량 공급과 노동자 계층의 일자리가 더 중요하다고 생각했다. 그는 "빵 부족으로 인한 폭동이 20만 명에 대항해 전투를 벌이는 것보다 더 두렵다"라고 말했다.(마크햄, 1963:135) 더 큰 소외감을 느끼며 나폴레옹에게 반감을 갖게 된 사회 계층에는 연줄이 좋은 여성들이 있었는데, 이들 중 스탈 부인을 비롯한 많은 여성들이 이미 지방으로 쫓겨나거나 프랑스를 떠나 망명길에 올랐다. 나폴레옹은 부르봉 왕가의 영향력을 약화시키는 방편 중 하나로 '치맛바람'을 피하기 위해 자신의 새로운 궁전에 여성들의 진입을 허용하지 않았다.

아마 대관식에서 가장 깊은 인상을 받은 이들은 그의 코르시카인 옛 유모를 포함하여 나폴레옹의 하인들이었을 것이다. 이들은 대관식에 초대받아 교황과 자리를 함께하는 매우 드문 특권을 누렸다. 이 단계까지는 나폴레옹이 자신의 하인들과 꽤 가까웠던 것 같다. 특별히 그들이 불평이나 비판을 하지 않는다면 말이다. 가까운 동료들의 지지를 높이기 위해 나폴레옹은 여섯 개의 고위 관리직을 만들었다. 1804년에 생긴 이 자리들에는 대선거인, 최고 수상, 최고 재무상, 대관료, 그리고 제국의 새 원수들이 포함되었다. 이 선택받은 자들은 높은 직위와 함께, 특히 땅을 하사받아 무척 기뻐했다. 황제를 보필하며 충성을 다하고 각자의 의무를 다하도록 만들기 위해서 나폴레옹의 새 궁전은 허세를 부리는 과거의 귀족들이 아니라 자신처럼 전장에서의 가치를 증명한 사람이나 국가에 한 봉사를 증명해보인 사람들로 채워질 계획이었다.

외국인들은 대관식에서 감명을 받았을까? 나폴레옹을 벼락출세자, 군사 모험가, 졸부로 여겼던 이들은 선전 활동의 결과로 마음을 바꾸려 하지 않았다. 나폴레옹 제국의 공개적인 의식 절차는 루이 16세의 궁중 의식보다 더 화려했으며 부르봉 왕조의 예법을 많이 따랐다. 하지만 많은 이들은 그 의식을 합법성을 주장하기 위해 외양만 갖춘 허세이자 납득하기 어려운 시도로 여겼다. 나폴레옹은 '군주는 항상 모습을 보여야 하며 왕의 지위란 배우의 역할과도 같다'라고 생각했다. 그러나 그의 궁전을 방문한 외국 사절은 전통적인 유럽 왕실에서 볼 수 있는 부와 권력의 상징들은 발견하지 못했고 오직 나폴레옹이 행사하는 권력만 보았다. 나폴레옹의 모든 행동은 오직 한 가지 목적, 바로 그가 그토록 열망하던 합법성을 얻기 위해 합법적인 군주들을 모방하는 데에 초점이 맞추어져 있었다.

대중들의 지지를 증명해 보이는 일은 다른 목적을 달성하기 위해서도 중요했다. 1804년, 나폴레옹은 적극적으로 영국을 침략할 계획을 세우고 군대를 노르망디 해변으로 모았다. 그들은 영국 해군이 패배하여 분산되면 해협을 건너려고 준비하고 있었다. 국민투표와 대관식에는 이 군사 작전에 대한 군인들의 열정을 보여주려는 의도도 있었다. 그러나 실제로 군인들은 거의 투표를 하지 않았고 투표를 한 군인 중 상당수는 나폴레옹의 승격에 반대했다. 이것은 그가 겁을 주고 싶었던 영국에 올바른 메시지를 보내지 못할 터였다. 그래서 나폴레옹은 군인들의 '찬성'

표를 조작했다. 이런 식으로 표를 조작한 행동은 결과를 바꾸지 못했고, 오히려 자신의 침략 계획에 대한 조바심만 드러냈다.

선거의 목적은 나폴레옹이 끊임없이 갈구하던 합법성을 얻는 것이었는데, 그가 종신 통령이 되거나 황제가 되는 것에 반대표를 던졌던 자들 대부분이 군인이었다는 점은 정말 역설적이라 할 수 있다. 아마도 군인들은 일반 국민들이 모르는 무언가를 알고 있었거나, 군주제를 폐지하는 데 너무 많은 땀과 피와 눈물을 흘렸기 때문일 것이다. '구 유럽'에서 파리를 방문하는 왕자들과 장관들을 떠올리면서 나폴레옹은 자신의 회고록에서 다음과 같은 생각을 드러냈다. '내 머리에 금과 다이아몬드를 두르고 신의 대리인이 나를 축복한다면, 그들이 좀 더 나를 받아들일 준비가 되고 혁명을 좀 더 기꺼이 인정할 것인가? 그들이 적대감을 삼키고 진심으로 무릎을 꿇고 혁명의 아들인 내가 위대한 왕들과 동일한 군주라는 사실을 인정하도록 만들기 위해 이것이 내가 치러야 할 대가인가?'(크로닌, 1971:304)

많은 이들은 독재자가 어떤 안건에 대한 승인을 얻고 반대자들을 막기 위해 시행하는 국민투표는 반민주주의적인 것으로 본다. 나폴레옹이 실시한 국민투표는 국민들에게 그에게 찬성하거나 반대하거나 하는 두 가지 선택권만 주었다. 이러한 형태의 선출 권력은 특히 1789년 '국민 주권'이라는 발상을 경험하고 나서부터 프랑스에서 인기가 있었다. 또한 이 방법으로 정치당들의 변형도 막을 수 있었다. 따라서 이것은 독재적인 세력 기반을 확실히 다지는 데 이용될 수 있었고, 이는 나폴레옹 3세의 통치 기간에 대중들의 지지라는 환상을 일으키며 다시 인기를 끈다.

나폴레옹은 그가 토지와 작위를 하사한 중산층을 기반으로 자신을 지지할 새로운 귀족층을 형성하고자 했고, 마찬가지로 일반국민들로 이루어진 추종자들도 만들고 싶어 했다. 그리하여 그는 1802년 '레지옹도뇌르'라는 제도를 제정했다. 이 제도의 수혜자는 주로 군인이었으며, 1814년까지 그 수혜자 수는 수만 명으로 늘어났다. 그리고 이 계층에서 나폴레옹은 가장 강력한 인기 기반을 형성하게 된다.

황제가 된 후 왕위 후계 문제에 대한 집착이 날로 커지면서 대중 선거는 더욱 중요해졌다. 그가 후계 구도와 상속 절차를 확립할 수 있었다면 그는 합법성을 얻을 수 있었을지도 모른다. 따라야 할 분명한 법칙들이 있었다면 내전을 피하고 사회 안정도 확립할 수 있었을 것이다. 안정성을 확립하기 위해서 실력주의에만 의존하기보다 왕위 승계 구도를 먼저 확실히 결정하는 편이 더 나았을 수도 있었다. 나폴레옹은 여기에서 모호한 상황에 빠졌다. 그는 원칙에 기반을 둔 승계 구도를 확립하는 데 헌신적이지 않았다. 그는 자신이 직접 후계자를 선택하는 것만이 가장 좋은 방법이라고 생각했다. 왜곡된 실력주의를 토대로 후계자를 선택하는데, 실력을 평가하는 단 하나의 기준이란 황제의 결정이었다.

누가 자신의 뒤를 이을지에 대해서 나폴레옹이 그렇게 많이 걱정한 이유는 자신만이 영웅적인 지도자이며 자신만이 중요한 일을 완수할 능력이 있고 자신이 국가 발전의 주 원천이라는 신념이 확고했기 때문이었다. 그러나 대부분의 시민들에게 황제의 말이나 행동은 단지 일상의 고투 속에서 생존을 좌우하는 또 다른 요인일 뿐이었다.

국민투표를 거쳐 화려하게 거행된 대관식은 굉장히 인상적인 광경을 보여주고 대중들을 감동시켜 그들로부터 합법성을 얻는 데 초점을 맞추었다. 이 시점에 나폴레옹은 자신의 위대한 명성과 권력을 한껏 즐기고 있었다. 그의 야망은 실로 거대했다. 그리고 이내 그는 자신의 군대를 아우스터리츠, 예나^{Jena}, 프리트란트의 전투에서 눈부신 승리로 이끌었다. 그의 군사 작전이 동쪽으로 이동하면서 많은 사람들에게 그는 새로운 방식으로 인류를 구원하고 통치하는 전령사이자 해방자로 알려졌다. 그의 대관식은 더 많은 군사 행위조차도 정당화하며 그에게 새로운 명성을 부여하고 국민들로부터 존경을 받을 수 있도록 해주었다.

리더십과 권력에 관한 질문

....

사람들이 당신의 의견에 찬성하고, 당신에게 보답하고 싶어 하고, 당신을 인정하도록 만들기 위해서, 당신은 어떻게 그들의 마음을 얻고 그들에게 영감을 주는가? 왜 사람들이 당신을 따라야 하는가?

- 리더로서 당신은 대중들의 지지와 직원들의 칭송을 과시하기를 좋아하는가? 아니면 이런 것에 별로 신경을 쓰지 않는 편인가?

- 당신이 속한 조직에서 공식적으로든 비공식적으로든 선거가 하나의 방법으로 사용되는가? 이것은 리더에게 힘과 영향력을 주고 특정 지도 방식을 정당화하기 위한 하나의 수단인가?

- 당신의 조직에서 리더는 어떻게 탄생하는가? 투표와 비슷한 제도가 있는가, 아니면 사람들의 의견을 판단할 수 있는 덜 공식적인 방법이 있는가?

- 조직의 전통으로 인해 당신의 계획이나 경력은 어떤 영향을 받았는가?

- 당신의 조직에서는 리더가 유명인사로 여겨지는 것이 중요한가? 아니면 수수하고 겸손한 리더도 여전히 효율적일 수 있는가? 어떤 유형이 더 선호되는가?

- 당신의 조직에 있는 사람들은 조직의 지위를 상승시킨 리더처럼 큰 변화를 가져오는 데 성공한 리더를 좋아하는가? 아니면 고정된 방식으로 일하는 리더들도 역시 환영받는가? 리더로서 당신은 어떤 방식을 따르는가?

- 사람들이 당신을 리더로서 따르는 이유는 무엇인가? 감화나 민중 선동의 역할은 무엇인가?

PART
08

상속

자신만의 왕조 설립 실패(1814년)

: 가장 달성하기 어려운 영속되는 권력을 갈구

나는 프랑스 혁명의 계승자이며 혁명을 사수할 것이다.

나폴레옹, 1804년

나폴레옹은 자신의 왕위와 제국에 합법성과 전통을 확립하는 문제
에 집착했다.

마크햄, 1963년, 133쪽

모든 전쟁 연장은 군주들이 급속히 퍼지고 있는 자코뱅 당원들의
소요를 몰아내는 데 전념하지 못하도록 만들어 곧 유럽 왕가들의
존재를 위협할 것이오.

오스트리아 황제 프란츠 1세Francis I가 나폴레옹에게, 1813년 4월

나폴레옹은 모든 벼락출세자가 지닌 결함을 지녔다. 바로 자신이
신분 상승한 계층을 너무 위대하게 생각한다는 점이다.

스탕달, 1813년

태어나면서부터 왕위를 상속받은 당신네 군주들은 스무 번을 패배
하고도 수도로 돌아갈 수 있지요. 나는 자수성가한 군인이기 때문
에 그렇게 할 수 없습니다. 내 막강한 권력이 줄어드는 날 내 지배
도 끝날 것이기에 두렵습니다.

나폴레옹이 메테르니히에게, 1813년 6월

나폴레옹이 더 이상 프랑스를 위해 싸우지 않고 자신의 자부심을 만족시키기 위해 싸운다는 소문이 프랑스 내에 그리고 적국들 사이에 퍼졌다.

마크햄, 1963년, 202–203쪽

요즘 중요한 작전을 맡길 인물들은 다 어디에 있습니까? 혁명 정부의 결정적인 시대에 위대한 일을 수행했던 그 열정적인 자들이 십여 년간 모두 흩어지거나 박해당하거나 제거되었습니까?

사바리 경찰 장관이 캉바세레스Cambaceres 수상에게, 1814년 12월

1814년, 자신이 이룩해놓은 모든 업적들이 흔들리고 있던 시기에 나폴레옹의 세력 기반에는 그가 가장 열망하는 영속성이 보장되어 있지 않았다. 무엇보다 그는 세습되는 후계 구도를 원했다. 나폴레옹은 세습 권한을 지닌 황제로 선출되었고 자신의 후계자를 지명할 수 있었지만 현실적으로 문제가 많았다. 그는 지난 십 년 동안 다양한 선택 사항에 대해 고려해보았다. 자신의 아들은 아직 유아였고, 황후인 마리 루이즈는 이제 러시아와 영국과 효율적으로 연합하며 공공연한 적이 되어버린 오스트리아 황제의 딸이었다. 1814년 봄, 그는 군사적 실패로 교착 상태에 빠지고 퇴위를 맞았다. 여기에서 핵심은 나폴레옹이 정권 말기에 엉성하게 권력 이행을 시도했던 점과 자신의 아들이 왕위를

계승하길 바랐던 희망이 끝난 것이다. 이것이 이번 장의 주제이다. 그럼에도 불구하고 1852년 나폴레옹 3세가 즉위하여 제2제정帝政을 수립한 것은 나폴레옹의 사후死後 업적이자 황제를 그리워하는 사람들의 뒤늦은 반향이라 할 수 있다.

⚜

1804년 5월 나폴레옹이 세습 황제로 선포된 날부터 후계자를 찾는 일이 시작되었다. 나폴레옹의 가족들은 자신 중 한 명을 선택하라고 나폴레옹에게 압력을 가했다. 특히 군사적으로 실패하고 나폴레옹이 그들에게 부여한 임무를 성취하지 못한 까닭에 자신들의 무능함이 명백해지자 가족들은 서로 싸우며 민폐를 끼치고 망신거리를 만드는 등 거세게 압박을 해왔다. 1809년 12월, 나폴레옹은 간절히 바라는 아들을 낳아줄 배우자를 찾기 위해 유럽의 군주들에게 접촉하기 시작했다. 모스크바에서 프랑스의 대사인 콜랭쿠르Caulaincourt는 러시아의 황제에게 그의 여동생을 보내줄 수 있는지 부탁하러 갔다. 나폴레옹과의 결혼 기간 동안 아이를 가질 수 없었던 조제핀이 공식적으로 이혼을 승낙한 지 얼마 되지 않은 후였다. 1810년 2월 러시아 황제로부터 얼버무리는 대답을 들은 후, 나폴레옹은 오스트리아의 황녀 마리 루이즈와 결혼할 목적으로 오스트리아 황제에게 접근했다. 그리고 이들은 한 달 후에 비엔나에서 대리 결혼을 했고, 1810년 4월 1일 프랑스에서 엄숙히 결혼식을 올렸다. 그리고 1811년 3월, 많은 이들이 크게 기뻐하는 가운데 이들의 아들 '로마 왕'이 태어났다.

영속되는 왕조를 만들기 위해 결혼 협상을 하는 등 진지한 시도를 하는 한편, 나폴레옹은 군대를 보강하고 동맹을 체결했다 파기하고 계획을 바꾸어가면서 끊임없이 전쟁을 계속했다. 1808년 초, 그는 러시아의 알렉산드르 황제와 함께 인도를 침략하는 계획을 비롯해 여전히 너무나 거창한 야망을 품고 있었다. 하지만 이 세기 초반, 그가 유럽 대륙에서 정복한 영토들에는 비운이 만연했다. 스페인 왕으로 앉았던 조제프의 짧은 통치가 막을 내리면서 나폴레옹은 마드리드를 다시 정복해야 했고, 포르투갈에는 영국이 확고히 자리를 잡았으며, 오스트리아 황제와 러시아 황제와의 관계가 악화되자 나폴레옹은 자신의 선택들을 재고했다. 거의 병사 50만 명, 말 수만 마리, 그리고 막대한 군 장비를 잃고 처참하게 패배한 러시아 전투를 그의 종말의 시작으로 볼 수 있을지도 모른다. 1813년 1월 나폴레옹에게 35만 명의 병사를 추가로 지원하기로 한 상원의 약속은 그가 포기하지 않았다는 사실을 보여주었지만 동맹들은 특히 오스트리아가 1813년 8월 전쟁을 선포한 후 깨지고 있었다.

형 조제프가 파리를 방어하는 데 실패하고, 적군의 수가 계속 늘어나고, 나폴레옹과 그의 군대는 며칠을 연이어 행군하고 폭우 속에 전투를 벌인 후 기진맥진하고, 반쯤 이긴 전투들을 승리로 마무리하지 못하고, 프로이센의 블뤼허^{Blucher} 장군이 탈출하고, 전투에서 병사들이 죽고 질병이 퍼지고 탈영이 일어나는 등 전장에서의 운이 나폴레옹에게 극도로 불리하게 바뀌었다. 국군 원수 네이^{Ney}를 오래 기다리다가 라이프치히에서 너무 많은 병사들을 잃은 까닭에 그의 패배가 확정되었다. 결국 나폴레옹은 자신이 전투에서 전사하는 편이 아들이 왕위에 오르는 데에 더 낫겠다고 생각하여 전투에서 장렬히 전사하자고 결심했다. 그러나 열 번이 넘는 교전 후에도 그는 아무 탈 없이 살아났다. 배수진을 치고 약 8주 동안 그는 추가 지원 없이 전쟁을 치렀고 목숨을 보전했다.

1813년 10월 라이프치히 전투의 패배로 프랑스는 이탈리아, 독일 북부, 네덜란드를 잃었다. 나폴레옹은 여전히 자신의 패배를 부인하고 있었으며 진지하게 협상에 임하기를 거부했다. 그는 프랑스의 국경이 1792년과 같은 상태로 줄어드는 것을 받아들일 수 없었다. 그러다 나중에 동맹군이 사방에서 공격해오자 자신이 궁지에 몰린 것을 깨달았다. 그러나 동맹군은 이제 프랑스의 동쪽 국경이 활짝 열려 있었는데도 여전히 전면적으로 침략 공격에 착수하기를 망설였다. 그들은 여전히 나폴레옹과 협상을 하고 싶어 했다. 여전히 그를 두려워했기 때문이었다. 프랑스는 라인 강, 알프스 산맥, 피레네 산맥으로 구분되는 원래의 국경을 보전할 수 있었다. 프랑스 입법부는 평화 기회를 모색하며 개입하려 했지만 나폴레옹은 "그대들은 국가의 대표가 아니다. 진짜 국가를 대표하는 사람은 나뿐이다. 내가 프랑스를 필요로 하기보다 프랑스가 더욱 나를 필요로 한다"라고 말하며 휴회를 선언했다. 영국의 정치가 카슬레이Castlereagh는 다른 동맹들을 대변해 "조건에 관계없이 보나파르트와 평화협상을 하는 것은 결코 인기가 없을 것이다. 아무도 그가 운명에 굴복하리라고 생각하지 않기 때문이다"라고 말했다.(마크햄, 1963:209)

나폴레옹은 이제 혼자였다. 지난 15년간 그는 절대 복종을 강요해왔다. 1814년 1월 작가 스탕달은 "유럽에서 가장 활기 있는 국민들이 송장 하나보다도 나을 바가 없었다. 폭정의 결과였다"라고 썼다.(마크햄, 1963: 210) 나폴레옹은 더 이상 병사들을 모을 수 없었고, 장비 부족에 시달렸으며, 국고가 바닥나 세금을 증가시키자 여론도 악화되었다. 1814년 1월에 벌인 군사 작전은 뛰어났다는 평을 받았지만 그는 방어전을 견딜 수 없었다. 수도에 있는 그의 군대는 5만 명 정도로 적군 22만 명에 비하면 4대 1도 안 되는 수적 열세였다. 그래도 형 조제프의 지휘 아래 파리를 방어할 수 있으리라 믿었던 일이 잘못되자 그는 몹시 절망했다.

결국 오스트리아군과 프로이센군이 파리로 진입했고, 그제야 나폴레옹은 조건에 관계없이 평화협상을 고려하기 시작했다. 보르도에서는 부르봉 왕가 지지자들이 봉기했으며 근위대 역시 평화를 바라고 있었다. 입법부 또한 나폴레옹이 평화조약을 받아들이기를 촉구했으나, 그는 프랑스 국민 400만 명이 자신에게 찬성표를 던졌다는 사실을 의원들에게 상기시키며 반박했다. "나는 그대들이 국민의 호민관이 되기를 원하지 않는다. 내가 바로 위대한 호민관이라는 사실을 그들이 잊지 않게 하라." 그러나 이 말은 무의미한 말이었다. 나폴레옹의 힘은 완전히 고갈되어 있었다. 그 후 음흉한 이중 첩자 외무장관 탈레랑은 연합군에게 파리에서 기반이 취약한 나폴레옹의 정치적 영향력을 알려주었고, 그들은 나폴레옹이 경솔하게 자신의 계획을 밝히며 마리 루이즈에게 보낸 편지 한 통을 포착했다. 연합군은 방어 없는 도시의 진입 문에 도착하여 나폴레옹을 불시에 습격했다. 한편 파리 시민들은 돈을 정원에 묻고 귀중품들을 챙겨 피난을 떠났다.

나폴레옹은 아들인 로마 왕과 황후가 자신 대신 권력을 잡을 수 있도록 마지막 시도를 했다. 그는 황후와 아들이 점령된 파리에서 피신해 루아르에 있는 랑부예 성으로 가게 했고, 특히 부인과 아들이 오스트리아로 보내지는 것을 막기 위해서 상원, 정부 의회, 그리고 남아 있는 군대들을 모두 그곳으로 보내라고 명령했다. 조제프와 탈레랑은 지시대로 황후와 어린 로마 왕을 랑부예로 보냈다. 도중에 그들이 탄 마차는 코사크인의 공격을 받았고, 따라서 그들은 마지막 5킬로미터 정도를 걸어서 가야만 했다. 나폴레옹의 계획과 반대로 탈레랑과 정부는 파리에 남았다.

1814년 3월 30일, 파리는 나폴레옹의 숙적 알렉산드르 황제에게 항복했다. 탈레랑은 파리를 떠나려는 듯한 시늉을 했지만, 여권이 없어서 도시의 문을 지키던 관리가 못 나가게 막았다. 이것이 그가 침략자들을 도우며 파리에 남아 있었던 변명이었다. 섭정 시대를 열어 나폴레옹의 왕조를 계승할 수 있었던 기회는 황후가 떠나자 크게 줄어들었고, 한편 탈레랑이 이끄는 정부는 파리에 남아 적들과 협상을 벌였다. 마리 루이즈는 수도를 떠난 것이 실수였음을 깨달았지만, 나폴레옹이 조제프에게 보낸 편지에 그렇게 하라고 적혀 있었기 때문에 자신과 아들을 위해서 그 지시를 받아들일 수밖에 없었다. 그러나 그녀는 결코 정부를 버리고 파리를 떠날 의도가 없었다.

파리에서 부르봉 왕가의 지지는 약했고 연합군은(점령자가 아니라 나폴레옹으로부터 프랑스를 구하는 해방자로 파리에 입성) 부르봉 왕가를 부활시키는 것이 현명한 처사인지 확신이 없었다. 그러나 연합군이 흰색 완장을 차고(단지 연합군 신분을 나타내고 프랑스군과 구분하려는 목적으로 착용) 파리로 진입하는 모습은 마치 그들이 부르봉 왕가의 흰색 깃발에 찬성을 표하는 듯 보였다. 탈레랑은 재빠르게 임시 정부를 수립하고 상원들이 나폴레옹의 퇴위를 선언하도록 설득했다. 왕위는 여전히 로마 왕을 위해 보전될 수도 있었다. 연합군은 황후를 통해 섭정 시대를 여는 가능성도 배제하지 않았다. 하지만 나폴레옹의 군대는 더 이상 행군하기를 거부했다. 그들은 너무 많은 전쟁을 치렀고 평화를 원했으며, 많은 장교들이 제국에서 부유해졌기 때문에 자신들의 멋진 파리 저택이 방화되기를 바라지 않았다. 이 같은 충격적인 저항에 부딪힌 나폴레옹은 아들을 위해서 조건부 퇴위서를 작성했으며, 서재에 있던 모든 서류들을 불태웠다. 그러나 충성스러웠던 마르몽Marmont마저 1만 2천 명의 병사들을 데리고 오스트리아군으로 전향하는 등 더 많은 장군들이 떠나버리자, 1814년 4월 6일에는 주로 탈레랑에게 설득당한 군 원수들이 나폴레옹에게 무조건적인 퇴위를 강요했다. 나폴레옹은 "모두가 나를 배신했다"라는 말을 남겼다.

탈레랑의 저택에 머물고 있던 러시아 황제는 세 가지 선택사항을 고려했다. 나폴레옹과 평화조약을 맺거나, 마리 루이즈에게 아들 대리로 섭정을 시키거나, 또는 부르봉 왕가를 부활시키는 것이었다. 이 순간이 바로 탈레랑이 기다려왔던 순간이었다. 그는 부르봉 왕가의 부활을 염원하고 있었다. 섭정 시대는 오직 나폴레옹이 전투에서 패배했을 때에만 효력을 발휘하지, 그렇지 않으면 실상은 나폴레옹이 계속 지배를 할 것이었다. 나폴레옹이 존재하는 이상 더 많은 전쟁이 일어날 수 있기에 그는 사라져야만 했다. 러시아 황제는 임시정부를 수립하는 선언에 서명하고 상원을 소집하여 나폴레옹이 퇴위되었음을 발표했으며 루이 18세를 불러와 잃어버렸던 왕위를 되찾게 했다.

따라서 1814년 4월 6일, 나폴레옹은 후계 구도를 성공적으로 완성하지 못한 채 퇴위당했다. 부르봉 왕가의 부활, 나폴레옹의 엘바 섬 유배, 그리고 황후 마리 루이즈와 아들 로마 왕이 파리를 떠나 오스트리아로 영원히 옮겨가자 그의 퇴위가 확실해졌다. 그는 충격적인 군사적 패배를 당했고, 장인인 오스트리아 황제에게 거부당했다. 또 가족들과 다른 지지자들은 그에게서 등을 돌렸다. 십여 년간의 가혹한 독재 통치 후에 군인들과 국민들은 전쟁 의지가 없어졌다. 상대적으로 예상을 못했으며 아주 유감스럽고 크게 실망한 점은 파리 시민들이 자신들의 도시를 방어하지 않았으며 너무나 빨리 부르봉 왕가의 귀환을 환영한 점이었다.

1814년 4월 그가 처음으로 퇴위를 당했을 때, 연합군은 나폴레옹이 엘바의 독립 공국을 통치하도록 허용했고 심지어 황제라는 칭호도 유지할 수 있게 해주었다. 한편 비엔나로 건너가서 라이히슈타트 공작Duke of Reichstadt이라는 이름으로 성장한 로마 왕은 비록 본인은 아버지의 칭호를 한 번도 사용한 적이 없지만 충성스러운 나폴레옹 1세 지지자들에 의해 나폴레옹이 서거한 1821년부터 그 자신이 죽은 1832년까지 나폴레옹 2세로 추앙받았다. 결국 나폴레옹의 동생 루이와 조제핀의 딸이자 나폴레옹의 수양딸인 오르탕스 보아르네의 아들인 나폴레옹의 조카가 프랑스의 황제로 그의 대를 이었다. 바로 1852년부터 1870년까지 프랑스의 황제이자 두 번째(그리고 마지막) 제국의 지도자였던 나폴레옹 3세 샤를 루이 나폴레옹 보나파르트^{Charles Louis Napoleon Bonaparte}(1808-1873)이다.

리더십과 권력에 대한 생각

- 공식적으로는 혁명의 성과를 계승하기 위해서, 비공식적으로는 보다 개인적인 이유로 나폴레옹은 자신의 이름을 이어받은 왕자가 세습하는 왕조를 만들고 싶어 했다.

- 그는 부인과 아들이 자신의 대를 이어 합법성을 얻고 존경을 받으며 아들이 황제가 되어 왕위를 승계한다면, 권력과 지위를 포기할 수 있었다. 영속하는 왕조를 세우는 것이 그의 가장 큰 목표였으나 아무리 애를 써도 이룰 수가 없었다.

- 나폴레옹은 유럽의 다른 군주들과 자신이 동등해질 수 없다는 사실에 늘 낙담했다.

- 왕위 승계와 왕조 설립에 대한 집착 때문에 법, 사회, 행정부를 개혁하며 세운 그의 다른 많은 업적들이 빛을 보지 못했다.

- 1850년대에 수립된 제2제정은 나폴레옹의 노력과 유산의 결과였다. 그러나 아마 그가 상상했던 방식과는 달랐을 것이다.

- 이 모든 점에도 불구하고 나폴레옹을 숭배하며 그리워하게 만드는 그의 매력은 계속되고 있으며 나폴레옹의 위대함에 대한 낭만은 여전히 살아 있다.

워털루 전투 패배 후 1815년 세인트헬레나 섬으로 유배된 나폴레옹의 두 번째 퇴위에 대한 이야기는 잘 알려져 있다. 그의

'백일천하' 사건은 거의 성공적이었지만, 결국 그는 유럽에 새로운 왕가를 설립하고자 했던 그렇게 갈망하던 궁극적인 권력 형태를 성취하지 못했다. 그가 힘으로 맺은 조약들은 도움이 되지 않았다.

반대 증거에 직면해서조차 나폴레옹은 여전히 자신을 천하무적으로 여겼고 자신의 권력과 황제의 지위를 지킬 수 있으며 계속 적들을 대적시켜 승리를 이룰 수 있다고 확신했다. 그는 유럽 군주들이 두려워하는 위대한 나폴레옹이었고 그에게는 시간이 흐르면 자신의 대를 이을 아들도 있었기 때문이다.

거의 그치지 않던 군사적 승리가 종말을 향해 치닫고 있으며 왕조를 창조하려던 노력들이 실패했다는 사실을 나폴레옹이 깨달은 결정적인 순간은 1814년에 발생했다. 나폴레옹은 전투에서 처참히 패배했고 퇴위를 강요받았다. 만약 여전히 아기인 사랑하는 아들이 부인의 섭정 아래 왕위를 승계한다는 보장이 있다면 그는 이 퇴위를 감수할 수 있었다. 그러나 어린 로마 왕과 마리 루이즈는 승계 기회 없이 피신을 떠나야 했다. 파리 시민들이 나폴레옹이나 그의 후계자와 함께할 생각을 하지 않고 즉각적으로 부르봉 왕가의 부활을 요구한 사실은 그가 단지 보나파르트 장군, 군사적 모험가, 벼락출세자였다는 사실을 분명하게 드러낸 것이었다. 이것은 지금의 나폴레옹이 1799년의 그와 다르지 않으며, 더 이상 합법성도 없고 새로운 왕국을 이끌 가능성도 없다는 의미였다. 자신이 얼마나 순진했었는지 깨닫고 가족과 동료 군인들과 정부 각료들조차 자신을 충성스럽게 지지하지 않는 다는 사실을 깨닫는 과정에서 나폴레옹은 그 어떤 전투 패배에서보다도 훨씬 더 고통스러웠을 것이다.

왜 파리 시민들은 그렇게 쉽게 포기했을까? 아마도 마키아벨리의 글에서 그 답을 찾을 수 있을 것 같다. 마키아벨리는 옛 질서에서 이익을 취하던 자들은 자신들의 이익을 고수하려 드는데, 근래에 새 질서로 들어온 자들이 그들의 이익을 지키려는 것보다 훨씬 더 완강하게 변화를 거부한다고 말했다. 따라서 부르봉 왕가의 통치하에 번영을 누렸던 귀족들은 나폴레옹 시대의 신흥 부자들이 새 질서를 지키는 데 헌신했던 것보다 훨씬 더 열정적으로 자신의 부를 회복시키는 일에 앞장섰다. 마키아벨리가 이론을 제시하고 『군주론』에서 설명했듯이, 나폴레옹의 정권은 익숙하지 않았고 그의 지지자들은 나폴레옹이 모든 약속들을 지킬지 확신하지 못했다. 나폴레옹은 "모두를 만족시킬 수 없으므로 반드시 자신의 지지자들이 다시 생각해 보았을 때조차도 자신을 계속 지지하게 만들 만한 강력한 수단이 필요했다. 그렇지 않으면 권력을 잃을 수밖에 없었다."(마키아벨리, 『군주론』) 그리고 바로 이런 상황이 벌어졌다.

사실 나폴레옹의 통치가 취약했던 정황은 때때로 명백히 드러났다. 1812년 군사 쿠데타 시도가 있었을 당시 그가 러시아에서 살해되었다고 발표되었는데 장관 중 아무도 그의 아들인 아기 로마 왕을 나폴레옹 2세로 선포할 생각을 하지 않았다. 이에 나폴레옹은 몹시 충격을 받고 격분했었다.

부하들의 충성심이 부족하고 자신의 현실 감각이 떨어진다는 사실을 모른 채 자신감에 차 있었던 원인 중 하나는 그가 받은 피드백이 부족했고 자유 언론이 없었기 때문일 것이다. 그는 "언론에 굴레를 씌우지 않으면 나는 3일도 왕좌를 지키지 못할 것이다"라고 주장했다.(마크햄, 1963:100) 그는 자신의 현실 이해도가 빈약하다는 점을 분명히 알고 있었다.

모든 상황이 매우 다르게 흐를 수도 있었다. 종신 통령이 되면서 특히 그의 권력을 약화시켰을 수도 있었을 앙시앵레짐이 혁명으로 완전히 없어졌기 때문에, 나폴레옹은 어느 부르봉 왕가의 군주보다도 더욱 절대적인 세력 기반을 형성할 수 있었다. 그러나 그는 자신의 세력 기반을 여전히 합법적이라고 생각하지 않았다.

왕조의 세력 기반을 형성하고 아들의 왕위 세습을 확실히 하기 위한 나폴레옹의 노력들은 특히 1812년 이후 세 가지 이유로 인해 실패할 운명이었다.

첫째, 점점 더 많은 군사적 실패에 부딪히면서 그의 신뢰도가 떨어졌다. 둘째, 장인인 오스트리아 황제는 자신의 딸과 나폴레옹이 결혼을 했음에도 불구하고 절대로 그를 '가족'으로 인정하지 않았으며, '보나파르트-합스부르크 연합 왕국'이라는 발상은 오래가지 못했다. 특히 끊임없이 더 많은 영토를 정복하려는 나폴레옹의 야심은 그의 장인과 오스트리아의 동맹국들의 뜻과 상충했기 때문이다. 셋째, 나폴레옹의 가족들은 탐욕스러웠고 기회주의적이었으며, 어떠한 경우에도 미래 지도자로서의 가능성이 희박했다.

그의 제국이 군사적 성공에 의존해왔던 점을 고려하면 군사적 패배는 지속되는 왕조를 설립하고자 했던 나폴레옹의 기회를 약화시킬 수밖에 없었다. 1812년 6월에 일으킨 러시아 전쟁은 침략 위협을 받으면 러시아 황제가 자신에게 협력할 것이라는 생각에서 착수한 극단적인 자만심에서 나온 행동이었다. 비록 보로디노에서는 승리했지만, 나폴레옹은 큰 대가를 치르고 후퇴한 모스크바전에서 잃은 명성을 완전히 되찾지 못했으며, 프랑스 전체가 50만 명의 군인들과 수만 마리의 말을 잃은 아픔을 느꼈다. 그것은 결국 제4차 대프랑스 동맹군과의 전쟁으로 이어졌고 라이프치히 전투에서 패배하는 결과로 이끌었다. 그는 옛 군주제를 탈피해 근대화된 새로운 체제로 함께 나아가기를 바랐지만 그의 권력은 궁극적으로 군사 정복과 그가 적국들에 일으킬 수 있는 경제적 사회적 혼란 위협을 기반으로 얻은 것이었다(그 자신이 독재자였기 때문에 그는 국제적으로 혁명이 일어날 가능성을 알아보지도 못했고 딱히 바라지도 않았다). 군사적 패배로 그가 줄 수 있는 위협이 줄어든다면 그는 훨씬 덜 위험한 인물이 되는 것이었다. 그는 오직 끊임없는 전쟁으로만 살아남을 수 있었고, 따라서 적들 입장에서는 반드시 그를 권력에서 제거해야만 했다. 중요한 문제는 유배된 황제로서 그를 신뢰할 수 있느냐 하는 문제였다. 살아 있는 한 그는 언제나 그들의 땅에서 불만과 반란의 원천이 될 가능성이 있었다.

놀랍게도 나폴레옹은 모스크바 후퇴 후에도 여전히 전투를 계속 할 수 있었다. 1812년에 러시아군도 마찬가지로 엄청난 피해를 입었다. 오스트리아는 여전히 나폴레옹을 두려워했지만 러시아를 더 싫어했다. 오스트리아 외무 장관 메테르니히는 '보나파르트의 완전한 몰락'을 보고 싶지 않았다. 나폴레옹이 러시아의 완충제 역할로 유용한 면도 있었기 때문이었다. 제4차 대프랑스 동맹군은 강력했지만 자신의 외교 기술을 이용해 가끔은 양보를 하고 전쟁에 지친 유럽을 이용하면서 나폴레옹은 계속 권력을 유지할 수 있었다. 그는 또한 많은 유럽 군주들이 프랑스 혁명 같은 민중 반란을 가장 두려워하도록 만들었으며, 누가 어느 영토를 지배하는지를 놓고 서로 시기하게 만들었다. 이렇게 서로 이간질을 시키며 얼마간 나폴레옹은 정권을 유지할 수 있었다.

만약 그의 영토 야욕이 프랑스의 원래 국경 내에 머물렀다면 나폴레옹은 살아남을 수 있었을지도 모른다. 그러나 황제로서 그는 계속 위대한 제국을 확장해 나가야 한다는 의무감을 느꼈다. 그는 제국의 영토 축소로 명망을 잃을 준비가 되어 있지 않았으며, 명망을 잃는다는 것은 곧 자신의 전제정치 역시 종말을 고하는 것이라는 점을 알았다. 그리하여 나폴레옹은 1813년 6월 드레스덴에서 받은 첫 번째 평화 제안을 거절했다. 모두가 전쟁에 지쳐 있었고 모든 평화 노력은 나폴레옹의 행보에 달려 있는 듯 보였다. 대부분 나폴레옹은 평화 제안들을 거절했다. 그는 여전히 군대를 강화하고 있었고 더 많은 병사들을 모집하고 있었으며 6~70만 명의 군사들을 한데 모을 수 있다고 뽐내고 있었다. 그러나 그는 러시아에서 말 8만 마리를 잃었기 때문에 말 부족으로 곤란한 상황이었다. 웰링턴 장군은 1813년 11월 프랑스 남부에서 "모든 사람들은 나폴레옹과 함께하면 평화 전망이 없기 때문에 그의 장교들조차 이미 그에게 지쳤으리라 생각하고 있다"라고 기록했다.(마크햄, 1963:210)

따라서 모든 유럽 국가들은 전투에서 나폴레옹을 반드시 패배시켜야만 했다. 이미 앞서 이야기한 대로 누구든 "황제가 직접 공격에 나서면 항상 패배를 예상해야 했다. 그러므로 언제든 가능할 때 그의 부하 장교들을 공격하여 패배시켜야 하며, 일단 그들을 패배시키고 나면 나폴레옹에 맞서 모든 병력을 모으고 그가 숨 돌릴 시간도 주지 말고 공격해야 했다."(마크햄, 1963:206) 1814년 초, 장관들과 장군들이 국가를 떠나고 있었다. 정부에서 나폴레옹에게 반박할 합법적인 방법을 찾지 못했기 때문이었다.

따라서 군사적 정복을 통해 권력을 획득하는 나폴레옹의 첫 번째 방법은 장기적으로 지속될 수 없었다.

둘째, 정략결혼으로 인한 동맹을 통해서 자신의 왕위 세습을 합법화했다. 그는 오스트리아 황제 프란츠 1세의 딸인 마리 루이즈와 결혼했고, 1811년 3월에는 기다리던 아들이 태어났다. 프란츠 황제는 프랑스에 보나파르트-합스부르크 왕조가 세워지는 상황도 고려해 보았지만 나폴레옹이 전쟁 도발을 멈추리라고 신뢰할 수 없었다. 한편 나폴레옹은 오스트리아가 보인 적대감에 울분을 터뜨렸다. 그러나 프란츠는 프랑스의 라인 동맹 유지를 도울 생각이 없었고 프랑스가 바르샤바 대공국을 포기하기를 바랐다. 1813년 6월 26일, 나폴레옹은 프란츠 황제의 수상인 메테르니히와 아홉 시간에 걸쳐 회담을 나누었다. 그러나 유럽 내에서 프랑스가 정복한 영토들을 포기하라는 요청은 수락할 수 없었다. 그리고 프란츠 황제가 자신을 지지하지 않는다는 사실을 깨달았다. 메테르니히는 "오늘은 황제께서 화의를 맺을 수 있으시지만, 내일이면 너무 늦을지도 모릅니다"라고 경고하며 나폴레옹과 맺은 조약들을 오직 휴전이라 불렀다.(마크햄, 1963:205)

나폴레옹은 오스트리아에 보잘것없는 평화 제안들을 했는데, 프란츠가 사위인 자신과 전쟁을 벌이지 않을 거라고 착각했기 때문이었다. 특히 그가 프랑스를 떠나 있는 동안 마리 루이즈에게 섭정 황후라는 칭호를 주었기 때문에 더욱 그렇게 생각했다.

그러나 나폴레옹의 생각은 순진했다. 북유럽인들에게 가족 간의 유대는 그의 생각만큼 끈끈하지 않았다. 한편 프란츠가 러시아와 화해를 하면 나폴레옹은 프란츠에게 더 이상 쓸모가 없었다. 그가 사위라는 사실은 현실적인 오스트리아 황제에게는 중요하지 않았다. 그는 나폴레옹처럼 문화적으로 형성된 가족에 대한 의무감이 전혀 없었다. 따라서 프란츠의 손자인 어린 로마 왕(나폴레옹이 불렀던 명칭)은 어머니와 함께 1814년 오스트리아로 피신을 떠난 후 결코 다시는 프랑스로 돌아오지 못했다.

셋째, 보나파르트 가족 또한 나폴레옹이 왕조를 세우려 했던 노력을 훼손했다. 나폴레옹은 가족들에 대한 의무감에서 형제들 모두에게 많은 작위와 권한을 주었다. 가족들은 나폴레옹이 새로운 유럽의 왕가를 설립하려는 계획의 일부였다. 그는 조제프를 나폴리의 왕으로, 뤼시앵을 카니노의 왕자로, 루이는 네덜란드의 왕으로 임명했으며, 제롬은 베스트팔렌의 왕이 되었고, 자매 두 명은 나폴레옹 휘하 장군인 르클레르Leclerc와 뮈라와 결혼했다. 하지만 가족 중 그 누구도 후계자로는 적합하지 않았다. 그리고 나폴레옹이 도움을 필요로 했던 시기에 가족 중 아무도 진심으로 그를 지지하지 않았다. 나폴레옹의 형제들은 완전히 형편없었다. 제롬은 싸워보지도 않고 베스트팔렌을 포기한 후 아름다운 대저택을 샀고, 루이는 네덜란드 왕국을 잃고 나서 불평을 터뜨리는 편지들을 썼는데 나중에 그 편지들은 모두가 볼 수 있게 출판되었다. 조제프는 자신의 영토 어느 하나도 정복하거나 통치하거나 방어할 능력이 없었으며, 한편으로는 나폴레옹의 오랜 친구이자 경쟁자이며 프랑스를 배신하고 스웨덴으로 떠난 베르나도트와 작당하여 다른 뜻을 품고 있었다.

결국 그 무엇보다도 프랑스를 위해 전투를 벌인다는 나폴레옹의 강한 신념을 공유하는 사람이 없었다. 그가 장악한 권력을 유지하는 것이 그 자체로 목적이 된 것처럼 보였다. 많은 리더들의 경우처럼 그의 권력은 다른 전략적인 목적에 모순되는 개인적인 목표가 되었고, 결국 이기적이고 자기 잇속만 차리는 행동들을 하게 되면서 자신의 권한을 손상시켰다. 승계 절차를 확립하는 것이 성공적으로 리더십을 발휘하는 데 가장 중요한 수단은 아니었으며, 나폴레옹이 대관식에서 서약한 맹세도 아니었다. 합법성 없는 리더라는 자괴감을 추종자들의 복지를 향상시키는 등 진짜 업적으로 보상해야 한다고 느꼈다면 훨씬 더 훌륭한 리더가 될 수 있었을 것이다. 개인의 신분에만 의존해 합법성을 따진다면 그 합법성은 공허한 것이 될 수도 있다.

그러나 흥망성쇠를 겪은 나폴레옹의 위대한 일대기는 여러 세대의 마음을 사로잡았고 그의 매력은 사라지지 않고 있다. 스탕달, 샤토브리앙, 톨스토이 등 당시 프랑스를 비롯해 다양한 지역에 거주했던 명망 있는 작가들은 오늘날까지 이어지는 그의 전설을 만들어냈고, 수세기가 지난 지금도 그의 명성은 여전히 지속되고 있다.

리더 한 사람이 어떤 노력을 했든 간에 그가 남긴 유산은 후세에 전해져 다음 세대의 태도에서 나타난다. 전설적인 이야기는 전해 내려오면서 변형되거나 미화되거나 훼손되기도 한다. 나폴레옹의 유산은 아마도 그가 의도했던 바와는 상당히 다른 것 같지만, 그가 남긴 유산이 존재한다는 데에는 의심의 여지가 없다. 역사상 위대한 리더들에 대한 토론을 하면 나폴레옹의 이름이 거론되지 않는 경우가 거의 없다. 비록 그 토론이 그가 원했던 맥락에서 진행되지는 않더라도 말이다.

비록 나폴레옹은 바랐던 대로 자신의 아들이 대를 이어 황제가 되는 모습을 보지는 못했지만, 나폴레옹의 정신은 결코 완전히 소멸되지 않았다. 그리고 그의 조카인 샤를 루이 나폴레옹이 19세기 후반에 왕위에 올라 제2제정 시대를 수립할 수 있게 했다. 나폴레옹은 너무나도 간절히 자신의 이름을 물려받은 왕자들이 왕위를 이어받아 혁명의 성과를 계승해나가며 계속해서 후대로 이어지는 왕조를 세우고 싶어 했다. 부인과 아들이 자신의 대를 이어 왕위에 올라 합법성을 인정받고 존경을 받으리라는 보장이 있었다면 그는 권력과 지위를 포기할 수도 있었다. 합법적인 권력 성취는 그의 가장 큰 목표였으나 절대 이룰 수 없었던 꿈이기도 했다. 18세기 후반과 19세기 초에 존재했던 제1제정 시대의 뒤를 이어 1850년대에는 제2제정 시대가 수립되었으며 자신에 대한 향수가 현재까지도 계속되고 있음에도 불구하고, 그는 언제나 자신이 유럽의 다른 군주들과 동등한 입장이 될 수 없다는 사실에 절망했었다. 그리고 이 실패와 절망에 가려져 법전을 편찬하고 법, 사회, 행정부를 전반적으로 개혁한 그의 수많은 다른 업적들이 빛을 보지 못했다.

실패 원인 중 한 가지는 나폴레옹의 합법성이 군사적 권력에 기반을 두고 있었기 때문이다. 평화가 필요한 국가에 그는 평화를 제공할 수 없었다. 그는 1802년 "평화가 가장 영예로운 것이므로 평화를 이루는 것이 가장 중요하다"라고 주장했지만, 실제로는 자신이 군사적으로 더 이상 성공하지 못하고 다른 이들에게 보상할 능력을 상실하면 모든 것을 잃게 되리라는 점을 알았다. 1805년에 그는 "다른 군주들은 아무것도 이해하지 못한다. 나는 구 유럽이 두렵지 않다"라고 주장했으나(갈로, 1997a:249), 1814년에는 왕좌를 보전하기 위해 필사적으로 사투를 벌여야 했다.

나폴레옹은 왜 세습으로 지속되는 왕조를 세우는 데 그렇게 집착했을까? 그는 기득권 계층의 특권과 부와 토지를 상속받아 태어난 자들이 누리는 세습 권력이라는 옛 관습을 무너뜨린 혁명의 계승자였다. 나폴레옹은 새로운 형태의 세습 권력을 창조하고자 했다. 그리고 다른 이들에게는 당연하게 주어진 것을 갖기 위해 그는 너무나도 힘겹게 투쟁을 벌여야 했다.

승계 문제는 그에게는 아주 중요한 사안이었지만 대부분 확고히 자리 잡은 왕조가 존재했던 다른 유럽 국가들에게는 새로운 문제였다. 혁명은 국민 대표제를 기본 토대로 실력주의와 정당을 통해서 합법적인 정부를 수립하려는 시도를 했다. 그러나 나폴레옹은 권력을 자신에게 집중시키고 새로운 법전을 만들고 종교협약을 체결하는 등 혼자서 새로운 정부의 주도권을 잡으며 이러한 노력들을 손상시켰다. 여기서 세습을 제외하고는 그가 이 정권을 지속시킬 수 있는 승계 구도가 없었다. 가족이나 후손들을 제외한 다른 이들은 신뢰하기 어려웠기 때문에 그는 황제로 선출되자마자 세습에 의한 왕위 계승 구도를 만들었다.

가업을 일으킨 창업주는 보통 그 사업을 다음 세대에 물려주고 싶어 한다. 이것이 그들이 줄 수 있는 유산의 큰 부분이다. 자식들에게 혜택을 주고 싶은 부모의 마음을 저버리기는 어렵다. 많은 이들은 상속의 수혜자가 자신의 자녀가 되기를 바라며 상속으로 얻은 권력 행사를 정당하다고 생각한다.

나폴레옹의 경력 내내 상속은 그가 내린 많은 결정들을 정당화하는 중요한 요소였다. 부모인 카를로와 레티치아는 조제프와 나폴레옹이 후견을 받을 자격을 갖추도록 만들고 프랑스에서 학교에 다니고 프랑스 국적을 얻게 하기 위해서 그들의 귀족 조상들을 밝혀내야 했다. 코르시카인으로서 그들이 물려받은 유산 때문에 학교에서 괴롭힘을 당하기도 했지만, 프랑스인이 되자 그들은 특히 군사적 업적을 통해서 혁명 후 귀족이라는 새로운 중산층에 합류할 수 있었다. 나폴레옹은 또한 후견 제도의 일환으로 미래를 위해 권력을 상속한다는 개념을 적용했다. 자신의 지지자들에게 방대한 농지를 주고 이들이 귀족 대지주 계층으로 성장하여 부를 후세에 전수할 수 있도록 했다. 상속은 과거에 많은 사람들이 굉장히 집착하던 문제였다. 모든 사람의 가장 중요한 임무는 그들이 이루어낸 것이 무엇이든 그것을 다음 세대에게 전수하는 것이었다. 이 상속이라는 개념이 더 이상 그렇게 중요한 문제로 인식되지 않는 것은 오직 근래에 들어 세계에서 아주 적은 지역에만 해당될 것이다.

리더십과 권력에 관한 질문

당신의 유산은 무엇이 될 것인가? 세상을 떠날 때 당신은 후세에 무엇을 남겨두고 가겠는가? 다른 이들은 당신으로부터 무엇을 물려받을 것이며 이 유산으로 당신은 어떤 영향을 미칠 수 있는가?

- 당신의 사업, 업적, 당신이 소중히 여기는 것들의 상속 절차가 분명히 마련되어 있는가? 아니면 모든 것을 운에 맡기겠는가?

- 당신이 남기고 가고 싶은 이상적인 유산은 무엇인가? 그것은 현실적인가? 상속자들은 당신의 생각을 다음 세대로 계속 전수할 것 같은가?

- 아무리 애를 써도 당신이 유산으로 남기고 싶은 것을 이룰 수 없었는가?

- 당신은 간절히 바랐던 지위를 이루었으며 당신이 존경하는 사람과 동일한 위치에 올랐다고 생각하는가?

- 당신은 자신이 가장 중요하게 여겼던 일로 기억될 것 같은가? 아니면 그 외의 다른 것들로 기억될 것 같은가? 당신의 대를 잇는 사람도 당신과 같은 방식으로 그 일을 실행하고 전수할 것 같은가?

- 다른 이들이 당신으로부터 상속받을 것은 무엇이겠으며, 당신이 그랬던 것처럼 그들도 그것을 존경할 것 같은가?

경영자를 위한 리더십과 권력 숙고

여덟 가지 권력 발휘 방법과 관련하여 실제로 이러한 방법들을 직장에서 이용해보고 이러한 방법들로 인해 영향을 받아보았던 독자들의 경험을 공유한다.

1. 후견

중국에 거주하며 공장을 운영하는 외국인으로서 나는 많은 현지 직원들의 '후견인'이었으며 심지어 그들이 회사를 그만 두고 싶어 했을 때조차도 그들을 도와주었다. 보통은 그들이 우리 회사를 떠난 후에 곧 '남의 떡이 더 큰 게 아니었다'는 사실을 깨닫고 다시 돌아왔기 때문이었다. 중국에서 후견은 매우 광범위하게 이루어진다. 모두에게 자신을 돌봐주는 고위 계층 후원자들이 있으며, 이들은 항상 자신이 잘 알고 신뢰하는 사람들을 곁에 둔다. 권력자들은 추종자들로부터 거의 비난을 받지 않는다. 그 결과 중국에서는 지도층에 변화가 생길 때면 모두들 걱정하고 조직 개편이 있기 전까지 아무 일도 하지 않는다. 이와 대조적으로 네덜란드에서 이러한 관행은 아주 드물다.

– 네덜란드 출신 제조 공장 매니저

해군 장교이셨던 아버지가 나를 해군에 입대하도록 독려하셨으니 내게는 영국 해군에 입대하기 위한 '후견인'이 있었던 셈이다. 입대 후에는 더 많은 선임 장교들이 나를 돌봐주었다. 지금 나는 큰 요트의 선장으로 어린 승무원들이 발전할 수 있도록 도우며 그들의 '후견인' 역할을 한다. 그들은 내가 자신들을 도우려 한다는 사실을 잘 알기에 매우 적극적이고 충성스럽다.

– 전 영국 해군 장교

나는 한 어린 녀석의 '후견인' 역할을 자처하여 그에게 내 사업을 가르쳤다. 사업이 너무 바빠져서 나 혼자 모든 일을 하기가 어려웠기 때문에 나중에 녀석이 사업 동반자가 되어 나를 돕게 할 계획이었다. 그러나 절대로 다시는 이런 일을 하지 않을 것이다. 그 녀석은 경쟁 업체를 만들어 내 고객들을 몽땅 빼앗아갔다.

– 전문 측량사, 해운업

나는 미국에서 매우 유명하고 부유한 가족 아래서 일을 한 적이 있다. 그 가족의 2세들은 1세의 지원으로 특권을 누리긴 했지만, 1세의 그늘에 너무 많이 가려져 있었고 사업적으로 현실감도 부족했다.

– 인테리어 디자이너, 뉴욕

나는 아버지가 창업주인 어떤 가족 경영 업체에서 일하는데, 그 아들은 아버지의 영향 아래에서 산다. 아버지는 그에게 기회를 주고 싶어 하지만 그 아들은 그런 기회들을 감당할 능력이 없다. 하지만 그의 아버지는 마치 '후견인'처럼 행동하면서 계속해서 아들에게 회사 일과 관련하여 더 많은 기회들을 주려고 한다. 때때로 아버지는 아들에게 한 가지 과제를 주기 위해서 다른 직원 열 명의 일을 방해하곤 하는데, 아들은 그 일에 완전히 재능이 없기 때문에 그건 모든 사람들의 시간을 낭비하는 일일 뿐이다.

– 방위 산업 관리자, 영국

내가 지도하는 학생 한 명이 주요 회계 법인의 채용 관행을 연구하던 중 대다수 직원이 몇 안 되는 동일한 대학들을 나왔다는 점을 발견했다. 같은 대학 출신이라는 점은 그들에게 즉각적으로 연줄을 만들어 주었으며 경험이 많은 선배들이 어린 후배들의 후견인이 되어주었다. 이것은 그들이 이미 대학교에서 경험해보았던 멘토 방식과 비슷한 것이었다. 정치계에서는 이렇게 연줄을 형성하는 것이 꽤 일반적인 현상이다. 이런 행동은 '클로즈드 숍(사용자가 근로자를 고용할 때 근로자가 노동조합에 가입되어 있는 것을 고용조건으로 하는 협정-옮긴이)'이나 정실情實 인사라는 비난을 받는다.

– 대학 교수

특정 분야의 일부 전문가들은 의도적으로 가장 좋은 자리들을 자신들이나 그들이 '후견'을 하고 싶은 젊은이들을 위해 남겨두곤 한다. 그리고 그 외의 다른 사람은 그들의 '클럽'에 들어오지 못하도록 막는다. 그들은 터무니없이 높은 진입 장벽을 만들고, 그들의 '클럽'에 합류하고 싶어 하는 사람 중 그들이 보기에 자질이 부족하거나 호감이 가지 않는 사람들은 말도 안 되는 이유로 결점을 찾아내 물리친다. 그들은 또한 명백히 자신들의 자리를 위협하는 사람은 절대로 진입하지 못하게 막는다. 이러한 전문가들 일부는 게으르고 시류에 따라 움직이지 못하며, 따라서 그들의 '후견' 제도는 새로운 생각과 기술 습득을 가로막는다. 그리고 그들은 직장에서 우위를 지키기 위해서 새로운 기술들의 신빙성을 없애려고 시도한다. 따라서 그들은 점점 더 경쟁력이 떨어지고 시대에 뒤처지게 되며, 그들이 '후견'하는 젊은이들도 그 '클럽'에 들어간 이상 그 제도를 영속시키며 평지풍파를 일으키지 않는다.

– 전직 은행원인 남미 출신의 젊은 컨설팅업 종사자

나는 두 정당 간에 정치가 급격하게 분열되어 있는 작은 나라에 살고 있다. 많은 사람들이 각 정당에서 자원봉사를 한다. 한 정당이 권력을 잃고 다른 당이 권력을 잡으면, 그 성공한 당은 충성스러운 추종자들에게 보상하고 싶어 한다. 따라서 그 당의 추종자들은 공공 부문에서 자리를 얻는다. 그들 중 일부는 새로 받은 직무에 완전히 무능하지만, 유능하고 다년간 그 분야에서 일한 경험이 있는(이전 정당이 얼마나 오래 권력의 자리에 있었는지에 따라) 누군가를 대체한다. 그들은 이러한 자리를 원하고 당은 그들에게 보상하고 싶어 하기 때문이다. 이것도 일종의 후견 형태인 것 같다.

– 은퇴한 해외주재원

2. 실력

나는 항상 내가 가진 기술, 내 능력, 성실함, 그리고 경력을 발전시키기 위한 노력에 의존해왔고 관리자이자 컨설턴트로서 전문성을 발달시켰다. 그러나 실력이 다가 아니라는 사실을 깨달았으며 조직의 성향에 따라서 한 개인의 실력이 출세에 그다지 중요하지 않을 수도 있다는 점을 알게 되었다. 예를 들어 정부 기관에서는 지적이고 전문적인 능력이 항상 더 많은 보상을 받는 요소는 아니었다.

– 중동에서 근무하는 미국 출신 컨설턴트

나는 리더십을 발휘하는 방법으로 공포심을 조성하거나 모략을 꾸미지 않으며 언제나 내 지식과 전문성을 기반으로 성공하려고 노력해왔다. 나는 전문가로서 프로젝트를 맡아 좋은 결과를 내고 회사의 자본을 절약해 회사를 살리는 데 기여해왔다.

– 네덜란드 출신 제조 공장 관리자

실력은 내 경력을 시작하는 데 많은 기회를 열어주었다. 실력은 시작 시점에 가장 큰 장점으로 작용한다. 그러나 실력으로 자신을 알리려는 방법은 속도가 느리기 때문에 좋은 홍보 방법은 아니다. 실력은 시작 시점에는 도움이 된다.

– 민간 부문 기업 팀장, 남아메리카

내 생각에는 아무리 일을 잘해도 상사들이 어떤 이유로 당신을 제거하고 싶어 하면 업무 능력은 별로 도움이 되지 않는 것 같다. 굉장히 능력이 뛰어나고 성취욕이 너무 큰 사람은 위협적으로 보일 수 있다. 또 이러한 사람들은 대부분 눈치가 없어서 자신이 고용 연장자 목록에서 빠져 있다는 점을 모른다. 아마 자신의 일에 몰두하느라 너무 바빠서 다른 것에는 신경을 쓰지 못하는 것 같다.

– 경영 컨설턴트이자 트레이너

나는 항상 내 개인적인 목적을 위해서가 아니라 장기적으로 기업의 전략에 유리한 일들을 하려고 노력해왔다. 그러나 내 노력을 이렇게 생각하지 않고 내가 개인적인 목적을 위해 일한다고 생각하는 사람들이 나를 거세게 비판했다. 하지만 그들은 그 목적이 무엇인지조차 밝혀내지 못했다!

– 중동에서 근무하는 미국 출신 컨설턴트

자신의 업무에 유능한 것은 물론 좋은 점이다. 특히나 당신이 완벽주의자라면 가능한 한 최고로 일을 잘 하고 싶어 할 것이다. 그러나 나는 아첨을 잘하고 나중에 나를 도와줄 수 있는 중요한 사람들의 호의를 사는 편이 훨씬 더 효과적이라는 사실을 깨달았다.

– 전직 은행원인 남미 출신의 젊은 컨설팅업 종사자

3. 카리스마

나는 이제껏 아주 소수의 카리스마 넘치는 사람들을 만나보았는데, 그런 사람들을 만날 때면 그들에게서 아주 깜짝 놀랄 만한 점을 발견한다. 그 사람이 방으로 걸어 들어오면 모두가 그의 존재를 알아차리고 왠지 경외심이 들어서 말을 멈추고 바라보게 된다. 설명하기 어렵지만 굉장한 기운이 느껴진다.

– 대학교수

카리스마를 발휘하는 것은 우리 팀에서 효과가 좋다. 카리스마는 팀원들에게 동기를 부여하며 목표와 전략을 공유할 수 있게 한다. 그러나 다루고 있는 상황이 힘들 때, 카리스마만으로는 모든 팀원들이 스스로 동기를 부여하도록 만들기가 충분하지 않다. 일부 팀원에게는 다른 방식으로 동기를 부여해야 한다. 카리스마는 분명 '있으면 유리한' 요소지만 모든 상황을 다루어야 하는 리더들에게 충분한 요소는 아니다.

– 남미 민간 부문 기업 팀장

나는 다른 사람들이 노력하여 얻은 결과를 자신의 공으로 돌리는 데 능숙한 상사들을 많이 보았다. 특히 그들이 카리스마 넘치고 설득력 있는 사람일 때 더욱 그러했다.

– 전 영국 해군 장교

매우 매력적이고 카리스마 있는 연구 조교가 있었다. 그녀는 함께 일하기에 매우 유쾌한 사람으로 모두의 사랑을 받았다. 하지만 그녀는 자신의 카리스마를 더 높은 목표를 위해, 혹은 다른 사람들이 자신을 위해 일하도록 만드는 데 사용하지 않았다. 늘 많은 권한과 높은 보수가 따르는 좋은 일자리를 제안받았지만 별로 야망이 없었다. 어떤 면에서 그녀는 이 '재능'을 낭비하는 셈이었다.

– 경영 컨설턴트이자 트레이너

나에게 카리스마가 있다고 말하지는 못하겠지만 적어도 내게는 사람들의 호감을 사는 능력이 있다. 사람들은 나와 일하기를 좋아한다. 아마도 내가 친절해서이거나 합리적이고 공정해서이기 때문일 것이다. 나는 이런 점들이 오래간다고 생각한다.

– 네덜란드 출신 제조 공장 관리자

나는 타당한 증거에 기반을 두고 논리적으로 주장할 수 있는 능력이 뒷받침되지 않는 한 카리스마만으로 리더를 평가하지 않는다. 나는 단지 호감형이고 감화를 준다는 이유로 카리스마 있는 리더에게 끌리지도 않는다. 내게 영향을 주려면 강력한 의사 결정 능력도 겸비해야 한다.

– 중동에서 근무하는 미국 출신 컨설턴트

4. 쿠데타

나는 항상 기회가 올 때마다 그 기회를 잡아서 권력을 쌓아왔다. 회사에서 대부분의 사람들이 중국 업무는 너무 힘들어서 임무를 완수하기가 어렵다고 생각하여 중국 파견을 원하지 않을 때, 나는 중국에 있는 자회사 관리 업무에 자원했다. 나는 결코 어려운 임무를 포기하지 않으며 오히려 어려운 업무들에 지원을 잘 했다.

– 네덜란드 출신 제조 공장 관리자

나는 가능한 한 기회를 잡는 편이지만 그렇게 하는 이유는 내가 회사나 조직에 기여를 할 수 있다고 생각해서이다. 그러나 다른 사람들은 내 동기를 의심했고 왜 내가 그런 일을 하는지 의아해하며 나를 불신했다. 나는 이제 절대 아무 일에도 자원하지 않는 사람들의 이유를 알 것 같다.

– 미국 출신이지만 중동에서 근무하는 컨설턴트

프로젝트 매니저로서 나는 업무 의뢰를 받으면 갑자기 책임을 맡아야 한다. 일을 맡으면 당신은 의뢰인의 요구에 응해야 하며, 그에게 안도감을 주어야 하고(또는 누군가 그의 위험이 감소하도록 신경 쓰고 있다는 생각을 갖게 하고), 모든 팀원들에게 리더가 나타났음을 알려야 한다. 기회를 잡을 때의 유일한 단점은 높은 강도의 스트레스인 것 같다.

– 민간 부문 기업 팀장, 남아메리카

나폴레옹이 취했던 권력의 장악 방식은 단지 기회가 왔을 때만 그 기회를 잡아 득을 보는 것이 아니다. 그것은 이사회에서 반란을 일으키거나, 한 회사가 다른 회사의 공개 매수를 유도하는 것과 더 비슷하다. 유명한 기업 지도자 중 다수는 그런 반란을 일으켜 봤거나, 그런 일을 당해보았다. 이것은 또한 정치인들에게도 일어날 수 있는데, 내부 구성원들이 누군가를 단체로 공격해서 몰아내고 그들이 선호하는 다른 후보를 앉히는 경우에 그렇다. 폭동을 일으키는 것과 비슷하다. 여기서 희생자는 부당하게 내쫓겨 버려진 느낌을 받는다.

– 대학 교수

5. 모략

자신을 다른 사람들의 영향력에 노출되도록 두지 않고 다른 사람들과 겉으로 원만하고 우호적인 관계를 유지한다면 모략이 성행하는 기업 문화에서 살아남을 수 있다. 그러나 영악한 동료들은 당신의 생각을 눈치채고 당신을 더 이상 신뢰하지 않을 수도 있으며, 당신은 협업을 잘하는 사람이 아니라는 오명을 입을 수도 있다. 어떤 동료들은 그들의 이익을 위해 당신의 업무에 필요한 정보를 주지 않으면서 괴롭힐 수도 있다.

– 중동에서 근무하는 미국 출신 컨설턴트

나는 팀원들에게 동기를 부여해서 성과를 높이려고 '성과급 제도'를 이용해보았다. 결과는 좋았지만 이 방법은 협업이나 리더십 발휘를 장려하는 대신 이기심을 조장하는 등 위험이 따랐다. 따라서 성과급 제도도 기본적으로는 모략 방법이다.

나는 다른 사람들처럼 정치적으로 행동하지 못해서 남들보다 승진이 늦었다. 나는 내 일은 물론 다른 이들의 일까지 돕느라 너무 바빴다. 나는 정치적으로 행동하는 방법을 몰랐고 설령 알았다 하더라도 그렇게 하지 않았을 것이다. 나는 항상 너무 훌륭한 팀원이었고 청렴하며 교묘하게 타협할 의지가 없었다. 기본적으로 너무 정직하다.

어떤 조직 문화에서는 권모술수를 부리는 행동이 부정적으로만 인식되지는 않는다. 이런 문화에서 모략은 타인과 분쟁을 피하는 방법으로, 부정적이고 언짢은 소식들을 알리지 않고 사람들을 즐겁게 할 수 있는 방법으로 통한다. 그러나 경쟁이 심한 기업 환경에서 모략 방법은 모두에게 이롭지 않으며 장기적으로 기업에 피해를 줄 수 있다.

나는 우리 회사 내부에 어떤 자리에 지원하려 했는데 고위 간부 중 한 명이 내가 그 업무를 맡는 것을 원하지 않았다. 그는 내게 그 자리에 지원하면 다른 회사로 옮겨야 할 거라고 협박했다. 이직은 훨씬 더 큰 비용을 초래하며 그 자리는 세금도 더 많이 내야 하는데 어차피 연봉은 동일했기 때문에 결정은 쉬웠다. 나는 지원을 포기했다.

– 경영 컨설턴트이자 트레이너

나는 수년간 근무했던 한 국가에서 시민권을 따려고 했다. 그래서 꼼꼼하게 모든 절차를 따랐다. 모든 서류 칸을 채워 넣고 필요한 과정을 이수했으며 매주, 가끔은 일주일에 두 번씩 지원자들을 위한 안내 수업에도 참가했다. 1년 후 마침내 서류를 받았다. 내 친구는 나에게 담당자를 알아내서 그에게 뇌물을 주면 훨씬 더 쉬울 거라고 알려주었지만, 나는 그렇게 하는 것이 내키지 않았다.

– 관현악단 단원

똑똑하다는 명성으로 힘과 영향력을 키우는 것은 별로 정치적이지 않은 환경에서만 가능하다. 어떤 조직에서는 다른 요소들이 지적 능력과 동일하거나 더 중요한 역할을 한다. 정치적인 충성, 모략, 대인관계, 의도적으로 정보 숨기기, 아부하기 같은 행동들이 객관적인 증거에 기반을 둔 평가보다 훨씬 더 중요할 때도 있다.

– 중동에서 근무하는 미국인 컨설턴트

조작과 정치적 활동에 관심이 더 많아진다는 것은 대중 친화력을 잃고 있다는 의미이기도 하다. 회사에서 힘들게 일하고 있는 일반 직원들과의 소통이 끊기면 당신은 진짜 중요한 교류가 끊기는 위험에 직면하는 것이다.

– 인테리어 디자이너, 뉴욕

한 사람이 조직에서 두각을 나타내기 시작하거나 모의 활동에 가담하기를 강요받을 때 모략 행동의 수위가 증가할 수 있다. 나는 이런 일이 발생하면 불안하고 불편해진다. 내 자신은 비밀 안건이 없지만 무슨 일이 벌어지고 있으며 왜 그런 일이 일어나고 있는지 알아야 하기 때문에 다른 사람들의 비밀 안건을 힘들게 찾아내야 한다.

– 중동에서 근무하는 미국인 컨설턴트

세계를 돌아다니다 보면 정치 공작은 '신세계'의 사람들보다는 '구세계' 사람들의 특징인 것 같다. 예를 들어, 나는 뉴질랜드에 있는 한 영국 기업의 지사에서 일했다. 이 지사의 문화는 내가 영국에서 일했던 다른 지사들의 문화와 완전히 달랐다. 뉴질랜드에서는 팀원들 간의 협력정신이 훨씬 더 강한데 아마도 사람들이 운동을 더 많이 하기 때문인 것 같다. 뉴질랜드에서 사내 정치 활동은 절대 용납되지 않았다.

내가 활동하는 한 취미 모임의 리더는 매우 유능하고 유익한 사람이며 적극적으로 자신의 시간을 내어 이 모임의 행정 업무를 관리한다. 그러나 그는 자신에게 동의하는 사람만 좋아하고 도와준다. 나는 우리 모임에 필요한 용품을 산 적이 있는데, 그는 이런 용품들이 유용하지 않다는 기사 하나를 읽고 와서 나와 이 용품을 사온 다른 사람들을 비난했다. 그는 본인이 생각하기에 무언가 잘못된 행동을 하는 사람들에게 뽐내는 것을 즐긴다. 그의 기분을 상하지 않게 하려고 대부분의 사람들은 그냥 넘어가지만 그는 우두머리 행세를 하기 때문에 존경받지 못하며 비웃음만 살 뿐이다.

– 취미 모임 회원

나는 정말 이런 식으로 얻은 권력을 혐오한다. 만약 중국에서 내 직원 중 누군가가 내 뒤에서 모략을 하는 것을 발견한다면 나는 그 직원을 그 자리에서 바로 해고할 것이다. 우리 회사의 판매 직원들은 이따금씩 거래처의 판매 관리자와 뒷거래를 하거나 외부 판매원들과 사적인 거래를 했는데, 나는 이런 행동을 용납할 수가 없었다. 네덜란드식 방식은 매우 정직하다. 나는 기꺼이 타문화를 받아들이는 편이지만 이런 행동은 절대 협상불가이다.

– 네덜란드 출신 제조 공장 관리자

정서적, 지적능력을 개발하는 것은 당신의 '영리함'을 언제 어디에서 발휘할지 결정하는 데 매우 중요한 단계이다. 나는 외교 기술을 이용하거나 다른 사람들의 입장과 동기를 알아 내는 것이 원하는 결과를 내는 데 도움이 될 수 있다는 사실을 배웠다. 모략이 성행하는 환경에서는 살아남는 것이 중요하다. 비록 당신은 모략을 하지 않으려고 노력할지라도 결국에는 당신도 주위 사람들과 어느 정도 비슷해질 것이다.

– 중동에서 근무하는 미국인 컨설턴트

내가 중국에 있었을 때처럼 본사에서 멀리 떨어진 곳에서 근무할 때에는 본사에서 당신에게 무슨 일이 일어나고 있는지 알려주고 당신이 그곳에 없을 때 당신을 지지해줄 수 있는 사람을 두는 것이 중요하다. 나는 본사에서 누군가가 내게 불리하게 수작을 부리는 상황을 겪었는데 이 상황에 대응할 수 있었던 유일한 방법은 내 직속 상사의 윗선으로 가서 진실을 알아내는 것이었다.

– 네덜란드 출신 제조 공장 관리자

6. 공포정치

어느 날 상사와 함께 내 근무평가를 검토하던 중, 상사는 아주 사소한 문제를 가지고 트집을 잡으며 내가 했던 모든 노력들은 무시했다. 나는 항의했지만 그는 이전에 내가 받았던 B+등급 대신 C등급을 줄 수도 있다며 협박했다. 나는 분명 이전보다 못하지 않았는데도 할 수 없이 B등급을 받는 것을 수락했다. 그리고 나중에 회장님이 내 상사에게 회사의 자금 상황이 안 좋아서 직원들의 임금을 올려줄 수 없으니 모든 직원의 업무 등급을 올리지 말라는 지시를 내렸다는 사실을 알게 되었다. 나는 부당한 처사를 받아들이도록 협박받았다.

– 경영 컨설턴트이자 트레이너

나는 관리자가 공포감을 조성하며 지배하는 회사에서 일했다. 그 공포란 당신에게 갚아야 할 주택 대출금이 있고 학비가 많이 들어가는 자녀들이 있을 때 직장을 잃을지도 모른다는 두려움이다. 그 결과 공포에 사로잡힌 사람들은 진심으로 최선을 다해 일하지 않았고, 충성심이라는 개념을 부정적으로 생각하게 되었으며, 정말로 회사를 그만두고 싶어 하게 되었다. 그러나 다른 직장을 찾을 때까지는 감히 그만두지 못했다. 개인적으로 내게 이 상황은 내 사업을 시작하는 계기가 되었다.

– 인테리어 디자이너, 뉴욕

목적을 이루려는 수단으로 협박을 하는 것은 아주 특정한 경우에만 사용되어야 하는 경영 방식이다. 보통 우리 팀은 매우 적극적이고 역동적인 사람들로 이루어져 있다. 이러한 팀원들에게는 강압적이지 않은 방법으로 지도를 하고 승진시키는 방식을 적용해야 한다. 협박 방식은 좋지 않다. 협박은 팀원들이 소속감을 느끼지 못하게 하고 팀원들 간의 관계를 망가뜨린다. 따라서 협박 방식은 아주 신중하게 사용해야 한다.

– 남미 민간 부문 기업 팀장

리더들은 안건을 밀고 나가기 위해서 광범위하게 협박 방법을 사용한다. 이런 리더십 방식은 지위와 지휘 체계가 확실한 경우에 효과를 낸다. 예전에 다른 사람들이 나에게 협박 방법을 쓰려고 시도할 때 나도 같이 그 방법을 사용해보았다. 뚜렷한 결과로 뒷받침할 수 없으면 그 방법은 효과적이지 못하다. 아마 실력을 토대로 권력을 갖추고 적당히 사용할 때 가장 잘 사용할 수 있을 것이다. 이 방법의 장점은 빨리 원하는 결과를 낼 수 있으며, 리더의 흔적을 남길 수 있다는 점이다. 반면 리더로서 이 방법의 단점은 고립될 수 있다는 점이다. 화를 내는 것은 다른 이들의 사기를 저하시키고, 진취성을 떨어뜨리며, 상황이 좋지 않을 때 그들은 피드백을 주지 않는다.

– 남미 민간 부문 기업 팀장

7. 선거

우리 회사에는 노사위원회가 있는데 정기적으로 위원회 소속 사람들은 선거에 출마한다. 직원들은 좋아하고 존경하는 사람에게 표를 던진다. 직원들의 호감을 사지 못하면 거의 한 표도 얻지 못할 수도 있다. 이 선거는 매우 개인적이고 주관적이며 간부로 당선된 사람이 해야 할 역할이나 직무와는 거의 아무 관계가 없는 선발 방식이다.

– 경영 컨설턴트이자 트레이너

우리 모임의 회장은 회원들의 투표로 선발되었는데 그는 이 선출 권력을 즐긴다. 전직 은행원인 회장은 정장 차림을 하고 상을 수여한 사람들과 악수를 하면서 사진을 찍고 뉴스레터에 글을 쓰는 등 전반적으로 우두머리 행세를 좋아한다. 그는 분명 모임도 잘 운영하고 해를 끼치는 사람은 아니지만, 한심한 사람이긴 하다.

과거에 나는 권력이 따르는 자리에 선출되었던 적이 있었는데, 무엇이 효과를 내어 어떻게 그 자리에 올랐는지는 정확히 알 수 없었다. 나는 내 지도 아래 대부분의 사람들이 어떻게 이득을 볼 수 있는지 보여주며 공익에 호소했다. 아마 강력한 미사여구를 사용하고 약간은 감정에 호소하며 설득력 있는 주장을 한 것이 효과가 있었던 것 같다. 다수의 지지를 받으면 최소한 단기간 동안은 빠르게 원하는 것을 이룰 수 있다. 당신의 지위에 정당성이 있기 때문이다. 그러나 어려운 결정을 해야 하는 순간이 오면, 사람들의 호의는 매우 빠르게 사라진다. 사람들은 결정은 선거로 내려질 거라고 생각한다. 당신에게 타협할 의사가 없다면 아주 빠르게 세력 기반을 잃을 수 있다.

나는 상공회의소의 한 자리에 출마했지만 당선되지 않았다. 나는 여성이고 컨설턴트인데 반해, 다른 이들은 각 산업의 수장이었기 때문인 것 같다. 그들은 상공회의소를 사교 활동장으로 이용하려 했고 그곳에서 자신들의 성공과 문제점에 대한 이야기를 나누고자 했다. 그들은 내가 그들에게 컨설팅 서비스를 권유할까 봐 그리고 아마도 내가 계속 회원들에게 명망 있는 행사들을 개최하라고 몰아붙일까 봐 (또한 역시 이를 빌미로 더 많은 컨설팅 서비스를 팔려고 할까 봐) 나를 배척했다. 나는 그저 우리 모두가 다 해외주재원이므로 그 사회의 일원이 되고 싶었을 뿐이었는데, 그들은 나에게 다른 동기가 있을 거라고 생각했으며, 내가 자신들과 같지 않다는 이유로 신뢰하지 않았다.

– 경영 컨설턴트

나폴레옹이 황제가 되기 위한 선거를 앞두고 말했듯, "말은 간단히, 생각은 분명히, 의식은 휘황찬란할 필요가 있다." 레닌이 전쟁으로 피폐해진 러시아에서 권좌에 오르며 말했듯 '평화, 빵, 땅'이 중요하다. 처칠의 '피, 땀, 그리고 눈물'이라는 연설 역시 유명하다. 대중들의 지지를 얻기 위한 선거 연설에서는 명료성이 핵심인 것 같다.

– 대학 강사

8. 상속

내 고객 중에는 굉장히 부유한 집안의 후손이 있었다. 그와 함께 있으면 매순간이 거의 50만 달러의 가치가 있는 것처럼 느껴진다. 그는 능력 있는 사람들을 고용하고 그들에게 일을 맡기는 데 능하다. 문제는 그가 내리막길을 걷고 있는 사업을 물려받았다는 점이었다. 그의 조상들은 봉건적이었다. 그는 조상들이 무시했던 거대한 노사 문제를 물려받았다.

— 인테리어 디자이너, 뉴욕

가족 경영 업체의 창업자인 내 상사는 자신의 아들이 회사에서 중요한 역할을 하고 자신의 자리를 이어받기를 원했지만 이 젊은 아들은 자신감이 부족했고 자신의 능력을 불신하며 그가 벌이는 모든 프로젝트는 흐지부지되기 일쑤였다. 우리 회사는 위계질서가 약하고 자유로운 분위기이며, 직원들은 매우 정중하여 직접적으로 말을 하지 않기 때문에, 그 아들은 적절한 피드백을 많이 받지 못했고 따라서 업무 능력도 발전시키지 못했다. 이들의 '왕국'은 오랫동안 지속되지 못할 것 같다.

— 방위 산업 관리자, 영국

내 고객 중에는 어떤 기업의 회장이 있었는데 그는 창업주의 손자였다. 창업주의 이미지를 따라 하려고 애쓰는 일은 그에게 즐겁지 않았다. 그는 수완이 좋고, 위험을 잘 무릅쓰며, 진취적인 자신의 장점들을 잃어가고 점점 할아버지처럼 인색하고 무뚝뚝하고 부정적이며 편협한 성격을 드러내기 시작했다. 이렇게 된 것이 아주 그의 잘못만은 아니었다. 세계 경제와 환율도 그에게 불리하게 작용하고 있었다. 그러나 자신이 물려받은 유산 중 부정적인 면을 키운 그의 행동이 상황을 더 악화시켰다.

– 경영 컨설턴트이자 트레이너

미국에서 나를 고용했던 재벌가는 일종의 왕국을 설립해 가문을 이어가려고 애썼지만, 2세들은 별로 열정적이지 않았다. 1세들이 이미 모든 것을 이루어놓았기 때문에 2세들은 돈을 벌기 위해 힘들게 일할 필요가 없었고 그들에게 삶은 너무나 쉬웠다.

– 인테리어 디자이너, 뉴욕

나는 매우 값비싼 요트를 소유하고 있는 부유한 기업가 밑에서 일했다. 그는 진정한 신사였다. 처음에 그는 나를 신뢰하지 않았지만 시간이 지나면서 나는 그의 신뢰를 얻을 수 있었다. 비록 우리는 완전히 다른 배경에서 자랐더라도 서로 존중하며 함께하는 걸 즐겼다. 슬프게도 그는 세상을 떠났고 이후 아들이 그의 자리를 승계했다. 나는 새로운 고용주의 신뢰를 얻기 위해 처음부터 다시 시작해야 했다. 그리고 아버지로부터 사업에 대한 통찰력을 전수받지 못한 아들 역시 처음부터 시작하고 있다는 것을 알게 되었다. 그는 실수를 하고 고생하며 힘들게 모든 것을 배우고 있었다. 요트 조종이나 사업 운영이나 마찬가지였다. 준비가 안 된 상태에서 제국을 상속받는 것은 상당히 힘겨운 일이 될 수 있다. 일부 사람들이 생각하는 것처럼 상속은 공짜 선물이 아니다.

–전 영국 해군 장교

결론

나는 민중으로부터 나와 내 노력으로 부상한 군인이다.

나폴레옹, 1801년 2월 1일

로디 전투에서 승리한 저녁에야 나는 내 자신이 우월한 존재이며 그때까지는 그저 환상적인 꿈이라 생각했던 위대한 일들을 이룩할 야망을 가슴에 품고 있다는 것을 깨달았다.

자신의 회고록에서 나폴레옹

정치에서와 마찬가지로 전쟁에서도 한 번 놓친 기회는 결코 다시 찾아오지 않는다.

나폴레옹, 1803년

내게는 칼이 있으니, 그 칼로 나는 더 멀리 나아갈 것이다.

나폴레옹, 1794년

나를 따르라, 시간은 내 편이다.

나폴레옹, 1799년 브뤼메르 직전

병사들이여, 이 피라미드 위에서 4천 년 역사가 그대들을 내려다
보고 있음을 기억하라.

피라미드 전투에 앞서 나폴레옹이 연설을 하던 중, 1798년

모든 프랑스 병사들에게는 군의 원수가 될 자질이 있다.

나폴레옹, 1802년

병사들이여, 나는 그대들에게 만족한다.

나폴레옹, 1805년

분명 그는 병사들을 깨지지 않는 승리로 이끌며 그들에게 미치는
자신의 영향력과 병사들의 신뢰를 얻었을 때 그들에게 요구할 수
있는 점들을 깨닫기 시작했다.… 이탈리아 원정으로 나폴레옹은

유럽에서 중요한 인물로 부각되고 있었다.… 국민들은 그 승리들이 순전히 지휘관의 자질과 공화국 군인들의 기백 덕분이라고 생각하기를 독려받았고, 실제로 그렇게 믿고 있었다.

마크햄, 1963년, 34쪽

나폴레옹 리더십 분석

여느 리더들처럼 나폴레옹 역시 점점 권위주의적으로, 그리고 심지어 독재적으로 변해가면서 다른 관점을 수용하지 않게 되었고, 많은 이들은 그에게 이의를 제기하는 것을 두려워했다. 그는 자신의 권력 장악에 저항하는 자는 누구도 용납하지 않았으나, 전통적이고 기반이 튼튼한 다른 유럽 군주들이 누리는 합법성을 부러워했고 자신도 그러한 합법성을 얻을 수 있기를 바랐다. 이 바람은 자기중심적인 독재정치에 대한 집착으로 이어진다. 그는 매우 경쟁력이 있었으며, 중앙집권적인 리더십을 추구했고, 전략적인 의사 결정 과정을 지배했으며, 단호하고 빠르게 결정을 내렸다.

전략적으로 폭넓은 시각을 갖추어 봉건주의를 무너뜨리고 유럽 통합을 추구했던 점 외에도 나폴레옹은 세부적인 사항을 다루는 데도 뛰어났다. 정력이 넘치던 그는 군대와 정부 활동의 아주 세밀한 부분까지 관여했다. 내부 조언자들과 전우들의 헌신을 존경하긴 했지만 보통 그는 모든 업적의 공을 자신에게 돌렸다. 그는 지지자들에게 관대하게 보상했지만 그들은 빈번히 더 많은 보상을 바라고 나폴레옹을 따라 다시 전쟁터에 나가는 위험을 거부하며 자신의 부를 지키는 일에만 몰두했다. 지지자들은 상황이 안 좋아지자 마치 돌멩이 버리듯 나폴레옹을 버렸다.

나폴레옹은 앞서서 상황을 주도하는 매우 적극적인 리더였다. 뒤에서 침묵하고 지켜보는 리더가 아니었다. 그러나 권력을 탐닉하면서 그는 강압적이고 독재적으로 행동하며 부하들을 마구 밀어붙였다. 그는 다른 이들에게 자신의 위압적인 통치 방식을 따르고, 자신의 가치관과 혁명 후 프랑스의 이상을 받아들이기를 강요했으며, 자신의 상의하달식 방법만이 혁명의 성과를 계승하는 유일한 방법이라고 생각했다. 인간의 목숨을 경시하는 태도로 수많은 병사들이 목숨을 잃게 만들고 막대한 군수품의 손실을 보기도 했지만, 사람들에게 감화를 주고 카리스마를 발휘하는 능력 덕분에 그는 추종자들을 대거 끌어모을 수 있었다. 심지어 몇 달간 급료를 받지 못하고 제복과 장비가 부족하여 고통 받던 병사들조차도 그를 따랐다.

이민자이자 가난한 집안 출신으로서 나폴레옹은 사회 계층과 국적에 큰 변화를 겪고 있는 다양한 집단을 다루는 데 전혀 문제가 없었다. 그는 프랑스를 사랑하게 되었으며 지형과 다른 국가의 특징을 파악하는 예리한 시각으로 새로운 지역을 탐험하면서 어느 곳에서나 군사 작전을 벌일 수 있었다. 그러나 다른 이들처럼 그 역시 러시아 침략 전투를 과소평가했고, 거기서 무자비하게 50만 명의 병사들을 버렸다. 그는 다른 통치자들과 협력을 추구했지만 다른 유럽 군주들과 그들의 장관들로부터 거부당하자 굉장히 분노했다. 그는 친선 관계를 형성하고 싶어 했는데 자신의 우호적인 제안들이 거절당하자 화가 났다. 하지만 가끔은 그들이 체면치레용으로 제안한 친선 기회를 알아보지 못하기도 했다. 군사 경력 초기에 나폴레옹은 주위 사람들이 자주성을 보이고 솔직하게 행동하는 것을 좋아했다. 동료 장군 중 다수는 아마도 더 많은 자치권과 행동의 자유가 주어지기를 바랐겠지만 놀라운 속도로 벌어지는 그의 군사작전은 가장 대담한 전사들에게만 기회를 부여했다. 나폴레옹은 솔직한 군인들의 가치를 높게 평가했으며, 대조적으로 정치인들 대부분을 경멸했다. 분석과 계획에 열중하여 그는 전투에 앞서 치밀하고 광범위하게 준비를 했다. 때때로 그는 충동적이기도 했고 확실히 인내심이 부족하기도 했다. 국고가 바닥이 나서 더 이상 군대를 모집하고 지지자들을 보상하기 위한 재원이 없을 때에도 그는 여전히 전투를 벌이고 싶어 했다. 현실적이고 재정적인 문제들은 그를 멈추지 못했다. 그래서 종종 사비를 들이기도 했다. 숙적인 영국이 식민 시장을 확대하고 산업혁명을 증진하고 세계 무역을 장악하는 데 집중하는 동안 그는 항상 전통적인 생각으로 영토가 가장 중요하다고 여기며 전투에 집중했다.

황제로서 나폴레옹이 반대 세력을 걱정하고 권력을 지키기 위한 자신의 능력에 불안해하며 점점 더 통제를 심하게 하자, 나폴레옹의 측근들, 심지어 수년간 그와 함께 해온 장군들조차도 그가 좋아하지 않을 만한 일을 시도하기를 두려워하게 되었다. 공공의 이익을 위한 열망은 황제를 기쁘게 하는 열망과 혼동되었다. 그는 두 개의 비밀 경찰대를 운영하면서 서로를 감시하도록 했고, 자신의 권한에 도전하는 자에게는 엄중하게 보복을 해주었다. 그러나 항상 나폴레옹의 취약한 통치 기반을 의식하고 불안정한 유럽의 지정학적 현상에서 자신들이 선택할 수 있는 사항을 고민하는 분별 있는 외교관과 정치인들이 있었다. 그들 중에는 이중첩보원인 탈레랑도 있었는데, 그는 나폴레옹이 남긴 유산에 오랫동안 영향을 미쳤다. 그는 가히 '배후에 있는 리더'라 부를 만하다.

15년 이상 나폴레옹은 국가를 상징하고 장관들과 주위 모든 사람들에게 그늘을 드리우면서 프랑스 공화국의 모든 면을 지배했다. 오직 탈레랑만이 그의 첫 번째 그리고 두 번째 퇴위 후에 남겨진 권력 공백 속에서 번창할 수 있었다. 나폴레옹은 자신의 군사 경력을 지렛대 삼아 어린 나이에 정치권력을 획득했다. 솔직하고 순진해서 그는 자신의 야망을 숨기지 않았고, 이 때문에 가장 충성스러운 추종자들조차 국가에 대한 그의 헌신을 개인적인 영예 추구로 의심하기 시작했다.

군사적 힘이 강해지면서 그는 범접하기 어려운 사람이 되어갔고 자아도취에 빠지게 되었다. 수그러들지 않는 야심찬 군사 전략은 한때는 매우 고무적이기도 했지만 점점 전쟁으로 인해 고통 받는 사람들을 보지 못하게 만들었다. 50만 명에 이르는 병사들이 러시아의 눈보라 속에서 죽었고, 유럽 전역에서 400만 명이나 되는 군인들이 전투를 치르다 죽었으며 곳곳에 전쟁의 부작용이 만연했다. 그러나 그의 최후의 몰락을 가져온 요소는 이러한 점들이 아니었다. 그는 군사적 승리 외에는 다른 어떤 토대로 협상을 벌여야 하는지 전혀 몰랐기 때문에 유럽 군주들은 전투에서 그를 패배시키는 것 말고는 다른 선택이 없었다.

나폴레옹의 경력을 통해 얻을 수 있는 통찰력

흥망성쇠를 겪은 나폴레옹의 경력은 그의 리더십 발휘 방식의 장단점과 다양한 권력 방식을 사용할 수 있는 상황에 대해 우리에게 독특하고 현실적인 깨달음을 준다. 그는 우리에게 무엇을 알려주었는가?

- 빠르게 정상에 오르는 법
- 지지자 세력을 형성하고 후원할 사람을 고르는 법(해야 할 점과 하지 말아야 할 점).

- 리더로서 자신의 분야에서 탁월한 실력을 지닌 점은 장점이지만 실력만으로는 충분하지 않음.
- 카리스마, 강인한 인격, 끊임없는 자기 홍보는 세력 기반을 확보하는 데 도움이 됨.
- 갑작스러운 기회를 맞아 위험을 무릅쓸 준비가 되어 있어야 함.
- 승진 사다리에 오르기 위해서 리더십을 키우고 권력을 쌓을 기회를 잡는 것이 중요하지만, 현재 지닌 권력을 확고히 다지는 것도 필요함.
- 세력 기반을 유지하려면 규칙을 세우고 모든 결정에 영향을 미치면서 안건을 통제해야 함(그렇게 하지 않으면 결국 다른 누군가가 그렇게 함).
- 위협적이고 두렵고 사람들에게 냉담한 존재가 되는 것은 어느 정도는 효과를 보여도 결국 리더십과 권력을 유지하는 방편으로는 재앙과 같음.
- 대중들은 변덕스럽기 때문에 대중들의 지지에 의존하는 것은 위험함.
- 왕국을 창조하고 유산을 남기기 위해서는 막강한 세력 기반을 갖추고 적합한 후계자를 결정하는 일이 관건임.

맺음말: 나폴레옹이 권력을 유지하지 못하고 몰락한 스무 가지 이유

1. 제1통령으로서 나폴레옹은 법전을 편찬하고, 종교협약을 맺고, 수백 개의 경제적 사회적 법적 개혁을 단행하였으며, 프랑스에 지속 가능한 발전을 약속했다. 그러나 평화가 필요하던 국가에서 군인인 나폴레옹은 끊임없이 오스트리아, 러시아, 프로이센의 군대와 충돌할 수밖에 없었다. 그가 주도한 진취적인 개혁들은 보수적인 이웃국가들을 두려움에 떨게 했고, 그는 항상 협상 대신 전쟁으로 대응했으며, 이렇게 자신의 권력 장악에 대한 집착을 정당화했다.

2. 나폴레옹은 혼란에 빠졌고 특히 제1통령이던 1800년에 일련의 암살시도가 발생한 후에는 프랑스의 미래를 자신의 장기 집권과 밀접하게 연관시켰다. 그는 정치적 반대 세력으로 의심되는 자 모두를 탄압했고, 반란 용의자를 암살하라는 명령을 내리고 언론을 통제했다. 자기 보호 본능, 이기주의, 자아도취증은 그를 극단적인 행동으로 이끌었고 반대 의견이나 논의 자체를 혐오하는 어두운 독재자의 면모를 보이도록 만들었다.

3. 대중들에게 칭송받고 싶은 갈망으로 말미암아 그는 국민들이 투표로 자신에 대한 신뢰를 보여주기를 요구하며 선거를 시행하도록 만들었다. 비록 군인들의 표 결과를 조작하긴 했지만

(그가 기대했던 것만큼 군인들이 압도적으로 찬성표를 던지지 않았기 때문에), 그는 정치 계층의 불만을 누르고 자신이 프랑스 국민들의 이상을 대표한다는 착각에 빠졌다. 이렇게 하여 1802년 제1종신 통령으로 선출되었으며 한 발 더 나아가 1804년에는 적국의 군주들을 흉내 내며 자신을 황제로 선포했다.

4. 마키아벨리의 이론에 따르면 반드시 필요할 때에는 전쟁을 벌여야 한다. 그러나 나폴레옹이 벌인 전쟁 모두가 꼭 필요한 것은 아니었다. 그가 지극히 개인적인 이유에서 완전히 패배시키지 못한 유일한 국가인 영국과 전쟁을 벌이고 싶어 했다. 영국 언론은 그를 자주 풍자했는데 그는 이것을 개인적인 보복으로 받아들였다. 피해망상이 커지면서 그는 영국에 매수되어 자기를 죽이려는 첩자들이 파리에 널려 있다고 믿게 되었다.

5. 권력을 유지하기 위해서는 계속 전투를 벌여야 한다는 생각이 그의 정권을 장기간 유지할 능력을 약화시켰다. 제국이 계속 확장되자 많은 프랑스인들은 영예롭고 위대한 시대가 온 듯 기뻐했지만, 영국을 선두로 다른 국가들이 자본 형성과 산업혁명에 투자하고 있던 시기에 끊임없는 전쟁으로 인한 혼란은 프랑스 경제를 무너뜨리는 요인이었다. 전쟁 승리는 사람들에게 애국심을 고취시키며 일시적으로 의기양양한 승리감을 느끼게 해주었지만, 이것은 필수적인 사회적 경제적 발

달에 국민들이 집중하지 못하게 만들고 국가의 재원을 바닥나게 만들었다.

6. 다른 유럽 군주들은 나폴레옹을 결코 인정할 수 없었다. 나폴레옹은 군주들의 일원이 될 수 없었고, 그가 일으킨 전쟁들은 유럽 국가들의 경제를 망가뜨리고 있었다. 더욱 위험한 것은 초기에 그는 자신이 '해방시킨' 국가들에서 적극적으로 중산층 계층의 혁명을 촉진시켰던 점이었다. 그는 모든 국가들에 프랑스식 혁명을 퍼뜨릴 위협을 가했다. 나폴레옹이 지배하는 프랑스는 단순한 적국이 아니라, 유럽 전역의 사회 질서에 독과 같았다.

7. 나폴레옹은 평화를 이루기 위해 노력했고 자신은 안정기를 간절히 바란다고 말했다. 정말 안정 시기가 왔다면 그의 재임 기간이 늘어날 수도 있었을 것이다. 그러나 그는 프랑스의 평화란 오직 그가 다른 유럽의 왕과 황제들로부터 합법적인 프랑스 지도자로 인정받아야만 성취될 수 있다고 생각했다. 그는 틸지트 조약에서 러시아의 알렉산드르 1세와 허술한 평화조약을 맺는 데 많은 힘과 자원을 들였고, 오스트리아 황제의 사위도 되었다. 그는 다른 군주들 모두가 자신을 그들과 동일한 군주로 인정하기를 기대했지만 그들이 그렇게 인정하지 않자 분개했다. 그러는 동안 나폴레옹의 동의 없이 메테르니히를 비롯한 위대한 외교 전술가들은 옛 제국들과 공국들을

토대로 그것들을 초월하는 새로운 국가들로 구성된 새 유럽을 형성하고 있었다.

8. 나폴레옹은 가족에게 무척 충실하여 자신의 권력과 후견 능력을 가족들을 지원하는 데 낭비했다. 형제들을 유럽 전역의 국가에 왕으로 임명했지만 빈번히 그들은 무능하거나 사리만 도모하거나 아니면 무능하면서 사리만 꾀하는 모습을 보였다. 대부분 그들은 자신들이 대체한 기존의 타락한 군주들보다 나을 바가 없었다. 분명 혁명의 정신을 따라 재능 있는 인물들로 지도층을 형성하려는 실력주의를 내세우던 상황이었지만 그는 개인적인 충성심을 최고 덕목으로 여겼기 때문에 가족들을 후견하는 데 집중했다.

9. 과도하게 확장된 제국에서 그는 자신이 아끼는 장군들에게 지도자 자리를 주며 보상을 했는데, 그들은 자주 이 기회를 혁명을 수호하는 자리에 임명되었다고 받아들이기보다 일종의 연금으로 받아들였다. 지도층은 점점 자신들의 특권을 지키려는 방향으로 기울었다.

10. 나폴레옹은 항상 타인에게 권한을 위임하는 문제로 힘들어 했으며, 타인의 재능이나 충성심을 판단하는 데 서툴렀다. 그의 후견 제도는 자주 역효과를 낳았고, 그는 점점 더 자신의 능력에 의존하며 모든 일을 주도하다가 결국 완전히 지쳐서 큰 손해를 보기도 했다. 아무도 신뢰하지 못하자 그는

고립되었고, 지배에 집착하게 되었으며, 다른 이들을 감시하고 24시간 내내 호위를 받아야 한다고 느꼈다.

11. 분할되었던 폴란드를 재건하고자 수립한 바르샤바 대공국, 라인 동맹, 치살피나 공화국The Cisalpine Republic처럼 새 국가의 건설과 국경 수립은 반세기 후에 등장할 유럽의 새 질서를 예측했지만 너무 시대에 앞서 있었고, 러시아, 오스트리아, 프로이센 연합군과의 충돌을 불가피하게 만들었다. 가장 막강한 세력에 정면으로 맞서면 보통은 타격을 받고 끝나게 마련이다.

12. 오스트리아 황녀인 마리 루이즈와 결혼한 후 1811년 3월 아들이자 후계자인 로마 왕이 태어나자 그는 아주 기뻐했다. 나폴레옹이 결국 퇴위를 당했을 때 이 어린 아들이 조금만 더 나이가 많았더라면, 그가 오스트리아의 귀족이 되지 않았더라면, 나폴레옹이 그냥 전투에서 죽었더라면, 아마 이 아기는 나폴레옹 2세가 될 기회를 얻었을지도 모른다. 그러나 이 가능성은 거의 고려조차 되지 않았다. 황제인 아버지의 합법성이 너무 많이 무력에 의존했기 때문이었다. 워털루 전투에서 패배하자 나폴레옹의 모든 권력은 무너져 내렸다.

13. 러시아 침략은 통치자로서 집권 기간을 늘리기 위한 시도로 감행했지만, 결국 나폴레옹이 몰락하게 되는 계기가 되었다. 한 리더가 전투에서 거의 50만 명의 병사를 잃고 살아남는 경우가 얼마나 되는가? 비록 그가 계절에 맞지 않게 나빴

던 날씨를 비난하며 정치적으로는 이 위기를 극복한 것처럼 보였더라도, 그는 충성스럽고 능력 있고 숙련된 군사 대부분을 잃었다. 그가 다시 전투를 벌였을 때는 미숙하고 어린 징집병들과 함께였으며, 그는 잃어버린 말과 포를 대체하기 위해 분투했다. 그 전투에서 혼자 살아나 그 후 2년간 더 정치권력을 잡고 있었다는 점은 그의 강인함과 프랑스 정치계에서 그의 막강했던 세력을 보여주는 진짜 증거이다.

14. 모스크바 전투에서 나폴레옹이 막대한 손실을 보며 후퇴한 사건은 그의 적들에게 나폴레옹이 더 이상 천하무적이 아니라는 희망과 용기를 주었다. 이 전투 후, 그는 몇 번 더 군사적 패배를 당했고 결국 몰락하고 말았다. 한 번 연승행렬이 끝나자 승리는 쟁취하기 어려운 것이 되었다. 거의 깨지지 않던 연승 뒤에 맞은 패배로 프랑스군은 전쟁에서 극복하기 어려운 요소인 의심과 불안을 품게 되었다.

15. 1814년 1월, 대프랑스 동맹군이 프랑스로 진입했고 두 달 후 파리는 전투도 없이 동맹군에게 점령당했다. 이것은 세 가지 요인에 기인했다. 첫째, 러시아에서 군대를 잃은 후 나폴레옹의 군사적 기량 쇠퇴, 둘째, 러시아, 오스트리아, 프로이센 연합군의 협동심과 자신감 증가, 셋째, 파리 시민들이 무력을 이용한 방어로 맞서서 그들의 삶과 도시를 위험에 빠뜨리기를 거부한 점이다. 나폴레옹은 권력을 박탈당하

고 엘바 섬으로 유배를 떠났다. 그러나 그는 거기에서도 통치를 계속했고 귀환 계획을 세웠다. 아마도 자신의 몰락, 다시 말해서 힘의 균형이 변했고 프랑스에 새로운 세력이 등장했다는 사실을 부정하고 있었던 것 같다. 이미 파리에 있던 다른 이들은 나폴레옹 이후의 상황을 생각하고 있었다. 오직 나폴레옹과 소수의 충성스런 지지자들만이 프랑스의 미래와 보나파르트 장군의 미래는 분리할 수 없다는 환상에 계속 머물렀다.

16. 나폴레옹의 권력을 지지하던 정치 세력은 점령군이 나폴레옹의 부인과 아들을 파리에서 몰아내던 중요한 순간에 무능함을 드러냈다. 생각했던 대로 형 조제프가 통치를 맡았더라면 그렇게 빠르게 루이 18세가 공백을 채우지 못했을지도 모른다. 부르봉 왕가의 후손인 루이 18세는 신속하게 프랑스 왕위를 되찾았다. 이 중대한 순간에 나폴레옹이 후견으로 형성한 인맥이 도움이 되지 못한 점은 결국 이 인맥이 처음부터 취약했다는 점을 시사한다.

17. 부르봉 왕가가 부활할 수 있었던 이유로 나폴레옹 정부의 관료들이 소심해서였다고 이야기하는 사람들도 있다. 그러나 탈레랑 같은 핵심 인물들은 동맹군의 힘이 증가하고 그들이 프랑스의 안정을 바란다는 점을 예상해 오랫동안 양쪽 모두의 손을 잡아왔다. 이제 나폴레옹의 권력은 땅에 떨어졌고 모두

가 평화를 바라고 있었으므로, 나폴레옹의 자리를 루이 18세로 신속히 교체한 것은 많은 이의 이익에 맞아떨어졌다.

18. 엘바 섬으로 유배된 나폴레옹은 귀환을 바라고 계획을 세웠으며 놀랍게도 그 계획을 성사시켰다. 하지만 프랑스는 수십 년간의 전쟁으로 아주 혼란스러운 상태였고 평화가 절실했다. 만약 대중들이 나폴레옹이 계속 집권하기를 바랐다면 연합군이 침략했을 때 그들을 물리치기 위해 더 열심히 싸웠을 것이었다. 하지만 계속해서 카리스마 있는 리더를 따라 전장에서 승리하기 위해 피와 땀을 흘리는 일은 갑자기 너무나 현실과 동떨어진 느낌이었다. 카리스마 넘치는 리더가 더 이상 그곳에 없게 되자 승리를 향한 열망은 그 가능성에 대한 믿음과 함께 사라져버렸다.

19. 나폴레옹은 여전히 개인적인 카리스마를 과시하고 기회를 노릴 수 있었다. 실제로 군대를 모으고 루이 18세에게 파리를 떠나도록 강요했다. 그러나 연합군의 강력한 힘과 러시아에서 잃은 프랑스군의 손실은 나폴레옹이 계속 싸울 수 있는 능력을 약화시켰다. 하지만 전투만이 그가 아는 제국을 되찾을 수 있는 유일한 방법이었다.

20. 나폴레옹은 두 번째로 퇴위를 당하여 훨씬 더 멀리 떨어지고 사람이 살기에 어려운 세인트헬레나 섬으로 귀양을 갔고 그제야 정말로 자신이 모든 것을 잃었다는 사실을 깨달았다.

하지만 그곳에서도 그는 왕위를 되찾을 수 있을 거라고 계속 자신을 확신시키면서 역사를 다시 쓰는 일에 집중했다. 권력을 잡고 휘두르는 데 너무 많은 열정을 쏟아부으며 살아온 한 인간에게 권력상실은 거의 감당할 수 없는 일이었다.

조직과 사회에서 권력이 발휘되는 방식과 관련해 나폴레옹은 우리에게 무엇을 알려주는가?

조직이나 사회에서 변화를 자리 잡게 하고 지속 가능한 발달을 이루기 위해서는 한동안 격변이 없는 안정 기간이 필요하다. 변화와 행동에 집착하는 리더들, 특히 권력 장악을 통해서 기회주의적으로 운영하고 위협과 모략을 통해서 자신의 권력을 유지하는 리더들은 영원히 지속될 수 없다. 또한 그들은 그 과정에서 많은 사람들에게 피해를 줄 수도 있다.

자기중심적인 리더가 유력한 경쟁자들을 탄압하고 모든 형태의 반대와 의견 차이를 억누르면서 가혹하게 군림하면 반대 세력은 지하로 들어갈 수 있다. 하지만 그렇게 되면 오히려 반대 세력이 증가하고 불만이 광범위해지고 결국 어느 지점에서는 폭발하고 만다. 오직 자신의 개인적인 지위에만 관심이 있고 권력을 모으는 데만 집착하는 리더들은 자신의 세력 기반을 확고히 하는 행동을 우선시하며 조직과 국가의 발달에는 무심해지는 경향이 있다.

조직과 사회에서 특히 피해망상인 리더들에 의한 개인적인 앙갚음과 보복 행위들을 묵인하는 것은 궁극적으로 파괴적인 행동이며, 사람들은 공포심과 고립감을 느끼게 된다. 한 기업이 다른 기업을 인수하거나, 한 나라가 다른 나라를 침략하고 장악해서 계속 영토를 확장하는 것은 일시적인 승리감과 자극적인 기쁨을 줄 수 있고 또 충성심과 애국심을 고취시킬 수도 있다. 하지만 이것은 사람들이 필수적이고 정상적인 조직의 발달 과정에 집중하지 못하게 만들고 해결해야 할 고질적인 문제들로부터 주의를 돌리게 한다.

조직과 사회가 혁명으로 변화를 겪거나 권력층에 큰 변화가 생기면, 보수적인 리더가 통치를 하며 변화를 맞을 준비가 되어 있지 않고 안정을 추구하던 집단에는 공포감과 불안감이 조성된다. 안정적인 시기를 누리고 정착하기 위해서 혁명의 변화나 권력 이동을 겪는 것은 조직이나 사회에 힘든 일일 수 있다. 또한 항상 새로운 혁명이나 권력 쟁취에 신경을 곤두세우고 있는 이웃이나 경쟁자들이 그 조직을 신뢰하지 못하게 만들 수도 있다.

조직이나 사회에서는 가끔 권력층을 형성하여 키우려는 경향이 있는데, 이는 별로 그 조직에 도움이 되지 않는다. 권력층에 속한 이들 대부분은 사리를 꾀하고, 부패하고, 아주 가까운 측근을 제외한 모두에게 불충실하며, 조직이나 사회에 거의 기여를 하지 않을 가능성이 크다. 권력층이 실력주의를 이상으로 내세우면 다음 리더는 누가 될지, 모든 이들의 위에 오를 자는 누구인지를 두고 경쟁과 내분이 일기도 한다. 실력은 승진을 하는 데 좋은 방법이 될 수 있지만 실력만으로는 좀처럼 권력을 유지하기가 어렵다.

아무도 신뢰하지 못하고 혼자서 모든 일을 하려고 애쓰는 리더들은 고립될 수 있으며 지배에 집착하게 되고 다른 이들을 감시할 필요를 느끼기가 쉽다. 따라서 마찬가지로 영원히 지속될 수 없다. 일부 조직이나 사회는 매우 진보적이어서 종종 시대를 앞서나가기도 하며, 그로 인해서 옛 질서와 상충하기도 한다. 그러한 경우 옛 질서는 그들만의 결속을 강화해 맞설 것이다. 특히 그들의 권력을 합법화하는 옛 방식들이 폐기될 때 더욱 격렬히 맞서는데, 새로운 사회나 조직이 불평등한 제도로부터 이득을 본 자들의 기득 이익에 이의를 제기하기 때문이다. 과거의 권력자들과는 달리, 관습과 무관하게 권력을 잡은 많은 리더들은 자신들의 합법성이 너무 취약해서 밀려날 수도 있겠다는 생각을 한다. 얼마나 많은 조직이나 사회의 리더들이 큰 실패와 재앙을 자초한 후 살아남을 수 있는가? 실패의 원인으로 외부 요인을 비난하면 그 리더는 계속 자리를 유지할 수 있을까? 이러한 실패는 결국 그들의 권력 기반을 갉아 먹어 신뢰를 잃게 만든다. 리더들은 권력을 유지하기 위해서 자원을 보호해야 한다. 그렇지 않으면 자원과 함께 영향력도 빠르게 잃을 수 있다.

한 경쟁자나 적에게 당한 패배는 패배자의 권력만 감소시키는 것이 아니라 승자의 권한을 증가시키며, 그 결과 경쟁자나 적에게 훨씬 더 큰 자신감을 심어준다.

어떤 리더들은 한 번의 실패로 권좌에서 내몰리기도 하는데, 그들은 종종 이러한 상실을 부인하는 상태로 살아간다. 그들은 권력을 되찾기를 원하고, 이따금 그 바람을 이루어내기도 한다. 그렇게 되면 그들은 보다 보수적인 세력이 되어 더욱더 변화와 발전을 막는다.

후견 인맥은 세심하게 관리하고 자주 갱신을 해주어야 한다. 안정되게 자리 잡은 측근들로 구성된 엘리트 집단에게 그들이 지속적으로 충성심을 보여주어야 하며 행동에 나서야 한다는 점을 상기시켜주지 않으면 그들은 더 이상의 변화가 오지 못하게 막을 것이다. 그러나 현실에 안주하는 이들은 아무리 권력자와 가까운 사이라도 상황이 좋을 때에만 충성스럽기 마련이다. 지도층의 비타협적인 태도는 혼돈과 몰락을 야기할 수 있다. 리더가 서로를 이간질시킬 때 발생하는 문제 중 하나는 협동과 학습과 혁신에 대한 열정을 없애버리며 모두가 그러한 모략 게임에 참여해야 한다는 점이다. 모든 일이 그저 생존을 위한 싸움이 되어버린다.

카리스마 있는 리더에 대한 갈망이 사라지면 현재 일어나고 있는 일을 스스로 파악하고 휴식을 취할 수 있는 기회가 생기며 안도감을 느낄 수 있다. 카리스마 있는 리더가 더 이상 그 자리에 없으면, 그 리더가 추구하던 목적이 무엇이었든 갑자기 그 목적을 달성해야 하는 동기가 사라진다.

오직 한 가지 방식과 한 가지 전망만 지닌 리더들도 있는데, 이들은 상황이 변하면 자신의 방식과 함께 휩쓸려 사라져버린다. 종종 그들은 자신의 지배가 끝난 후 강력한 한 가지 전망을 지녔던 이전의 자신이 아니라, 한 번에 한 가지 거래를 성사시키는 약삭빠른 교섭자로 변한다.

리더들은 자신이 계속 리더가 될 수 있다고 스스로를 확신시키며 역사를 다시 쓰려고 노력한다. 권력에 너무 많이 의존하며 살아온 한 인간에게 권력상실은 거의 감당하기 불가능한 일일 수 있다. 이들은 결국 모든 권력을 상실하게 만든 자신의 잘못을 잘 이해하지 못한다.

나폴레옹 리더십 요약

- 혁명의 계승자로서 나폴레옹은 근대적이고 새 세상을 여는 선구자이며 반봉건적이고 반귀족적인 인물로 여겨졌다. 그러나 그는 너무 시대를 앞서 나갔고 새로운 생각들을 과대평가했다.
- 그는 결국 최고의 자리에 오를 만큼 야심이 컸다.

- 그는 혜택 받지 못한 계층 출신으로 그것을 만회하는 데 집착했다.
- 그의 행동은 빠르고 유연하고 늘 긴급하여 어떠한 난관도 극복할 수 있었으나, 항상 경고에 귀를 기울이지 않았다.
- 나폴레옹은 직접 실천하는 유형의 리더였고 강압적이었다.
- 근면하고 정력이 넘치고 항상 자신의 모습을 드러냈으며 모든 면에 관여했다.
- 항상 준비를 철저히 했으며 정확하고 꼼꼼했다. 앞에서도 배후에서도 일어나는 모든 일을 다룰 수 있었다.
- 자기중심적이며 자아도취에 빠진 모습도 보였다.
- 현실적이고 솔직하며 차분하고 감상에 빠지지 않았으며 인간의 목숨이나 개인적인 문제에 무심한 모습을 보이기도 했다.
- 놀라울 정도로 순진했다. 때로는 지나치게 순진하여 모든 일이 가능하다는 지나친 자신감을 보였다.
- 아부를 잘하고 충성심을 강한 자를 능력 있는 자보다 더 많이 보상해줄 정도로 사람들로부터 사랑을 받고 싶어 했다.
- 다른 이들에게 비판적이었고 자신이 남보다 우월하다고 느끼며 다른 모든 이들에게 존경을 요구했지만, 정작 본인은 아무도 존경하지 않았다.
- 비판을 용납할 수 없었고 피드백의 부재로 인한 피해를 깨닫지 못할 만큼 칭송을 받고 싶어 했다.
- 끊임없이 자신의 능력을 보여주어야 할 필요성에 집착하여 국

가에 손실을 초래했다.

나폴레옹의 리더십은 어떻게 전장에서, 국내 정치에서, 국제 무대에서, 그리고 직장에서 권력을 얻고 사용하는지에 관한 다양한 본보기를 제시한다. 그의 사례와 방법들은 현재 우리가 살고 있는 상대적으로 덜 혼란스러운 시대에도 적용할 수 있는데, 그 이유는 현대의 리더들에 대한 요구가 그 시대만큼이나 복잡하고 다면화되어 있기 때문이다. 나폴레옹 리더십의 강점으로는 자신의 분야에서의 탁월한 능력을 보인 점, 카리스마, 용맹함, 모험심, 자신감, 정력, 단호함, 열정, 선견지명을 갖춘 점, 훌륭한 계획을 수립하고 조직화하는 기술을 갖춘 점 등을 들 수 있다.

반면 끊임없이 환호를 받고 싶어 하고, 무조건적인 칭송을 요구하고, 인간의 목숨을 경시하고, 자기중심적이었으며, 자아도취에 빠져 있었고, 과도하게 통제하는 독재자가 되었으며, 모략을 잘 하고, 집착하고, 성공과 지지가 계속 될 거라 착각하고, 자위적인 행동들에 집중하는 등 많은 단점들도 있었다. 하지만 이러한 개인적인 특징들보다 더욱 중요한 점은 자신의 권력을 합법화하기 위해서 나폴레옹과 다른 이들이 의존했던 방법들이다. 그것은 후견 제도, 실력주의, 카리스마, 기회주의, 모략과 억압, 인기 이용, 상속 등이다. 그리고 우리는 이 책에서 이러한 방법들에 초점을 맞추었다.

참고문헌

나폴레옹

Abbott, J. (2005). *Life of Napoleon Bonaparte*. New York: Kessinger.

Addey, K. (1983). *Napoleon*. London: Evergreen Lives.

Alexander, R.S. (2001). *Napoleon*. London: Arnold.

Amini, I. (2000). *Napoleon and Persia*. New York: Taylor & Francis.

Aronson, T. (1990). *Napoleon and Josephine: A love story*. London: John Murray.

Bell, D.A. (2005). Napoleon in the flesh. *MLN, 20*(4), 711–715.

Blaufarb, R. (2007). *Napoleon: Symbol for an age, a brief history with documents*. London: Bedford.

Boycott-Brown, M. (2001). *The Road to Rivoli: Napoleon's first campaign*. London: Cassell.

Broers, M. (2005). *The Napoleonic Empire in Italy, 1796–1814: Cultural imperialism in a European context?* London: Palgrave Macmillan.

Butterfield, H. (1939). *Napoleon. Great Lives*. London: Duckworth.

Byman, D.L. and Pollack, K.M. (2001). Let us now praise great men: Bringing the statesman back in. *International Security, 25*(4), 107–146.

Chandler, D. (1995). *The Campaigns of Napoleon*. New York: Simon & Schuster.

Chandler, D. (2002). *Napoleon*. New York: Leo Cooper.

Charles-Roux, F. (1937). *Bonaparte: Governor of Egypt*. London: Methuen.

Chesney, C. (2006). *Waterloo Lectures: A study of the campaign of 1815*. New York: Kessinger.

Cohen, J.M. & M.J. (1960). *The Penguin Dictionary of Quotations*. Harmondsworth:

Penguin.

Connelly, O. (2006). *Blundering to Glory: Napoleon's military campaigns*. New York: Rowman & Littlefield.

Cordingly, D. (2004). *The Billy Ruffian: The Bellerophon and the downfall of Napoleon*. London: Bloomsbury.

Cronin, V. (1971). *Napoleon*. London: History Book Club.

Dwyer, P.G. (2001). Napoleon and the drive for glory: Reflections on the making of French foreign policy. In Dwyer, P.G., *Napoleon and Europe* (pp. 118–135). London: Longman.

Dwyer, P.G. (2002). From Corsican nationalist to French revolutionary: Problems of identity in the writings of the young Napoleon, 1785–1793. *French History*, 16(2), 132–152.

Dwyer, P.G. (2004). Napoleon Bonaparte as hero and saviour: Image, rhetoric and behaviour in the construction of a legend. *French History*, 18(4), 379–403.

Dwyer, P.G. (2007). *Napoleon: The path to power, 1769–1799*. London: Bloomsbury.

Englund, S. (2004). *Napoleon: A political life*. New York: Scribner.

Fremont-Barnes, G. and Fisher, T. (2004). *The Napoleonic Wars: The rise and fall of an empire*. London: Osprey.

Gallo, M. (1997a). *Napoleon, The Sun of Austerlitz*. London: Macmillan.

Gallo, M. (1997b). *Napoleon, The Song of Departure*. London: Macmillan.

Gallo, M. (2005). *Napoleon, The Emperor of Kings*. London: Macmillan.

Gates, D. (2003). *The Napoleonic Wars, 1803–1815*. London: Pimlico.

Geyl, P. (1949). *Napoleon: For and against*. London: Bain.

Glenn, P.F. (2001). Nietzsche's Napoleon: The higher man as political actor. *The Review of Politics*, 63(1), 129–158.

Goetz, R. (2005). *1805: Austerlitz: Napoleon and the destruction of the third coalition*. New York: Greenhill.

Haythornthwaite, P.J. (1995). *The Napoleonic Source Book*. London: Arms and Armour.

Hazareesingh, S. (2004). *The Legend of Napoleon*. Cambridge: Granta.

Johnson, P. (2002). *Napoleon: A life*. London: Penguin.

Johnson, P. (2003). *Napoleon*. London: Weidenfeld & Nicolson.

Kennedy, C. (2005). No more heroes. *The Director*, (Jan.), 46–48.

Kroll, M.J., Toombs, L.A. and Wright, P. (2000). Napoleon's tragic march home from Moscow: Lessons in hubris. *Academy of Management Executive*, 14(1), 117–128.

Markham, F. (1963). *Napoleon*. New York: Mentor.

Martin, A. (2000). *Napoleon the Novelist*. Cambridge: Polity.

McLynn, F. (1998). *Napoleon: A biography*. London: Pimlico.

Palmer, A. (1998). *An Encyclopedia of Napoleon's Europe*. London: Constable.

Palmer, A.W. (1962). *A Dictionary of Modern History, 1789–1945*. Harmondsworth: Penguin.

Parker, H.T. (1987). Napoleon reconsidered: An invitation to inquiry and reflection. *French Historical Studies*, 15(1), 142–156.

Roberts, A. (2001). *Napoleon and Wellington*. London: Weidenfeld & Nicholson.

Schom, A. (1998). *Napoleon Bonaparte*. London: Harper Perennial.

Schwarzfuchs, S. (1979). *Napoleon, the Jews and the Sanhedrin*. London: Routledge.

Semmel, S. (2004). *Napoleon and the British*. New Haven, CT: Yale University Press.

Stathern, P. (2007). *Napoleon in Egypt: The greatest glory*. London: Jonathan Cape.

Stiles, A. (1990). *Napoleon, France and Europe*. London: Hodder & Stoughton.

Tulard, J. (1984). *Napoleon: The myth of the saviour*. London: Methuen.

Woloch, I. (2001). *Napoleon and His Collaborators: The making of a dictatorship*. New York: Norton.

Woodward, C. (2005). Napoleon's last journey. *History Today*, *55*(7).

Zamoyski, A. (2004). *1812: Napoleon's fatal march on Moscow*. London: HarperCollins.

Zamoyski, A. (2008). *Rites of Peace: The fall of Napoleon and the Congress of Vienna*. London: Harper Perennial.

리더십과 권력

Dahl, R.A. (1957). The concept of power. *Behavioral Science*, *2*, 210–215.

Drucker, P.F. (1974). *Management Tasks, Responsibilities and Practices*. New York: Harper and Row.

Emerson, R.M. (1962). Power dependence relations. *American Sociological Review*, *27*, 31–41.

Fleming, P. and Spicer, A. (2014). Power in management and organization science. *The Academy of Management Annals*, *8*(1), 237–298.

Gosling, J., Jones, S., Sutherland, I. and Dijkstra, J. (2012). *Key Concepts in Leadership*. London: Sage.

Grint, K. (2014). 'The hedgehog and the fox: Leadership lessons from D-Day'. *Leadership*, *10*(2), 240–260.

Jones, S. and Gosling, J. (2005). *Nelson's Way: Leadership lessons from the great commander*. London: Nicholas Brealey.

Latour, B. (1986). The power of association, in power, action and belief: A new sociology of knowledge?. *Sociological Review Monograph*, *32*, 264–280.

McClelland, D.C. and Burnham, D.H. (1976). Power is the great motivator. *Harvard Business Review*, *54*, 100–110.

Mintzberg, H. (1963). *The Nature of Managerial Work*. New York: Harper & Row.

Parker, L.D. (1984). Control in organizational life: The contribution of Mary Parker Follett. *Academy of Management Review*, *9*, 736–745.

Pettigrew, A.M. (1972). Information control as a power resource. *Sociology*, *6*, 187–204.

Pettigrew, A.M. (1973). *The Politics of Organizational Decision Making*. London: Tavistock.

Pfeffer, J. (1981). *Power in Organizations*. Boston, MA: Pitman.

Salancik, G.R. and Pfeffer, J. (1974). The bases and uses of power in organizational decision making. *Administrative Science Quarterly*, *19*, 453–473.

Stahl, M.J. (1983). Achievement, power and managerial motivation: Selecting managerial talent with the job choice exercise. *Personnel Psychology*, *36*, 775–789.

Vrendenburgh, D.J. and Maurer, J.G. (1984). A process framework of organizational politics. *Human Relations*, *37*, 47–66.

Widmer, H. (1980). Business lessons from military strategy. *McKinsey Quarterly*, *2*,

Winter, D.G. (1973). *The Power Motive*. New York: Free Press.
Yukl, G. and Falbe, C.M. (1991). The importance of different power sources in downward and lateral relations. *Journal of Applied Psychology*, 76, 416–423.